古典文獻研究輯刊

三四編

潘美月・杜潔祥 主編

第 **14** 冊

續經義考・周易之部
（第九冊）

周懷文 著

國家圖書館出版品預行編目資料

續經義考・周易之部（第九冊）／周懷文 著 -- 初版 -- 新北市：
花木蘭文化事業有限公司，2022〔民 111〕
目 8+198 面；19×26 公分
（古典文獻研究輯刊 三四編；第 14 冊）
ISBN 978-986-518-869-6（精裝）
1.CST：易經 2.CST：研究考訂
011.08   110022682

ISBN-978-986-518-869-6

古典文獻研究輯刊
三四編　第十四冊
ISBN：978-986-518-869-6

續經義考・周易之部（第九冊）

作　　　者　周懷文
主　　　編　潘美月、杜潔祥
總 編 輯　杜潔祥
副總編輯　楊嘉樂
編輯主任　許郁翎
編　　　輯　張雅淋、潘玟靜、劉子瑄　美術編輯　陳逸婷
出　　　版　花木蘭文化事業有限公司
發 行 人　高小娟
聯絡地址　235 新北市中和區中安街七二號十三樓
　　　　　　電話：02-2923-1455／傳真：02-2923-1452
網　　　址　http://www.huamulan.tw 信箱 service@huamulans.com
印　　　刷　普羅文化出版廣告事業
初　　　版　2022 年 3 月
定　　　價　三四編 51 冊（精裝）台幣 130,000 元

續經義考・周易之部
（第九冊）

周懷文　著

目

次

第九冊

王仁俊輯 京房易傳 一卷 存

玉函山房輯佚書續編本（稿本）

◎漢京房原撰。

◎王仁俊（1866～1914），字捍鄭，一字感尃，號籀鄦。江蘇吳縣（今蘇州）東山人。受業於俞樾。初為黃彭年、張之洞幕僚。光緒十八年（1892）進士，授翰林院庶吉士，散館改吏部主事。創《實學報》。赴日本考察學務，繼署宜昌、黃州府事。回國後主武昌、蘇州存古學堂，後任京師大學堂教授、學部圖書局副局長。又著有《吳郡著述考》、《舊說文錄》、《爾雅釋草釋木統箋》不分卷《後案》不分卷、《籀鄦詄雜著》二十一卷、《漢碑徵經補》一卷、《希麟音義引說文考》一卷、《釋名集校》二卷、《漢書藝文志考證校補》十卷、《補宋書藝文志》一卷、《壺公師考金釋稿》不分卷、《敦煌石室真跡錄》、《西城傳抄》不分卷、《天山自敘年譜》不分卷、《太原王氏家譜》、《顧亭林祠會祭題名》二卷、《景佑六壬神定經》不分卷、《餐三華室印譜》、《讀爾雅日記》一卷、《學古堂日記》、《說文考異三編》、《說文解字引漢律考》、《漢書許注輯證》、《格致古微》六卷、《辟謬篇》、《遼文萃》、《遼史藝文志補正》、《西夏文綴》二卷、《補西夏藝文志》、《補梁書藝文志》一卷、《金石萃編統補稿》一卷、《金石續編補跋》不分卷、《商君書表微》不分卷、《碑版叢錄》一卷、《積古齋鐘鼎彝器款識補遺》一卷、《籀鄦詄賦筌》二卷、《正學堂雜著》不分卷、《淮南子許注考證》不分卷、《白虎通集校》不分卷、《顧氏群書集說補正》不分卷、《籀鄦詄讀碑記》不分卷、《群書校文輯佚》不分卷、《東西文菁華》不分卷、《西夏文綴外編》不分卷、《校正元親征錄》不分卷。輯有《玉函山房輯佚書補編》。

王仁俊輯 京氏易占 一卷 存

玉函山房輯佚書續編本（稿本）

◎漢京房原撰。

王仁俊輯 易經備 一卷 存

玉函山房輯佚書續編本（稿本）

王仁俊輯 易經靈圖 一卷 存

玉函山房輯佚書續編本（稿本）

王仁俊輯　易乾鑿度佚文　一卷　存

　　經籍佚文本（稿本）

王仁俊輯　易緯通卦驗鄭注佚文　一卷　存

　　經籍佚文本（稿本）

　　◎漢鄭玄原注。

王仁俊輯　易下邳甘氏義　一卷　存

　　上海藏十三經漢注本（稿本）

　　玉函山房輯佚書補編本（稿本）

　　◎漢甘容原撰。

王仁俊輯　周易班氏義　一卷　存

　　上海藏十三經漢注本（稿本）

　　玉函山房輯佚書補編本（稿本）

　　◎漢班固原撰。

王仁俊輯　周易董氏義　一卷　存

　　玉函山房輯佚書補編本（稿本）

　　◎漢董仲舒原撰。

王仁俊輯　周易黃氏義　一卷　存

　　上海藏十三經漢注本（稿本）

　　玉函山房輯佚書補編本（稿本）

　　◎周黃歇原撰。

王仁俊輯　周易賈氏義　一卷　存

　　上海藏十三經漢注本（稿本）

　　玉函山房輯佚書補編本（稿本）

　　◎漢賈逵原撰。

王仁俊輯　周易賈氏義　一卷　存

　　上海藏十三經漢注本（稿本）

玉函山房輯佚書補編本（稿本）

◎漢賈誼原撰。

王仁俊輯 周易京氏章句 一卷 存

上海藏十三經漢注本（稿本）

玉函山房輯佚書補編本（稿本）

◎漢京房原撰。

王仁俊輯 周易劉晝義 一卷 存

上海藏十三經漢注本（稿本）

玉函山房輯佚書補編本（稿本）

◎漢劉晝原撰。

王仁俊輯 周易劉氏義 一卷 存

上海藏十三經漢注本（稿本）

玉函山房輯佚書補編本（稿本）

◎漢劉向原撰。

王仁俊輯 周易魯恭義 一卷 存

上海藏十三經漢注本（稿本）

玉函山房輯佚書補編本（稿本）

◎漢魯恭原撰。

王仁俊輯 周易呂氏義 一卷 存

玉函山房輯佚書補編本（稿本）

◎秦呂不韋原撰。

王仁俊輯 周易彭氏義 一卷 存

上海藏十三經漢注本（稿本）

玉函山房輯佚書補編本（稿本）

◎漢彭宣原撰。

王仁俊輯 周易師說 一卷 存

上海藏十三經漢注本（稿本）

玉函山房輯佚書續編本（稿本）

◎唐陸德明原撰。

王仁俊輯 周易史氏義 一卷 存

玉函山房輯佚書補編本（稿本）

◎周史默原撰。

王仁俊輯 周易王氏義 一卷 存

上海藏十三經漢注本（稿本）

玉函山房輯佚書補編本（稿本）

◎漢王充原撰。

王仁俊輯 周易徐幹義 一卷 存

玉函山房輯佚書補編本（稿本）

◎漢徐幹原撰。

王仁俊輯 周易趙氏義 一卷 存

上海藏十三經漢注本（稿本）

玉函山房輯佚書補編本（稿本）

◎漢趙溫原撰。

王仁俊輯 周易鄭司農注 一卷 存

上海藏十三經漢注本（稿本）

玉函山房輯佚書補編本（稿本）

◎漢鄭眾原撰。

王紓 周易集解 八卷 佚

◎民國《續安邱新志》卷十《藝文考》：王紓著《周易集解》八卷。

◎民國《續安邱新志》卷十八《文苑傳》：著有《周易集解》八卷。

◎王紓，字蘭谷。山東安丘人。乾隆壬子歲貢。官福山教諭。博通羣籍，尤深於易。

王榮商　易圖便覽　佚

◎劉聲木《桐城文學撰述考》卷一「王榮商撰述」：《漢書注校補》七卷、《槐窗雜錄》二卷、《易圖便覽》□卷、《紀年錄》□卷、《淞木捐章芻議》□卷。

◎王榮商（1852～1921），字友萊。浙江鎮海人。光緒八年（1882）舉人、十二年（1886）進士。由翰林院庶吉士，授編修，升侍講、轉侍讀。歷任國史館纂修、文淵閣校理。曾主順天、應天府鄉試。著有《容膝軒文稿》八卷、《容膝軒詩集》十二卷、《容膝軒筆記》、《蛟川耆舊詩補》、《槐窗雜錄》、《楹聯彙編》八卷，又總纂《鎮海縣志》。

王如龍　易經精言　佚

◎民國《東莞縣志》卷八十三《藝文署》一：《易經精言》（國朝王如龍撰。《寶安詩正》）。

◎王如龍，字潛夫。廣東東莞人。拔貢。掌教河源。著有《易經精言》。

王善寶　易纂　四卷　存

山東博物館藏清鈔本（不分卷）

◎孫葆田《山東通志》卷百二十七《藝文志》第十：《府志》載是書云：多用胡氏《函書》說，以乾元為統宗。

◎王善寶，字价軒。山東福山人。乾隆丁酉舉人。官萊蕪訓導。又著有《離騷逆志》一卷、《煨芋巖居詩集》二十卷。

王善在　周易證象　佚

◎孫葆田《山東通志》卷百二十七《藝文志》第十：是書見《山左詩續鈔》。

◎王善在，字令翊，號仲容。山東福山人。乾隆庚寅副貢。官禹城教諭。

王尚概　大易貫解　一卷　存

國圖、上海、南京、山東、天津藏 1932 年王汝翼鉛印王羲川先生遺書本（版心題羲川遺書之二）

◎民國《天水縣志》卷之十三《藝文》二：《大易貫解》□卷、《春秋貫解》□卷、《十三經管見》□卷，王尚概著。

◎周按:《中國古籍總目》誤作《文易貫解》。

◎王尚概（1793～1844），字季平，號羲川。甘肅天水市麥積區中灘鎮四合村人。志研經文，所搜集漢唐名人說經之書甚博。道光十七年（1837）鄉試副榜。兩年後錄遣對策，學使者駁其言，拒薦。自此絕意科場，歸家著述。稱關隴耆儒、隴上名儒。又著有《十三經管見草》、《春秋貫解》、《四書節解》等書。

王尚錫　易經講義　佚

◎或著錄王上錫。

◎民國《吉安縣志》卷三十六：著有《易經講義》。

◎王尚錫，字大村。江西廬陵洲上人。康熙庚子歲貢。淹貫經史，教學於鄉，以致知力行為主。與李紱善，紱稱其文得西江的派。又著有《慕堂制藝》。

王紹奎　周易筮法全解　八卷　存

山東藏光緒二年（1876）蕭振書刻本

◎王紹奎，湖北蘄水人。

王紹奎　周易象義合參補略全書　十卷　存

上海藏同治十二年（1873）洗心書屋刻本

臺中文聽閣圖書有限公司 2010 年晚清四部叢刊第四編影印同治十二年（1873）洗心書屋刻本

王紹蘭　周人易說　一卷　存

臺灣藏蕭山王氏所著書本（稿本）

光緒刻功順堂叢書·周人經說本

◎《周人經說敘》：《經解》所言《詩》、《書》、《樂》、《易》、《禮》、《春秋》，凡六經，自《禮》亡《樂》缺，其經文不可得而見之矣。今所存者唯《易》、《書》、《詩》、《春秋》四經而已。此四經漢經師雖有注解，亦未必深合經旨。因博采周人所說者，得《易說》一卷、《書說》二卷、《詩說》四卷、《春秋說》一卷，凡八卷。既成無能為敘，謹以孔子此言弁其首。《書》曰：」地平天成，稱也「，雖有作者，吾不敢請矣。

◎王紹蘭（1760～1835），字畹馨，號南陔，晚號思惟居士。浙江蕭山人。乾隆五十八年（1793）進士，以知縣用。六十年補屏南知縣，嘉慶元年（1796）調惠安縣，七年升泉州府知府，十九年擢福建巡撫，二十年兼署閩浙總督。二十二年罷職歸里，閉門謝客，潛心著述。又著有《周人經說》八卷、《周人禮說》八卷、《禮堂集義》四十二卷、《禮儀圖》十七卷、《石渠之義逸文考》一卷、《董仲舒詩說箋》一卷、《匡說詩義疏》一卷、《漆書古文尚書逸文考》一卷附《杜林訓故逸文》、《桑欽古文尚書說》、《地理志考逸》合一卷附《中文尚書》、《齊論語》、《問王知道補亡》一卷、《夏大正逸文考》一卷、《弟子識古文考》一卷、《凡將篇逸文注》一卷、《漢書地理志校注》二卷、《袁宏後漢紀補證》三十卷、《管子地員篇注》四卷、《老莊急就章》一卷、《說文段注訂補》六卷、《讀書雜記》十二卷、《思惟居士存稿》十卷、《唐人宮詞鈔》三卷、《古詩鈔》二卷、《李杜詩鈔》四卷、《王氏泰支瓜瓞譜》七卷、《王氏經說》、《許鄭學廬存稿》、《說文集注》一百二十冊未及脫稿。今人輯《蕭山王氏所著書》收錄其未刊《易說》、《尚書說》、《詩說》、《禮說》、《周人春秋說》等七種。

王銍 易圖 四卷 佚

◎邵葆序畧〔註40〕：予識雨叔時，有「垂暮始相識，無異在束髮」之句。繼書楹帖，以「子號文中，儒為世業，伯封新建，學有真知」贈之。今觀是書，益歎雨叔見到之精，其自得為不可及。

◎同治《常寧志》卷九《藝文・經類・國朝》：王銍《易圖》四卷、《禮中庸讀》一卷。

◎王銍，字雨叔。湖南常寧人。

王繩祖 伏羲易義 一卷 存

南京大學、湖北藏光緒二十二年（1896）正學莊刻王元圃雜著五種本

◎王繩祖，又著有《古大學石經合考》一卷、《周子太極圖說》一卷、《草堂恆言》一卷。

王繩祖 歸藏易占 一卷 存

江西、湖北藏光緒二十二年（1896）正學莊刻王元圃雜著五種本

〔註40〕錄自同治《常寧志》卷九《藝文・經類・國朝》。

◎周按：《江西省圖書館館藏線裝古書目錄》作三卷。

王時培 易義附纂 佚

◎光緒《分水縣志》卷八《人物志》：著有《易義附纂》《性命管見》藏於家。

◎光緒《分水縣志》卷九《藝文志》：《易義附纂》，（國朝）王時培箸。

◎光緒《嚴州府志》卷十九《人物》：著有《易義附纂》《性命管見》，未脫稿。惟選《生生原時文》行於世。

◎王時培，號邀菁。浙江分水（今桐廬）人。康熙拔貢。教授門徒，及門如劉金組、王昌言、鄭永吉、詹兆禧皆一時名雋。嘗與修縣志。

王士鴻 讀易管窺 佚

◎光緒《江西通志》卷九十九《藝文略》一《國朝》：《讀易管窺》，王士鴻撰（《奉新縣志》）。

◎王士鴻，字登衢。江西奉新人。著有《讀易管窺》。

王士陵 易經纂言 無卷數 佚

◎四庫提要：是編用注疏本，大旨以《本義》為宗而雜引眾說以相印證，蓋鄉塾講章也。

◎《皇朝通志》卷九十七：《易經纂言》無卷數（王士陵撰）。

◎王士陵，字阿瞻。河北武邑人。康熙癸巳舉人。知翁源縣。又著有《四書纂言》《經書性理類輯精要錄》六卷。

王世溥 周易論語同異辨正 一卷 存

南京藏光緒二十三年（1897）廬州刻本

光緒活字印刷合肥王氏家集本

◎光緒《續修廬州府志》卷四十四《儒林傳》：所著有《周易論語同異辨正》《小輞川詩鈔》（縣志、採訪冊）。

◎王世溥，字育泉。安徽合肥人。貢生。咸豐元年（1851）薦舉孝廉方正。咸豐初平捻甚力，以勞疾卒於軍營。

王世仁 周易沂洄 六卷 佚

◎民國《寧化縣志》卷十三《藝文志》：王世仁《周易沂洄》六卷、《四

書注注》。

　　◎王世仁，福建寧化人。康熙庚子舉人。又著有《四書注注》。

王世業 周易象意 三十卷 首二卷 存

　　哈佛、日本內閣、國圖藏乾隆六年（1741）王氏玉壺堂刻本

　　山東、湖南省社科院藏道光八年（1828）王宜載等刻本

　　日本九州大學藏鈔本

　　◎周易象意總目：卷首程子原序、凡例。一卷易總論一、易總論二、易總論三、易總論四、易總論五（象數）、易總論六（氣數）、易總論七（乾坤陰陽）、易總論八（陰陽）、易總論九（陰陽）、易總論十（八卦五行）、易總論十一（八卦五行）、易總論十二（坎離）、易總論十三（坎離）、易總論十四（乾離）、易總論十五（六爻）、易總論十六（卦主）、易總論十七（爻例）、易總論十八（卦爻總義）。二卷易總論十九（上下經）、易總論二十（總上下經為一卦）、易總論二十一（六爻聖學）、易總論二十二（六爻王道）、易總論二十三（上下經坎離男女）、易總論二十四（上下經策數）、易總論二十五（始終四卦）、易總論二十六（既未濟）、易總論二十七（象數）、易總論二十八（大象）、易總論二十九（元亨利貞）、易總論三十（吉凶悔吝）、易總論三十一（中正）、易總論三十二（時）、易總論三十三（情）、易總論三十四（涉川）、易總論三十五（與）、易總論三十六（繫傳三陳九卦）、序卦九卦全圖（附補）、繫辭傳總論一、繫辭傳總論二、說卦傳論、序卦傳論、雜卦傳論。三卷古河圖、古洛書、聖人則河圖、聖人則洛書、河洛論一（通論）、河洛論二（專圖）、河洛論三（專圖）、河洛論四（書合圖）、河洛論五（相得有合）、河洛論六（方圓競乏）、河洛論七（西南交易）、河洛論八（五行解）、河洛論九（畫卦）、河洛論十（圖象）、河洛論十一（明疇）、河洛論十二（洛書畫卦）、洛疇餘論、伏羲八卦次序橫圖、小橫圖論一、小橫圖論二、伏羲八卦方位圓圖、先天圓圖論一（數）、先天圓圖論二（象）、先天圓圖論三（和較橫圖足上二篇）、先天圓圖論四（理學）、伏羲六十四卦次序橫圖、大橫圖論一、大橫圖論二、伏羲六十四卦方位圓圖、大圓圖論一、大圓圖論二（卦氣）、大圓圖論三（卦氣）、月行圖（附補）、大圓圖論四（數）、大方圖論一、大方圖論二（理數）、文王八卦次序橫圖、文王八卦次序圖論、文王八卦方位圓圖、後天圓圖論一（發明邵子）、後天圓圖論二（入用）、後天圓圖論三（象數理氣）、後天圓圖論四（心學）、後天圓圖論五（方向氣候）、卦變圖、卦變圖論。四卷

筮儀、筮法論一（大衍之用）、筮法論二（卦一）、筮法論三（揲四）、筮法論四（揲策歸奇）、筮法論五（象閏當期）、筮法論六（成爻）、筮法論七（九六）、筮法論八（變占）、筮法論九（貞悔）、筮法論十（卦斷）、筮法論十二〔註41〕（心易）、筮法論十二（通論）、附易說三十三條。五卷乾。六卷坤。七卷屯蒙需訟。八卷師比小畜履。九卷泰否同人大有。十卷謙豫隨蠱。十一卷臨觀噬嗑賁。十二卷剝復無妄大畜。十三卷頤大過坎離。十四卷咸恒遯大壯。十五卷晉明夷家人睽。十六卷蹇解損益。十七卷夬姤萃升。十八卷困井革鼎。十九卷震艮漸歸妹。二十卷豐旅巽兌。二十一卷渙節中孚小過。二十二卷既濟未濟。二十三卷繫辭上傳一章至四章。二十四卷繫辭上傳五章至九章。二十五卷繫辭上傳十章至十二章。二十六卷繫辭下傳一章至五章。二十七卷繫辭下傳六章至十二章。二十八卷說卦傳。二十九卷序卦傳。三十卷雜卦傳。

◎凡例（二十一則）：

一、書名《象意》，而講意乃先于象者，本先有意而後立卦以象之，象以盡意也。且先明其意而後觀象，于學者為便。

一、意多採輯眾講，修飾成文，簡明該核，事理具足。其出己意更正增益者約三之一，以卦爻聖意，前人已明，則不復創附，大凡著述，原非得已，恣意逞新，以求駕軼，此百家異說，非吾黨正宗也。

一、孔子之易不可為文王之易，意各有主。如今《本義》乃將《象傳》本意註入象辭之下，雖曰取其簡明，然牽合文王孔子而一之，到底驅文就孔，失文本意。朱子每恨欲改定而未暇整頓。愚本講顧恪遵《本義》，然學者須當先加體貼卦辭，略識占筮大綱為是，蓋文王專主占筮，孔子乃歸義理耳。

一、象爻不得不順衍一番，欲其貫也。傳象則經文本明白易曉，故不復順衍，只疏其要義而已，間有艱奧者亦順衍之。

一、時講專取官樣以便舉業，大較皆學問王道大話，全非經意。士習濡染既久，所以《大全》《啟蒙》束置高閣，若驟全紕棄，必相駭愕扞格不入。今特將時講另標附後，而別其是非，雖專以備題為事者，亦可從流達源，而行文之際任其便擇。若時講與本意相近，不復另標。愚者之志，固願謹導舉業諸君子而之乎聖人之大道耳。

一、《本義》原斟酌至當，不特功令所遵也。間《程傳》實優於《朱義》而朱未及採者，錄之亦不過千百之一二。其餘諸家錄皆稱此，他駁朱者，不

〔註41〕按原目如此。

敢登也。

一、意象半亦前人所有，但此會聚貫串，一覽洞然，欲逐一標明某人之說，則恐繁賾破碎，閱者生厭。故相錯成文，然卻斟酌訂定，一字不苟。其中為愚所發明訂補處亦居其半，故不敢謬廁著述，而編名《象意》。間有二三十分之一，繫宋元明前哲解詁原文，必不可不載者，則另揭某氏，不敢直為掠取也。至其理穴無窮處，自有《啟蒙》《大全》、宋元明儒諸書，即註疏亦可參補。而京／焦／郭／李／來氏等又無論矣。然恐書行之後，學者止便此書，忘卻宋儒、《大全》一切，使愚為此後之罪人，此大過也。或曰：「前人所有而纂入之，不剽竊乎？」曰：扁鵲《難經》、遷固《史記》《漢書》等嘗行之，蓋舍卻前人，則前人根蔕已工；欲仍前人，則前人或冗或駁，必須摘採，使詳略停當，故添己句字，錯綜衍成，不為硬別，亦勢所無如何也，朱子於《程傳》亦然。

一、象學以文、周、孔子之言為正，漢儒以後，紛紜多端，穿鑿支離，愈繁愈惑，故愚推象以彖爻說卦為主，程朱都不肯理會象學，蓋恐想像附會，枉敝精神，失聖人之意耳。邵嘗欲授程易數，程薄其說不問，良有以也。然象在數先，數猶不急，象則有不可不講者。不識象，不知意所自來，愚者所為務極繁瑣也。

一、象本無益日用，顧今學者畏易，不敢鄉邇，便是不知象之故。但看乾元亨利貞以後有字處，照各經文字樣讀，則見陰陽中正不中正等，處處交滾，無討頭處，不識字義文理所由來，宜乎如嚼枯木，黏著苦惱。假使知得象味，將每六畫反覆熟看，胸中當有自然之易迸出，雖寢食不能自已者，因思象之為助甚大，不厭攷詳，至下經辭險，註尤加密，誠不忍一部最切要書，只如緇羽尊經，誦時叩齒合掌，不要緊則庋置高閣而已。

一、朱子不大故論象，非其心思之所不到，蓋不屑于此也。故嘗謂其不可通不必鑿，止于章明較著如大壯之羊、升三之邑、困四之車、渙二孚上數處言之，以示其凡耳。自其門人始著意論象，元明諸儒漸加詳焉，然多有未備。易知者著之，而不可知者闕焉。茲編博採群言，參補己意，象莫備矣。蓋象與數，其原則同，其流則異。物生而後有象，象而後有數，是其原之同也；象出于理，數淯于氣，象揭其常，數窮其變，則其流之異也。故《繫辭》單言象而不及數，言象則該備，而于學者身世趨避為有功；言數則推筭杳冥，起人騖遠索虛之病。焦、京、鬼谷、郭璞之流，紛紛抵掌，不顧道義。專言禍

福,棄人事而逐禨祥,壞人心術,蓋皆由此。聖人早見及此矣,此聖賢心法也。然天一地二章則數之原實莫外焉,欲窮數者須從此處悟入。河洛筮法諸論,略陳其原。

一、象意以《本義》為主,雖朱子亦有未允處,後儒違畔駁訾者頗多,然非尊《本義》以為的,百氏紛呶,勢將何底?故本書不妄參雜,惟可補足紫陽者,後略附之而已。其《本義》已明,便不更詳著語。學者若不先領會《本義》,遽看愚者講意,則未盡原委必多,此鹵莽也。

一、質魯者知意已足,質敏者須全通象意。若志于學,則《圖論》四卷為要。

一、註易,前人多引史鑑事實以證之,亦啟發後學日用相資之助也。但易象所該無窮,舉一漏百,反覺滯隘。故一切不入,且恐帙繁起人畏阻耳。爻疑者間登一二,俾理事相接,則易之日用不可離,比諸書尤急于身心可推矣。

一、象者易之本,意者易之心,但逐卦逐爻致詳,驟愁紛碎難了,故每卦作論以統會之。又恐學者說長易倦,特行之以古文之法,欲使愛其文因浹其理,不致苦惱耳。

一、卦後各論,皆總會全卦而通論之,然有及互卦者,有及卦之正對者,有及卦之交對者,有及卦氣時會者,有及先後天方位者,若一一詳陳,不勝冗蔓,故惟隨便偶舉一二以互見之,學者即此隅反,卦卦例推,則心易活潑無方矣。

一、諸論皆愚所心得,而皆以唐宋大家古文體行之,所以起發感觸者,全在于此。記性好者能記全文,則持身涉世、為學行文,諸益在焉。即性鈍者,隨己力量所至,亦一篇即有一篇之用也。

一、六十四卦次序,《序卦傳》本已明白,而每卦首猶標之者,欲各義備舉,以見易道之無盡,非敢為《序傳》補缺也。《序傳》只就卦名略綽大綱,其實無所不統。前輩講義只標舉對卦而不及連卦,今皆有以序之,其反對、正對者,對序也;其無對而連下者,聯序也。至《序卦傳》本意則不復舉。且《程傳》已明,若並無別義可推,亦仍發明《序傳》。

一、學者窮易,當依本書編次,首總論,次先天諸圖論,以次及于文王之卦,及繫說序雜,自徹首尾,易雖白首難盡,亦自有迎刃而解之法,敏者即止閱一過,便當精義溢出,況肆力其中與?

一、《易說》不知何人所作,又嘗得人間手抄脫爛舊本,大概屏棄程朱所

已言，而駁論《本義》尤甚。然精思窈悟、僅有獨得，實前人開闢未到處。故先天諸論採入甚多，其牴牾者不復節取，惟卦爻凡例三十三條最益初學，照依原本附列，不忘所自。或有板刻行世亦未可知，然寧登存以助詳備，不忍使一段精力萬一浮沉也。

一、字讀音叶，程朱傳義不同。今一遵《本義》為音，叶亦務跟古韻，註下同者，單指本卦；註後同者，則全易皆然，不盡註也。

一、時下講意皆務密加圈點，或⊿◎｜□行間紛如，謂若者綱領、若者眼目筋節、若者精彩，究竟心眼各殊，徒滋污涅。今止于句讀則論加圈截，並畫一、一段落，餘則但點截而已。敬業者自有取舍，不敢自標也。

◎周易象意序：經莫尊於《易》。《易》之為書，理與數合之書也。而後世說易者每岐而二之：施、孟、梁邱本同一師而梁邱占筮、施孟訓詁，已自判為三家。至焦贛、京房以卦氣直日推驗陰陽，往往不附象象以為說，自西京而已然矣。康成注易，雜用讖緯天文，指事求象，不遺纖悉。王輔嗣起而一矯之，名理湛如，言包象外，於是言易者雖時或宗鄭，而王學盛行。唐作《正義》獨取王註以解聖經，諸家之論俱廢。無他，言數者旨趣易厭，言理者深遠不窮也。宋賢易學尤邃，著論彌多。言數至於康節，雜焦、京，不能窺其奧窔也；言理至於伊川，雜輔嗣，不能闖其藩籬也。《皇極經世書》出而象數始參羲畫之原，《程傳》出而義理遂抉孔編之蘊，惜其未會為一耳。朱子《本義》取數於邵、取理於程，有集大成之功，此其所以頒在學官、著於功令，更數代而遵其說，如圭臬之於辨方、規矩之於制器也哉？顧《本義》盛行，兒童鮮不成誦，舉業奉為準繩，習其辭而不解其義，猶勿習也；能解矣膚末之見、浮游之詞，猶勿解也。雖謂之學易，而不知易可也。且觀自有《本義》以來，元儒明儒之疏解《本義》者，其書不又汗牛充棟乎？迄今參考其得《本義》之近似者，千百中僅可一二，而況於得其精微者乎？自有《本義》而《本義》以前之說衷於一，亦自有《本義》而《本義》以後之說又歧而至於不可指數，易豈易言哉。盧陵恆齋先生，醇儒也，經學無所不貫，而於易最深。以其平生之心力彙為一書，刊以公諸天下，問序於予。予讀其書，於理於數，擇之精而語之詳，其為世傳無疑也。禮曰絜靜精微，予傚賦詩斷章之義，取是言以為序。乾隆五年歲次庚申陸月，賜進士出身奉政大夫陝西道監察御史前翰林院檢討胡定靜園氏拜撰。

◎序：余族弟儉三幼敏悟，自髫齡習舉子業即英氣勃發，咄咄逼人，同

余應童子試輒冠前茅。其補博士弟子員也，後於余，然屢困於場屋。以五經應試者五，以專經應試者如之，豈其藝之未工歟？抑科名自有定數不可強也？余以康熙辛卯舉於鄉，乙未倖獲一第，留京教習四載，旋出宰山左須昌，又經四年以丁父艱回籍，乃得與儉三一相見。後赴補，蒙世宗憲皇帝擢首中山，與儉三不相見者十有五年。己未夏，儉三來遊京都，過余署，袖《易經象意解》一編示余。余公餘一披覽焉，不覺驚喜過望。蓋余曩時知儉三長於詩古文辭，而未知其肆力於經學如此其深、苦心探索如此其至也。儉三於六經咸續學貫通，而於易學更浸淫廿餘年，用能融徹貫透，所謂探天心、穿月窟者，非耶？余雖以義經獵取科名，第粗通理解，而於天人之奧、象數之微、陰陽之妙、吉凶悔吝之故，愧未能探討於萬一。今覿儉三苦心孤詣，發前人所未發，俾羲、文、周、孔四聖之精義微言渙然冰釋、怡然理順，其為功於先聖、嘉惠來學，似不無小補云。因捐養廉，付之剞劂以成其志。至其書之可傳與否，則俟後之君子之論定，余不敢贊一辭也。爰敘其輯述之勤、用志之久且篤以弁其端。時乾隆辛酉歲孟春中澣之吉，賜進士出身中憲大夫知直隸順德府事拙山大年書於邢襄官署之槐堂。

　　◎周易象意自序：朱子有言：「上古之書莫尊于《易》，中古後書莫大于《春秋》，然此兩書皆未易看。」業以為《易》體也，《春秋》用也。天地古今之理全體于《易》，其道甚大，百物不廢，至《易》之用窮而《春秋》之用乃顯，故《易》為春而《春秋》為冬，《春秋》所以扶《易》，有貞下起元之象。二書功相首尾，其致不同，皆非淺見寡聞之所能窺。業始專經在《詩》，少好吟詠，其性近也。旁經《書》《禮》則以佐科舉辭章之具已矣。能熟其文，能解其義，遂以為吾事過畢。嗣此漸之乎《周》《儀》《爾雅》《三傳》、子史百家、先秦兩漢唐宋，雜及詩騷詞曲、稗官小說，殫精竭慮，頗亦自豪。惟是《易》《春秋》雖嘗於前人之緒論知其美大，而浩渺汪洋，不敢鄉邇。間竊觀《本義》《胡傳》，索然無味，頹然欲睡也。然終不敢謂前人尊信之過，而第疑己候之未至。隨又遊學四方，行蹤遍歷，奔走百狀，以證驗前此考讀所得，陸續收斂，思歸平淡，年三十九，自覺辭壯理虛，學成無用，因反求諸經學《大全》，而兩經稍稍專致。每筮得一爻，取宋儒所說對味之，自撫怡然有得，浩浩其來，《三傳》所疑輒繙《春秋》為折衷。而後知二經之廣大，因逐旋卒業。而向之辭章淺近，舉不足以累其心目，今其遺忘將半矣。而諸籍中有裨益於身心者，則由此兩經貫通為多。因慨然經學之不明於世，而士習溺于科舉，

皓首無識者，兩經為甚。但《春秋》見有《大全》，眾說萬理萬事，該備具舉，人苟遜志，大義朗然。而易學懸空昭揭，讖緯術數奇遁妖祥仙道修煉之屬皆得假借因緣，陰附偽託，而《本義》太簡，不足以縛其神智、範其歸趣，於是潰決四出，樹幟揚幡，駁辨紛紜，一色科舉專經之家，又徒捷徑功名，務取門面冠冕，人共曉知之說，一道同風，不肯強力玩索，求用自己。夫易本虛示，浮游易蕩，《本義》既簡，《大全》未足，後天多擺滑差腳，先天尤茫如烟海，文公所謂「未易看」者，豈不諒哉？業竊病之，不自揣量，本先正之成說，研未盡之精微，閣其橫肆，剪其支離，鎮其謬悠，補其闕畧，提其切要，帙不敢繁重以起人畏，義不敢幽僻以馳人心。自圖及辭，屑屑明備，書成，凡三十卷，名曰《周易象意》，蓋取《大傳》「聖人立象以盡意」之云也。設卦而象以顯，繫辭而意以通，易學大綱，只此兩字，非有深奇玄妙不可測尋之處。學者何懼哉？知時識勢，學易之方；居安樂玩，赴易之徑；日用云為，盡易之密，天下國家，放易之宏，又何嫌何阻而不於是哉。是書也，行或少有裨于人心世教已乎？而即詣極以知天識達以報國，亦將不遠于此而得之矣。其書約略懸思五年，而後屬筆又七年而告成。凡所發明，一奉《本義》。要使于學者切近易入，若夫鹵莽疎淺，遺芟邃學，蓋自有不能保者。願請正于有道君子焉。雍正十二年甲寅仲春初旬除日，盧陵王世業題於永豐塾舍。

◎後跋：家君少與童子試已，試卷受知於當事，志貴郡中，咸稱其博學強記，敏捷能文。不知其所以為學者，非詩文博靡之學也。無何困老場屋，保舉挑遺鴻博各途，皆不終所遇。舉優貢十一年，未入監，不得志於時以行其學，而義命自安，其惟日不足祇懼薛文清、胡敬齋之無繼起，而每念《松陽講義》為學的。所著《九經性理參翼錄》卷繁未定，惟《周易象意》書成，乾隆四年上京師，行道定州，州長祖伯拙山先生與家君宗誼夙契，見易忻賞，慨然捐俸梓之杜梨以公宇內。雖蔡中郎於《論衡》、朱文公於《律呂新書》，何以過之？嗣此人乃知身無顯晦，自日用以逮天下國家，依易如布帛菽粟，無須臾可離。振生也晚，悟道末由，謄草尚誤，畧述庭訓意附編末，庶志學者共鑒其衛道維世之苦衷夫！男宜振水行氏謹識。

◎光緒《江西通志》卷九十九《藝文略》一：《周易象意》三十卷，王世業撰（《吉安府志》）。

◎王世業，號恆齋。江西盧陵郭塘人。乾隆元年（1736）歲貢。曾保舉博學鴻詞科未就。又著有《性理參翼》四十卷、《道德經定注》三卷。

王壽昌 讀易隨錄 佚

◎道光《徽州府志》卷十二之四《人物志 · 孝友》：所著有《範心集》《讀易隨錄》。

◎王壽昌，字立亭。安徽休寧城北人。副貢生。年八十四無疾而終。

王樞 易經家課集說 四卷 佚

◎民國《高密縣志》卷十六《雜稽志》：王樞《世史快覽》三十九卷、《明紀快覽》十一卷、《四書家課集說》十六卷、《易經家課集說》四卷、《性理析疑》二十二卷。

◎孫葆田《山東通志》卷百二十七《藝文志》第十：是書見《縣志》。

◎王樞，字北辰，號靖齋。山東高密人。諸生。

王淑 易經一說 無卷數 存

山東藏乾隆十六年（1751）繫籍軒刻本

◎一名《周易一說》。

◎易經一說序：壬申余主河南試，得佳牘焉。其治《詩》，其文可四百言，言潔而旨深。蓋中州治《詩》半諸經，才亦稱富。及於額也苦有餘，而治易者苦不足。意風雅易親，理秘難研與？然治《詩》之文，大抵以寬裕肉好纏縣流逸為長。殆學焉而得其近，獨有言潔旨深，謹於篇幅，安得不異之？異而亟登之榜。數來謁，則武安王淑，善思者也。年六十，華髮白髭而容晬然，似有德者。陳道理源流具悉，似有見者。叩其平居，讀書窮經，教授遍鄉里，成就弟子甚眾，似有道者。一試禮部不利，過余，別將出，從容請曰：「生有所說易，為之久，將成矣。他日敬質可否？」余曰：「嘻！吾固知生不獨以《詩》鳴也。」越一年，生之門徒刻其書成，郵千里投余，且請一言焉。會余有西粵之役，克日撰行，得生書則定心氣求之，既入而不能已。其說根極理要，參會諸解，聯未貫之義，狀難顯之情，體歸平正易簡而蘊包廣大精微。雖未知於古人何如，以視穿穴為智、鹵莽為能，昭昭然門逕分矣。余又嘻曰：「生之治者《詩》也，生之本者易也。」今於言易見生，曩固於不言易見生矣。余學易不卒，觀《易》之《繫》曰「旨遠辭文，曲而中，肆而隱，稱名小，取類大，微顯而闡幽，當名而辨物」，又曰「吉人辭寡，躁人辭多，中心疑者其辭枝，失其首者其辭屈」，是皆聖人以易教，即以言易之準的教也，何以言易家不知也？以生曩者之文，合生今者之說，生之於易則幾矣。吾師合河先生欲補屯

蒙以下六十二卦《文言》，謂易非專言天，言人事也；人事非專言凶吉，言脩己治人內聖外王之道也，故一卦有全易焉，一爻有全卦焉。拈一爻而不能該本末內外之全，非知易也。余試舉以問先生，亹亹之言果然，乃嘆易道之大且近如是。生之郵書兼呈先生，先生方奉命注易，往辭先生，則進生書。先生信手揭履之彖辭曰：「六畫終以天地人分屬為當然，生說未為無間。」余致生意而去。明年，生再應禮部試，以淵源之系謁先生請益，倘以可教教之，當有聞余所不得聞者。生老矣，未見其止，益見其健。將終其身以易學，如坎之習，以易教；如澤之麗，得一說更知一說；如咸之首，如漸之進，師何常在明經？余南行三年，拭目俟生，生必有以起予矣。乾隆癸酉十月之晦漏下三刻，兩海通家生許道基書於正定郡北伏城驛舍。

◎易經一說序：漢以來說易者無慮數百家，雖偏全醇駁迭見錯出，要皆各抒所知，各據一理，足為益於學人。在善讀者自會之耳。厥後《程傳》《本義》行而天下宗之，諸家之說曾未目剽焉。夫學必博而乃約、詳而乃精，其是者固當以為是，不以非者質之而不見其真是也；得者固當以為得，不以失者證之而不見其果得也。即漢魏晉唐以及元明諸說，不能遠稽旁參，而《程傳》《本義》原多互相發明，何容偏廢。邇來坊本依費、王之次，既已錯亂聖經，復止載《本義》而不及《程傳》，紫陽之所資反為後人之所棄，註不全，解益艱矣。業科舉者承襲數家講義，倚為行文牆壁，於中意為摘取，足為弋名之具而止。四聖垂教之旨幾於蕩然矣。我聖祖仁皇帝遠紹羲、文、周、孔之心傳，御纂《周易折中》篇次一遵古本，註則先《本義》次《程傳》，象數義理一以貫之。又博採歷代之說，衷以不易之論，頒布學宮，風行海寓，足為萬世宗矣。抑余又慮其書廣大精微，通儒可以周覽，或非初學之士目力所能到也。竊敢以一己之見融百家之說，而歸於一說。欲其一說了然，不至糾紛難解。間有鄙意所未安，謬易一說以備參酌集成，因以「一說」名之。夫潔靜奧妙之書輒以粗浮之識、窺之以淺近之詞，訓之極知掛一漏萬、僭妄無可解免。然特望子姪輩，循此一說易讀易曉，得寸得尺，以為入門之鑰。徐俟其兼通貫解，則由淺入深、自近及遠，亦庶於易之一象該萬象、一義該萬義之說不至大悖云爾，敢云注經乎哉？時皇清乾隆十四年己巳嘉平中浣之三日，鼓山王淑夢生甫書於繫籍軒。

◎周易一說跋：易為文字之祖，非可淺測。加以諸儒聚訟，更難適從。我善思先生擇焉而精語焉而詳，著為《周易一說》，不穿鑿，不支蔓，而卦爻

彖象之義朗若列眉，洵易學真詮、寡過秘鑰也。乃久積笥中，未肯問世。同人輩強為鋟之以廣其傳，俾暗室有燈、騎牆無說，嘉惠來茲，實非淺鮮。予以後輩做進履之意，附志卷末，不知先生以孺子為可教否？時乾隆癸酉秋七月上浣之吉，後學李達拜題。

◎易經一說跋：天地人事莫備於易，廣大精微匪可易測。愚如余，何容置喙。然盲人談日，雖不見其明，未始不知其為明也。癸酉秋，我叔祖善思夫子《易一說》刊板告竣，誦而玩之，令人心目洞然。其詞簡而該，其義穩而切，不支不晦，不漏不繁，蓋取諸儒之說而擇其精，會百家之意而括其旨。又或有意己意附之，較前人更為明了者。蓋嘗謂易之為易，其理至一，其用萬變，靜而繹之，動而揆之，罔不在日用耳目間，故善談易者正无假鑿險追幽、標新立異乃足稱雄。且初學知識尚淺，驟以高遠語之，鮮不錮其明而艱其功者。然則是書之用意，求无背於先賢，尤以津梁後學為急務。循循善誘，其斯之謂與？余見及此，附志卷末，俾世之先達後生，曉然于輯是書者之苦心焉。想以余言為不誣耳。謹跋。乾隆歲次癸酉中秋日，受業孫時薰識。

◎後敘：余以不善經營得長貧，亦以不善經營得長閒，因長閒則以舌耕濟長貧。蓋自既冠及垂暮，此外無所事事也。乾隆丙寅授徒族人之須友堂，欲子姪輩講易，以為寡過之資。苦坊本未善，而御頒《折中》非幼學所驟能幾。爰纂輯《易經一說》，積歲成帙。不過便於塾中之誦讀耳，非有付梓意。諸生欲鋟板免傳鈔之勞，而又囊澀不足辦，乃出引言以募之邑人。縉紳先生謂為善舉而慷慨樂捐者比比也。夫以不足行世不足益人之書，而妄聽災梨，適以自獻其醜。然而諸君子好義之美則不可沒也。附載引言，並列諸君子姓字，以識不忘云。乾隆十八年歲次癸酉瓜月上澣日，鼓山王淑澹菴氏又題於繼日堂。

◎募刻易經一說引：乾坤互變，否泰環更，惟斯道薪傳，無剝盡之候；實儒先緒論，有鼎新之機。易以開互古之屯，節經四聖；辭或至季年而蠱，睽自百家。不必可宗，故需聚訟；間有可準，時復支離。濟大川弗問津梁，將入於坎；升高陵弗循階級，必終於蒙。我叔祖善思先生議而後動，擬而後言，窮羲、文、周、孔之微，樂焉而玩；採漢、晉、唐、宋之粹，居焉而安。學以聚之，問以辨之，兼小大而漸畜；化而裁之，神而明之，酌損益以咸宜。懸一象萬象以貫，昔者書不盡言；摘一義萬以該，茲亦言不盡意。百慮既精，《一說》

斯著。萃諸子之真解，貫一家之大觀。較坊間舊本，易而可尋；遵御纂《折中》，簡而便誦。諒通儒當為之點首，即幼學亦為之會心。似無大端之過，原足為師；出於中心之孚，非以相比。亟思渙茲大有，持以晉我同人。籌棗梨之費，困於無貲；望詩禮之門，巽詞以讀。冀鄰望囊，鴻施隨願。庶文人心學，長為甃渫之井，汲引有恆；而後輩靈機，佇看虎豹之革，皈依以夬。敢張頤輔，虔達鄙悰。上于臨照肅聽，德音謹啟。後學王慶雲謹譔。

◎四庫提要（題王俶撰）：其書大旨以《程傳》、《本義》原互相發明不容偏廢，坊本依費、王之次已錯亂聖經，復止載《本義》不及程《傳》，注不全而解益艱，因遵朱子十二篇舊次，復參取眾家歸於一說，使初學易讀易曉，蓋亦為科舉經義而設也。

◎王俶，字善思，號澹菴。鼓山〔註42〕人。

王淑旦　說易管見　佚

◎宣統《建德縣志》卷十八《藝文志》一：《說易管見》，王淑旦。

◎宣統《建德縣志》卷十五《人物志・儒林》：生平究心經訓，尤精易學。著有《說易管見》《樸拙軒詩草》。

◎王淑旦，字稗明，號樸菴。由雍正四年歲貢生官含山訓導。性狷介，顏其軒曰樸拙。卒年八十二。

王樹基　易經摘要　佚

◎民國《重修泰安縣志》卷八《人物志》：著有《易經摘要》《詩經隨錄》並《詩稿》藏於家。

◎民國《重修泰安縣志》卷十一《藝文志》：《易經摘要》，王樹基撰。《詩經承蒙錄》，王樹基撰。

◎王樹基，字德懋，號厚堂。山東泰安孫家莊人。又著有《王樹基詩稿》。

王樹枏　費氏古易訂文　十二卷　存

湖北、南京、天津藏光緒十七年（1891）四川青神刻本

國圖、山東藏光緒十七年（1891）文莫室刻本

清末民國初刻陶盧叢刻本

〔註42〕《四庫提要》誤作彭山。

山東藏臺北成文出版社 1976 年無求備齋易經集成影印文莫室刻本

續四庫影印復旦藏光緒十七年（1891）青神刻本

◎各卷首題：新城王樹枬。各卷末題：鎮南劉櫟正字，華陽馮廉覆勘，資陽伍鋆斠刻。

◎弁言：

《漢書 · 儒林傳》云：「費直字長翁，東萊人。治易為郎，至單父令。長於卦筮，亡章句，徒以《彖》《象》《繫辭》十篇之言（吳仁傑云：今本「之言」誤「文言」）解說上下經。」案《隋書 · 經籍志》云：「梁有漢單父長費直注《周易》四卷亡。」《新／舊唐書志》、陸德明《釋文序錄》並作費直章句四卷，與本傳所稱亡章句者不合，此偽託也。《隋志》又別有費氏《易林》二卷，注云梁五卷。《易內神筮》二卷，梁有《易筮占林》五卷，《唐志》有《費氏逆刺占災異》十二卷，今皆亡佚。《焦氏易林》卷首雜識載東萊費直說一節，《禮記 · 月令正義》引《易林》不見今焦氏之書，其以干支配卦尤為鄭氏爻辰所自出。鄭為費易，其注《月令》，蓋參費說用之，則《正義》所引為費氏《易林》無疑也。羅泌《路史》云：「費直易十一篇，以易卦配地域。」攷《晉書 · 天文志》引其十二次，所起度數稱費直《周易分野》，唐《開元占經》亦引之，然則費氏固別有《周易分野》一書為《唐志》所不載者。史稱費氏長於卦筮，蓋唐時其書猶未盡亡也。《漢書 · 藝文志》云秦燔書而易為卜筮之事，傳者不絕。漢興，田何傳之。訖於宣元有施、孟、梁邱京氏列於學官，而民間有費高一家之說。劉向以中古文《易經》校施、孟、梁邱經，或脫去无咎、悔亡，唯費氏經與古文同。案《後漢書 · 儒林傳》費氏本以古字號古文易。當時學者謬於隸俗，趨便就易，怪舊藝而善野言，故內府所藏與老師所守之古文皆不得行於其世。劉氏父子篤心向古，實以費氏古文為尼山真本，而其文尤較三家經為完備，故別加校著以待知者。惜乎其為俗學所抑也。

《後漢書 · 儒林傳》云：「陳元、鄭眾皆傳費氏易，其後馬融亦為其傳。融授鄭元，元作《易注》，荀爽又作《易傳》，自是費氏始興。」案前漢京氏出而施、孟、梁邱之易遂微，後漢費氏興而京氏之易亦沒，馬、鄭倡明古學，為時所宗，故其力足以挽回末流、刊正鄙俗。自王弼易出與鄭注並行，荀崧、陸澄排王伸鄭。隋興，儒者幕弼之學，遂為中原之師，然注雖不同，而所據之文變而未屬，則固依然鄭氏本也。

《史記 · 孔子世家》云：孔子晚而喜易，序《彖》、《繫》象《說卦》《文

言》，讀易韋編三絕。案史不出《雜卦》之名，序《彖》繫《象》當謂序之以象、繫之以象，非謂序繫為今之序卦繫辭也，《漢書‧藝文志》云孔子為之《彖》《象》《繫辭》《文言》序卦之屬十篇，於是《志》以上下經及十翼為十篇篇之目。漢唐以來皆以十翼為孔子所為，馬、鄭之徒更無異論。今竊以為彖象皆出於孔予，《繫辭》以下六篇乃經師稱述孔子之詞（觀篇中引子曰可見）。學者相承，不復辨別其文，多所沿襲，雜以講疏之言，故宋歐陽公疑其偽作。馬、鄭精於訓詁，不知文事，沿而不督，遂舉以當孔子之書。余遍觀先秦諸子及西漢儒者，鮮有引《繫辭》以下之文者，蓋孔子之書亡之久矣。

《正義》論十翼云：「先儒數十翼亦有多家，既文王《易經》本分為上下二篇，則區域各別，彖象釋卦亦當隨經而分，故一家數十翼云《上彖》一、《下彖》二、《上象》三、《下象》四、《上繫》五、《下繫》六、《文言》七、《說卦》八、《序卦》九、《雜卦》十，鄭學之徒並同此說，故今亦依之。」案鄭為費易，其說十翼次第蓋費氏古本如此。《正義》又謂：「先儒以孔子十翼之次，乾坤文言在二《繫》之後、《說卦》之前，以彖象附上下二經為六卷，則《上繫》第七、《下繫》第八、《文言》第九、《說卦》第十。」案此所謂先儒即鄭君之易，宫于俊所謂「鄭元合彖象於經，使學者尋省易了者也」，然猶附於每卦之末，若今乾卦者是。至王輔嗣始以《彖傳》《象傳》分繫於彖辭、象辭之下，又取《文言》附於乾坤一卦之後，此鄭、王兩家之別也。

《魏志》高貴鄉公問易博士宫于俊曰：「孔子作彖象、鄭元作注，雖聖賢不同，其所釋經義一也，今彖象不與經文相連而注連之，何也？」俊對曰：「鄭元合彖象於經者，欲附學者尋省易了也。」帝曰：「若鄭元合之，於學誠便，則孔平曷為不合以了學者乎？」俊對曰：「孔子恐其與文王相亂，是以不合。此聖人以不合為謙。」帝曰：「若聖人以不合無謙，則鄭元何獨不謙耶？」俊對曰：「古義宏深，聖問奧遠，臣所能詳盡。」孫志祖云：「十二篇次第，康成亦未嘗改易。高貴鄉公所云彖象不與經文相連而注連之者，蓋謂孔子十翼亦即易注，仍自為一書，不附經文之下，與鄭氏之以己注附於經文者不同，故帝云若聖人以不合為謙則鄭氏何獨不謙也。康成注經未嘗輕改一字，寧有變亂古經如是耶？」今案俊對高貴鄉公之問明言鄭元合彖象於經，孫氏諱此而不言，殊失鄭易之真。

王璜、陳元、鄭眾俱為費氏易，而著述無徵。馬、鄭、荀三家始有易注行世。《隋書‧經籍志》云：「梁有馬融注《周易》一卷，亡。」《新／舊唐書‧

志》並云章句十卷。蓋隋代散亡，唐時復出，故《釋文敘錄》亦稱其章句十卷也。《隋志》鄭注周易九卷，《釋文敘錄》云十卷錄一卷，《七錄》云十一卷，《唐志》云十卷。案《崇文總目》載鄭易猶存《文言》《說卦》《序卦》《雜卦》四篇，朱氏震、晁氏說之俱引其說，至南宋而四篇亦佚，於是浚儀王氏應麟始有輯佚之作。《隋志》荀注《周易》十卷，《釋文敘錄》云十卷，《七錄》云十一卷，《唐志》亦云章句十卷。荀氏之說雜見於《九家易》中，孫氏堂、馬氏國翰皆有輯佚，而馬氏較為完備。今案荀悅《漢紀》云：「馬融著易解，頗生異說。」今觀其所言卦氣多與荀、虞諸家不合，此其異耳。史稱融為傳以授鄭元，元作易注，則吾道云東。蓋鄭易淵源導先於馬，古文家法實賴二子。鄭君恪守古經，不輕改字，如云嘖當為動、置當為德、機當為幾、苞讀為彪、忼讀為康，若此之類不可縷舉。後儒乃以其所訓之字作為經字，反謂鄭君詁經有破字之嫌，顛倒是非，殊為無識。荀傳費學，據爻象承應、陰陽變化之義，以十篇之文解說經意，兗豫之言易者咸傳其學。然其所據之本往往參用孟氏，與馬、鄭不同。虞翻稱穎川荀謂號為知易，且謂馬融有俊才，解釋復不及之。虞氏好攻鄭難馬，而獨膺服於荀，則荀君之易蓋時有出入，不專守費氏家注也。然斠同酌異、參互考證，猶可見今古文源流之所在焉。故今訂正費本以馬、鄭、荀三家為據。先鄭雖無易注，而其說之見於他經足資考證者，亦備為採錄。王弼之易間亦取資，事期有徵，言必加謹，古文家法亡而復存，先儒有知，尚其鑒我。

古籀之體莫備於《說文》。許君謂宣王大史籀著大篆十五篇，與古文或異，至孔子書六經皆目古文。古文者，兼籀文而言。《漢書・王莽傳》：「徵天下史篇文字。」孟康云：「史籀所作十五篇，古文書是也。」蓋前乎孔子者皆謂之古文，《說文》雖用嬴秦小篆，而秦篆則合取古文大篆參酌為之，故許君用秦篆即是用古籀。其重文言古文作某而不言籀文者，則正文即是籀文；重文言籀文作某而不言古文者，則正文即是古文；其言籀文作某、古文作某者，則正文即是省改參酌古籀以歸畫一之文；其不列重文者，則正文即是古籀同體之文。故今校費氏古易，其俗文或體為馬、鄭、荀諸家所不及、無可取證者，皆據《說文》正之。許君易稱孟氏，孟為今文之易，與費氏不同。要其擬音證字特援以發明倉籀古文之誼，非謂孟氏之書盡古文也。

《釋文》所引古文乃正始之古文，故與馬、鄭不合。馬國翰輯《費氏章句》，抄撮晁氏之書，妄以為費氏古文，憑臆寡據，殊為謬戾。《七經孟子考

文》所引古木亦多譌誤，不足為據，故不用之。

雅雨堂所刻唐李鼎祚《周易集解》多與舊本不同，乃元和惠氏所私改。孫氏堂、馬氏國翰所輯漢魏諸易皆沿惠氏之誤。故今所採《集解》以舊本為據，而惠氏所改明以著之。

余為此書，專辨今文古文之異同。大義微言，以候君子。孔子曰「必也正名乎」，蓋名正則言順。象數義理，神而明之，存乎其人，抑亦吾先師費氏之志云爾。

是書始於戊寅，訖於己丑，歲逾十稔，稿凡三易。折衷古賢，取益今哲，經史子集傳注箋疏靡不博稽審錄，辨析異同。探姬孔之淵源，存什一於千百，生今之世，反古之道。知我罪我，敢須來世。

光緒十五年十一月十日，新城王樹枏自識於眉州之遠景樓。

◎跋尾：張參《五經文字》謂後漢許叔重收集籀篆古文諸家之學，就隸為訓注，謂之《說文》。然則《說文》一書惟篆字用古文，其注解則仍用當啬隸體，蓋使學者便于尋省之意。今之治《說文》者，乃盡改注中之隸體目從篆文，殊失許君之舊。此書所引《說文》悉依張參之說，篆文隸字各不相淆，而費氏經文用古注解從今，則亦《說文》之例也。光緒辛卯七夕，鎮南劉樾斛畢跋尾。

◎劉聲木《桐城文學撰述考》卷四「王樹枏撰述」：《費氏古易訂文》十二卷。

◎王樹枏（1859～1936），字晉卿，晚號陶廬老人。山東淄博桓臺新城人。光緒十二年（1886）進士，歷知甘肅甘蘭、四川資陽等縣，官至新疆布政使。又著有《離騷注》一卷、《爾雅說詩》二十二卷、《校正孔氏大戴禮記補注》十三卷、《中庸鄭朱異同說》一卷、《中庸大義》一卷、《閑閑老人詩集》十卷《目錄》二卷、《趙氏年譜》二卷、《漢魏六朝磚文》二卷、《新疆訪古錄》二卷、《新疆金石志》二卷、《新疆小志》一卷、《新疆山脈圖志》六卷、《新疆山脈圖》不分卷、《新疆國界圖》不分卷、《新疆圖志》一百十六卷、《爾雅郭注佚序補訂》二十卷、《爾雅郭注異同考》一卷、《廣雅補疏》四卷、《爾雅訂經》二十五卷、《莊子大同注》二十二卷、《墨子三家校注補正》二卷、《夏小正訂經》一卷、《夏小正訂傳》四卷、《尚書商誼》三卷、《左氏春秋經傳義疏》一百五十卷、《焦易說詩》四卷、《說文建首字義》五卷、《離騷法》一卷、《天章草》五卷、《學記箋證》四卷、《將吏法言》八卷、《蟄叟》七篇、《度量衡》、

《武漢戰記》一卷、《大清畿輔先哲傳》四十卷、《大清畿輔書徵》四十一卷、《咸同兩朝列傳》、《屬國列傳》四卷、《清史地理志》二十七卷、《食貨志》六卷、《逸民傳》、《叛逆傳》、《畿輔方言》二卷、《建炎前議》一卷、《新城縣志》、《冀典》（《冀縣志》）二十卷、《法源寺志》八卷、《文莫室詩集》八卷、《陶廬文內集》三卷、《陶廬續集》十二卷。

王樹枏 周易釋貞 二卷 存

南京大學藏 1924 年刻陶廬叢刻本

續四庫影印復旦藏 1924 年刻陶廬叢刻本

臺灣文聽閣圖書有限公司 2009 年林慶彰主編民國時期經學叢書本

◎目錄：卷上：上經乾元亨利貞，坤元亨利牝馬之貞、安貞吉、六三含章可貞、用六利永貞、屯元亨利貞、初九利居貞、九五小貞吉大貞凶，蒙利貞，需有孚光亨貞吉、九五貞吉，訟六三食舊德貞厲終吉、九四安貞吉，師貞丈人吉、六三弟子輿尸貞凶，比元永貞、六二比之自內貞吉、六四外比之貞吉，小畜上九婦貞厲，履九二幽人貞吉、九五夬履貞厲，泰九三艱貞無咎、上六貞吝，否不利君子貞、初六貞吉亨，同人利君子貞，謙六二鳴謙貞吉，豫六二不終日貞吉、六五貞疾恒不死，臨元亨利貞、初九官有渝貞吉、六三利居貞，蠱九二幹母之蠱不可貞，臨元亨利貞、初九咸臨貞吉，觀六二利女貞，噬嗑九四利艱貞吉、六五貞厲無咎，賁九三永貞吉，剝初六剝床以足蔑貞凶、六二剝床以辨蔑貞凶，無妄元亨利貞、九四可貞無咎，大畜利貞、九三利艱貞，頤貞吉、六三拂頤貞凶，離利貞亨。卷下：下經咸亨利貞、九四貞吉悔亡，恒亨無咎利貞、初六浚恒貞凶無攸利、六五恒其德貞婦人吉夫子凶，遯亨小利貞、九五嘉遯貞吉，大壯利貞、九二貞吉、九三貞厲、九四貞吉悔亡，晉初六晉如摧如貞吉、六二晉如愁如貞吉、九四晉如碩鼠貞厲、上九厲吉無咎貞吝，明夷利艱貞、九四不可疾貞、六五箕子之明夷利貞，家人利女貞、六二貞吉，蹇貞吉，解九二貞吉、六三貞吝，損有孚元吉無咎可貞、上九弗損益之無咎貞吉，益六二永貞吉，姤初六貞吉，萃亨利貞、九五元永貞悔亡，升六五貞吉升階、上六冥升利于不息之貞，困亨貞大人吉無咎，革元亨利貞悔亡、九三征凶貞厲，鼎六五利貞，漸女歸吉利貞，歸妹九二利幽人之貞，旅小亨旅貞吉、六二得童僕貞，巽初六進退利武人之貞、九五貞吉悔亡無不利、上九貞凶，兌亨利貞，渙利貞，節亨苦節不可貞、上六苦節貞凶悔亡，中孚利

貞、上九翰音登于天貞兇，小過亨利貞、九四勿用永貞，既濟亨小利貞，未濟
九二曳其輪貞吉、九四貞吉悔亡、六五貞吉無悔。

◎劉聲木《桐城文學撰述考》卷四「王樹柟撰述」：《周易釋貞》一卷。

王樹勳 勤補齋讀易集 佚

◎民國《續丹徒縣志》卷十八《藝文》：王樹勳《勤補齋讀易集》（《縣志
摭餘》）。

◎王樹勳，江蘇丹徒人。舉人。宣統元年薦舉孝廉方正。

王嗣邵 周易補注 五卷 存

南京大學藏光緒二十年（1894）王樹菜吳門刻目耕堂全集本

◎光緒《鹿邑縣志》作四卷。

◎華金壽序：國朝經學之盛，超邁前古。顧治經約分二途：謹守師法尺
寸弗諭，是謂專家之學；窮乎理之所在，且必求乎己之所安，是謂心得之
學。二者固相需為用，同為六籍之功臣也。乾嘉以來，崇尚宏博，以實事求
是為本，以守經義、循師法為宗。其始一二淹雅之才，欲矯空疏之弊，不惜
力為其難，以風天下。而承學之士，乃徒挾其訓詁文字之長，區漢宋，分南
北，張己伐物，變本加厲，而莫識所歸。雖榕村李氏、望溪方氏之閎通精
博，以其學兼漢宋，從而擯絕之，一若無與於經學者。徇其所同、詆其所弗，
尚不惟學術之弊，抑亦風俗之憂也。鹿邑王協之先生，中州宿儒，承夏峰、潛
庵諸君子之流風，於有宋諸儒之書類能服習而研究之。復於國朝諸經說，剖
其得失，闡其精奧，糾其疏而彌其罅。初不存偏倚附和之見，以徵取一時名
譽，故其所著《周易補注》、《尚書簡餘錄》、《毛詩傳異同析疑》、《春秋箋》、
《目耕堂筆記》諸書，都能直抒己見，不斷斷求合於師法，而於經義要無倍
焉。姚姬傳先生曰：「大丈夫雖犯天下所不韙，而不為吾心之所不安。」治經
之道，亦若是。先生博取漢宋諸家之說，從而求其是以折其衷，是殆確有心
得，而亦無愧於專家者與！余按試歸德畢，其後裔介廣文以先生遺書求序，
余讓陋，未識先生之學視榕村、望溪為何如？然治經而必得心之所安，亦不
愧姬傳先生之所謂大丈夫矣。因撮舉經學異同之概，與先生之學所獨至者，
書而歸之。

◎光緒《鹿邑縣志》卷十上《藝文》一：嗣邵之學不尚專門，故說經一無
所徇。其治《周易》，象數與理義無所偏主，惟不喜虞氏，以為述其學者皆無

用之書。其《總論》有曰：「《易》有通例，有特例，有正例，有餘例，有常例，有變例。通例者，六十四卦皆用其例也。特例者，一卦自為一例，如井取應不取比，隨取比不取應，需在險在前，咸以止為美也；或數卦，如兩陽相應大過小過名卦是也，十數卦，如十二消息否泰升降是也。正例者，吉凶於此變也，如德、位、時、比、應是也。餘例者，但用以取象（詳後），正例吉，則取其吉象；正例凶，則取其凶象也。常例者，爻吉則言吉，爻凶則言凶也。變例者，似凶或言吉、似吉或言凶也。夫知例有通特，則不至以例亂例矣。知例有正餘，則不至以奴為主矣。知例有變常，則不至屈經就例矣。」全書大旨略見於此。

◎光緒《鹿邑縣志》卷十四中《人物》：幼穎悟，讀書一過，略皆上口。時阮刻《經解》初出，嗣邵得之，鑽研眾說，孜孜靡倦，有創獲輒筆之於冊。自是一意著述，於《易》、《書》、《詩》、《春秋》皆有所發明。乾嘉而還，北地經學家，宜推嗣邵為後勁。惜僻處偏隅，名不出於里黨。遺稿僅存，亦無有為刊刻流布者，是可慨也。

◎王嗣邵，字協之。河南鹿邑郸城集（今屬郸城）人。咸豐諸生。又著有《尚書簡餘錄》六卷、《毛詩析疑》十五卷、《古毛詩》一卷、《春秋箋》十卷、《論語育德集》一卷、《古本大學解》一卷、《三字小學》、《四言孝經》、《修齊要語》六卷、《目耕堂筆記》二卷等。

王崧 河圖洛書考 無卷數 存

清樂山堂刻說緯附本

◎王崧（1752～1838），字伯高，又字酉山、石仙，號樂山。雲南浪穹（今大理白族自治州洱源縣）人。白族。師檀萃。嘉慶四年（1799）進士，五年任山西武鄉縣令。嘉慶二十一年（1816）主講山西晉陽書院。亦工書善畫，尤擅人物，名重當時。總纂道光《雲南通志》，編為《雲南備徵志》二十一卷。又著有《說緯》六卷、《布公集》、《江海集》、《提鈎集》、《樂山詩集》、《樂山制義》等。

王泰際 周易翼注 四卷 佚

◎光緒《嘉定縣志》卷二十四《藝文志》一：《周易翼注》四卷（王泰際著。《本義》所未申者，紬繹考索，務使明晰，深於理學）。

◎王泰際（1599～1675），字內三，號硯存。嘉定（今屬上海）馬陸戩浜

人。崇禎三年（1630）舉人、十六年（1643）進士。與吳梅村、陳瑚、蘇震、蘇淵、陸元輔、宋琬、張鴻磐、余懷、孫致彌、侯涵等唱和。明亡後隱居不出。著有《周易翼注》四卷、《四書廣古注》、《壽硯堂全集》、《歷代詩類鈔》、《王氏世譜》、《冰抱老人集》諸書。

王錟 讀易餘論 佚

◎《中州藝文錄》《河南通志藝文志稿》著錄。

◎王錟，字長穎，號一雪，自號巨野老人。河南柘城人。王應昌長子，隨父巡按浙江、直隸，父卒，奉柩歸里。順治十二年（1655）以拔貢授上海縣知縣。又著有《讀書質疑》二卷、《欲從錄》十卷。

王錟 讀易質疑 佚

◎《中州藝文錄》《河南通志藝文志稿》著錄。

王韜 周易集釋 存

美國紐約公共圖書館藏稿本

◎王韜，原名利賓，又名王瀚，同治元年（1862）亡命香港，改名王韜。先世居昆山，後遷甫直。又著有《毛詩集釋》三十卷、《禮記集釋》、《蘅華館雜錄》〔註43〕、《春秋左傳集釋》、《春秋朔閏至日考》三卷、《春秋日食辨正》一卷、《春秋朔閏表》、《皇清經解札記》二十四卷、《國朝經籍志》八卷、《法國志略》二十四卷、《普法戰紀》二十卷、《瀛壖雜志》六卷、《甕牖餘談》八卷、《四溟補乘》三十六卷、《西古史》四卷、《西事凡》十六卷、《俄羅斯志》八卷、《美利堅志》八卷、《臺事竊憤錄》三卷、《乘槎漫記》一卷、《漫遊隨錄》三卷、《扶桑遊記》三卷、《西學輯存六種》〔註44〕、《格致新學提綱》、《火器略說》（合著）、《弢園文錄》八卷、《弢園文錄外編》十二卷。

王天紀 周易便讀 佚

◎《永城縣志》著錄。

〔註43〕子目：《苔花廬日志》《銘香寮日記》《瀛壖雜記》《滬城聞見錄》《蘅花館日記》《蘅花館印譜》《夏日閨中雜詠》《石經考文》。
〔註44〕子目：《西國天學源流》《重學淺說》《華英通商事略》《西學圖說》《西學原始考》《泰西著述考》。

◎王天紀，字兆臨。河南永城人。王五雲子。乾隆四十二年（1777）拔貢。官河陰教諭。少承家學，曾問易於安徽崔殿華。又著有《四書引經便覽》《唐詩石畔集》。

王天紀 周易宗旨 佚

◎道光《徽州府志》卷十一之三《人物志・儒林》：潛心理學。著有《四書闡微》《周易宗旨》，四經及五子皆詮抉指歸，《左》《國》以下諸大家各標所見，評選以示來學。

◎道光《徽州府志》卷十五《藝文志・婺源》：王天紀《周易宗旨》一卷。

◎民國《重修婺源縣志》卷二十三《人物》四《學林》：潛心理學，以朱子為鵠，參之諸儒以會其宗。著有《四書闡微》《周易宗旨》，四經及五子皆詮抉指歸，《左》《國》以下諸大家各標所見，評選以示來學。

◎民國《重修婺源縣志》卷六十四《藝文》一：王天紀著（《易宗旨》《四書闡微》）。

◎王天紀，字有倫。安徽婺源（今屬江西）詞源人。恩貢鴻嵩子。

王廷椿 易經先路 佚

◎道光《徽州府志》卷十二之四《人物志・孝友》：所著有《易經先路》《春秋五傳通匯》《古文得珠》《四書舌耕錄》。

◎王廷椿，字懋昭。安徽婺源（今屬江西）中雲人。諸生。精岐黃。

王廷蘭 易經精義 二十卷 佚

◎民國《增修膠志》卷四十五《人物志》：天資穎悟，讀書別有心得，尤精於易理。著有《易經精義》八冊。

◎王廷蘭，字紉秋。山東膠州人。道光元年（1821）舉人。大挑二等，署館陶縣訓導，旋補莘縣教諭。丁憂服闋，署新城訓導，旋補汶上訓導。

王廷植 易經疑言 二卷 存

山東藏清末刻本

臺灣文聽閣圖書有限公司 2010 年起林慶彰主編晚清四部叢刊本

◎王廷植，榜名廷柱，字實丞（石臣）。道光二十四年（1844）進士，官至山東兵備道。又著有《詩經疑言》一卷、《書經疑言》一卷、《古經疑言》一

卷、《四書疑言》十卷、《大學還舊》一卷、《籌備案抄》二卷。

王庭 易經纂註 佚

◎嘉慶《太平縣志》卷七《懿行》：著有《易經纂註》。

◎王庭，字五陵。安徽太平（今黃山）人，僑居蕪湖。邑廩生。

王同癰 周易管窺 佚

◎光緒《永康縣志》卷十二《藝文》：《明儒理學編》《周易管窺》（並國朝王同癰著）。

◎光緒《永康縣志》卷八《人物・文苑》：蓋學姚江而得其氣象者。生平著述凡二十種，皆切己之學，為鶴潭王崇丙所稱賞云。

◎王同癰，字天球。歲貢生。嘗受學於東陽陳其蔥。

王萬鼇 三易圖說 二卷 存

國圖藏光緒二十四年（1898）槐陰書屋刻本（附二則）

山東藏光緒二十五年（1899）廷芝山房刻本（無附）

◎嘉慶《常寧縣志》卷二十二《藝文志・經籍》：《三易圖說》四卷，王萬鼇撰。

◎同治《常寧志》卷九《藝文》：王萬鼇《三易圖說》四卷（嘉慶《通志》）。

◎《欽定續通志》卷一百六十五著錄四卷：嘉慶《縣志・雜志》：乾隆三十九年徵求遺書，巡撫巴公批云：三易之名，《周易》獨傳；《連山》《歸藏》，談者或少。是書繪之以圖，闡之以說，妙即證以聖人說卦之旨，真有功於三聖，足補先儒所未備。

◎王萬鼇（1727～1763），字集虛，號逸圃。湖南常寧人。太學生。

王萬里 周易指南 二卷 佚

◎民國《高密縣志》卷十六《雜稽志》：王萬里《周易指南》一卷、《晴竹軒文法》一卷。

◎孫葆田《山東通志》卷百二十七《藝文志》第十著錄一卷：是書見《縣志》。

◎王萬里，字希江。山東高密人。乾隆乙酉舉人。鄉薦後得縣令，不就，

設帳諸閣間，門下多知名士，東武劉墉其尤著者也。

王為東　易經詳解　佚

◎民國《壽光縣志》卷十四《藝文志》：王為東《易經詳解》《詩經詳解》。

◎王為東，山東壽光人。

王維德　卜筮正宗　十四卷　存

國圖藏順治元年（1644）刻本

國圖藏康熙元年（1662）文富堂刻本

國圖藏康熙四十八年（1709）刻本

國圖藏光緒元年（1875）善成堂刻本

國圖藏光緒二年（1876）刻本

山東藏光緒十二年（1886）上海江左書林刻本

山東藏光緒十五年（1889）掃葉山房刻本

國圖藏光緒二十六年（1900）上海書局石印本

國圖藏光緒三十一年（1905）上海錦章書局石印本

廈門、廣西壯族自治區圖書館藏光緒三十一年（1905）上海江東書局石印本

上海錦章書局 1914 年石印本

上海鍊石書局 1918 年石印本（題精校卜筮正宗）

臺灣龍泉書局 1976 年標點本

中州古籍出版社 1994 年李慧霞校點本

青海人民出版社 1994 年鄭景峯標點本

海南出版社 2000 年點校本

中醫古籍出版社 2010 年周易與堪輿經典文集李祥標點白話釋意本

九州出版社 2014 年鄭同主編增補四庫未收方術匯刊影印本

華齡出版社 2016 年四庫存目納甲匯刊鄭同校本（題校正全本卜筮正宗）

◎目錄：

卷一：卜筮格言。啟蒙節要：六十花甲納音歌、十天干所屬、十二地支所屬、天干地支八卦方位圖、五行相生相剋、六親相生相剋、天干相合、地支相合相沖、五行次序、八卦象例、八宮所屬以錢代蓍法、六十四卦名（裝卦

表）、納甲裝卦歌、安世應訣、六獸歌、六神辨象結合六親辨象之斷法、安月卦身訣、三合會局歌、長生掌訣、祿馬羊刃歌、貴人歌訣、三刑六害歌八宮諸物、八卦諸獸、八卦諸身、定間爻歌、年上起月法、日上起時法、定寅時法、通玄賦、碎金賦、諸爻持世訣、世應生克空亡動靜訣、卦身喜忌訣、飛伏生克吉凶歌、斷易勿泥神煞歌、六爻安靜訣、六爻亂動訣、忌神歌、原神歌、用神不上卦訣、用神空亡訣、用神發動訣、六親發動訣、日辰訣、六親變化歌、六獸歌斷、日月建傳符、八卦相配、六甲旬空起例、月破定例。

卷二卦爻呈象並飛伏神卦身定例：乾宮屬金、坎宮屬水、艮宮屬土、震宮屬木、巽宮屬木、離宮屬火、坤宮屬土、兌宮屬金。

卷三十八論：十八論用神分類定例第一、世應論用神第二、用神問答第三、原忌仇神論第四、飛神正論第五、伏神正傳第六、六獸評論第七、四生逐位論第八、月破論第九、旬空論第十、反吟卦定例第十一、伏吟卦定例第十二、旺相休囚論第十三、合中帶克論第十四、合處逢沖沖中逢合論第十五、絕處逢生克處逢生論第十六、變出進退神論第十七、卦有驗不驗論第十八、辟增刪卜易之謬、辟易林補遺伏神之謬、辟易林補遺胎養衰病之謬、辟卜筮全書世身之謬、辟天醫星之謬、辟妄論本命之謬、辨卜筮全書神煞之謬、辨貴人祿馬之謬、辨易林補遺應為他人之謬、辟易林補遺月破旬空之謬、辨互卦、辟易林補終身大小限之謬、辟易林補遺家宅之謬、辟易林補遺婚姻嫁娶之謬、辨六爻諸占之謬。

卷四黃金策總斷千金賦直解。

卷五：天時，年時，國朝，征戰，身命。

卷六：婚姻，產育（附占老娘，乳母），進人口。

卷七：病症，病體，醫藥，鬼神。

卷八：種作，蠶桑，六畜，求名，仕宦。

卷九：求財，家宅，新增家宅搜精分別六爻斷法。

卷十：墳墓，求師，學館，詞訟。

卷十一：避亂，逃亡，失脫，新增痘症。

卷十二：出行，行人，舟船，娼家，船家宅，何知章（妖孽賦，搜鬼論）。

卷十三十八問答（附占驗）：第一問三傳克用（計答占驗五卦），第二問何以謂之回頭克（計答占驗十六卦），第二問生用神者為原神（計答占驗四卦），第四問三合八卦成局（計答占驗十二卦），第五問反吟之凶有輕重分別乎（計答占驗

五卦），第六問伏吟之凶有輕重分別乎（計答占驗四卦），第七問爻遇旬空（計答占驗十四卦），第八問月破之爻（計答占驗七卦），第九問用神不現（計答占驗六卦）。

卷十四：第十問進退神（計答占驗五卦），第十一問沖中逢合合處逢沖（計答占驗八卦），第十二問四生墓絕（計答占驗十三卦），第十三問六沖六合（計答占驗十一卦），第十四問三刑六害（計答占驗四卦），第十五問獨靜、獨發（計答占驗七卦），第十六問卦得盡靜盡發（計答占驗四卦），第十七問用神多現（計答占驗五卦），第十八問卜者誠心斷者精明亦有不驗何也（計答占驗六卦）。

◎凡例：

一、卜筮一道，導愚解惑，教人趨吉避凶。六爻既立，變化斯呈，莫不有至當不易之理。世人胸無成見，不能推究精微，祇以惑世誣民，深可哀也。是書一宗正理，不敢妄執臆說，貽誤後學，因名之曰正宗。

二、自鬼谷以錢代蓍，而易之道一變。其所重者，用神、原神、忌神、仇神、飛伏神、追退神、反吟、伏吟及旬空、月破等類，皆為卦內之綱領，不容草草忽過，余故定為一十八論。升堂入室，無出範圍，讀者幸細參之。

三、古書論飛伏神有「乾坤來往換」之語，《易林補遺》更有「爻爻有伏有飛」之說，訛以承訛，習而不察。余於是書逐卦分別為飛伏定例，庶學者一目了然，疑團自釋矣。

四、卜筮之書如《天玄賦》《易林補遺》《易隱》《易冒》《增刪卜易》諸刻，雖各有搜精標異，然其間非執偏見，即自相矛盾，讀者不無遺憾，惟《黃金策》為劉誠意所著，洵足闡先天之秘旨，作後學之津梁，而《千金賦・總論》一篇尤包蘊宏深，惜姚際隆之注紕繆甚多，反失廬山面目。余於此頗費苦心，細加訂正，知我罪我，亦聽之而已。

五、余幼研易理，歷有年所，後遇新安楊廣含先生，因得以悉其所學。是書十三、十四卷有《十八問》，皆吾師所授及余所占驗，學者熟此，始知《啟蒙節要》之法與《十八問》及《辟諸書之謬》一理融貫，天地間秘密深藏盡泄於是矣。

六、余垂簾市肆，酬應紛如，擬異日返故山，結廬林屋，盡謝人事，聿著成書，藏之石室，不欲向外人道也。奈從遊日至，因相與講論之餘，手定是編，蠡測管窺之譏或所不免，四方高明君子，倘不棄而教之，余則幸甚。

◎陳鵬年序〔註45〕：戊子之歲，余備員南薰殿，會纂方輿。至秋，恭承簡命，來牧平江。適當旱潦疊罹之候，簿書紛擾，土俗繁囂，加之以疫癘，凡所以軫恤補救之事，刻無寧晷。稗者革之，利者興之，謹身率屬。幸吳民稍稍向化，不負余仰體九重簡畀之至意。政事之暇，凡吳民之以節孝稱、吳士之以藝文著者，為之表揚獎勵，以冀有裨風教。而師巫雜技，無不屏黜靡遺。邇者方輿之書，將次告竣。適有王生，以《卜筮正宗》一書呈政。披覽之餘，知是書之旨皆本青田，而辟訛闡妙，幾大反從前之詮解。證之以師傳，考之於占驗，啍切詳辯，十有八論，皆布帛菽粟之語，而一歸於古人設教以前民用之旨。夫惠迪從逆，書有吉凶之訓；陰陽奇偶，易宗河洛之傳。左史而下，其術益著。余故不遑詳究其說，而於前此諸坊刻，亦嘗博觀而旁獵之，固未有明哲如斯者。青田立說於前，是書詮釋於後。一技雖微，學本經術，豈與師巫邪說可同類而並觀哉。於其梓之成，因書以為序。時康熙己丑仲冬，奉旨特簡知蘇州府事長沙陳鵬年題。

◎自序：竊聞卜筮之道一本於易，而易之理至精至微，所以孔子韋編三絕，猶有假年之語，則甚矣易之不可易學而卜筮之不可易言也。是非取前賢之遺編往笈極深研幾、考疑訂謬，亦豈能究其大原，悉其條理，會其指歸也哉？予始祖文輝公籍本中州，自宋時卜隱洞庭西山之麓。逮我父正方公晚年得子，不汲汲於利祿，焚香煮茗，涉列經史，著書滿家，間及九流雜學，無不旁搜博覽。予奉待暇，偶見卜筮等書，心竊喜而學焉。如《易林補遺》《黃金策》《卜易》諸書，無不一一講究，而終莫得其宗旨。後予浪遊秦楚，凡遇卜筮家，俱旁為搜討，而不免於惑世誣民，則又未嘗不慨焉歎興，思有以正之。己卯年十一月丙午日，路過岳陽樓，風阻於湖濱，眾友惶惶。有新安楊先生號廣含者，邃精易理，筮之，得明夷卦。卦中卯木子孫獨發逢空，丑土官鬼持世。先生曰：「此風八晝夜方止。」予請其故，先生曰：「古書以弟兄為風雲，今日之風甚逆，舟不能行，非以兄弟為用神也。官府持世，乃阻隔猶疑之象。至甲寅日，子孫填實，丑鬼逢空，定主風息。至卯日，動福值日，順風可必。」至期果然。予深服其論，跽而請教，先生為之委曲開導。同舟數日，得聞所未聞。予於是渙然釋、豁然悟，而恨相見之晚也。即執北面禮，先生遂將生平占驗之冊授予，曰：「子細閱之，自知妙解。」並為詳論《易林補遺》飛伏用神之謬，《黃金策》為卜筮金鏡，而深惜姚際隆之詮注未明。其所指教，俱剴切

〔註45〕又見於陳鵬年《道榮堂文集》卷之三。

詳明，然後知易課自有精義，而天下入室者寡也。抵家後，杜門謝客，舉先生所提命者，沉潛反復。更博采前賢諸論，竊欲破舉世之迷，正斯道之宗。不揣固陋，於《黃金策》解則為之詮注詳明，於《易林補遺》則為之分晰差謬，於《啟蒙節要》及《通玄賦》、《增刪卜易》諸書則為之刪華就實、較訛正舛。不啻匯群書之精要，而集其大成。庶與吾師向日之授及予平日所占驗者，悉合券焉。故筆之於書，定為一十四卷，前十八論，後十八問，顏之曰《卜筮正宗》。欲以窮陰陽之秘，參造化之機，以無負於前賢，並無忝於繼述前人者而已。爰授剞劂，以就正世之知道者。雖於易理之精微不敢自謂有得，然惑世誣民之誚，吾知不免矣。時康熙四十八年歲次己丑仲春上浣吉旦，林屋山人王維德洪緒氏書於鳳梧樓。

◎張景崧序：自古占卜之說，莫神於《左氏春秋》。紫陽朱子謂三代如太卜太筮，職有專官，故其業精而其應神，後世既廢其官，而占驗之書亦不傳，故鮮有神而明之者。然近代如《黃金策》諸篇，始有以窮夫陰陽之闔奧、造化之機緘。但其間詮解未諦，宗之占驗者，未能無訛。以至有傳書，古人之精義不必與之盡傳。苟有善學深思神明其故者，不難自為其書，以與之發微闡幽也。林屋山人垂簾於吳郡治之東偏，與余居密邇，有疑則往叩焉，奇驗不爽，如燭照數計，遠近咸頌之為神。而山人辭其名不受，曰：「吾有所受之也，新安楊廣含先生，吾師之，所授占驗一冊，為坊刻群書所未及。」比年以來增益芟薙，編成卷帙，付之梨棗。余序之曰：夫聖賢言理不言數，而大《易》實為卜筮之書，所設吉凶悔吝可以前知者，以數測而實以理斷也。今山人之書具在，其精搜妙驗固為數之獨神，而苟非貫徹於陰陽變化五行生克之理，亦何以為數學哉！故是書為言數之書，而實言理之書也。由是以極深研幾，雖古卜筮之神而明之者，亦何以加焉。時康熙己丑歲冬十月，吳郡張景崧書於蓉江草堂。

◎摘錄卜筮格言：夫卜之為道，通於神明，所以斷吉凶決憂疑，辨陰陽於爻象，察變化之玄機，此其義為至精，而其事為至大。聖經曰：「至誠之道，可以前知」，故問卜者不誠不格、占卦者妄斷不靈，此二語實定論也。每見世之人遇事輒卜，而誠之一字昧焉罔覺，或飲酒茹葷或邪淫不潔，迨至臨時禱告，遂欲感格神明，不亦惑乎！更有富貴之人，視卜為輕，或托親朋或委奴僕，不親致其悃忱，故卜而不應、占驗無靈，遂委罪於卜筮之家，而不自知誠有未至，此問卜者之過也。至於卜筮者流，心存好利，借卜為囮，即如疾病一

節，為問卜莫大之事，乃有喪心之輩勾通僧尼道觀，講定年規節禮三七二八常例，妄斷求利，看卜者之貧富為判斷之多寡，妄斷某寺某觀禮懺幾部、某庵某廟誦經幾日，卜者心慌意亂，無不依從。在富者費用猶易，其貧者至於典衣揭債棄產賣物，一時有手足無措之苦，以冀某病之痊可。究竟禮懺未完而病者已死、誦經甫畢而病者告殂，則何益哉！此串通僧道之害也。更有初學醫生。脈理未諳，囑令引薦。令卜醫者指明住處姓名禱告，因而薦舉，不知卜者所得不過年規節禮之微，而病者頓遭庸醫殺人之害，此串通醫生之禍也。二者郡城惡套，處處皆然。予垂簾衛前，遂有若輩來相蠱惑，予誓絕之，一一照卦細斷，無不回應。此非課學之精，實無妄斷之失也。今幸學稍有得，偶輯《卜筮正宗》一書，請教高明。而猶恐問卜者有不誠不格之誤、占驗者有誤斷不靈之害也，故首識之。

　　◎民國《吳縣志・列傳》：又善卜，有《卜筮正宗》行世。

　　◎民國《清史稿・列傳》：兼通陰陽家言，著《永寧通書》、《卜筮正宗》。

　　◎王維德（1669～1749），字林洪，一字洪緒，號定定子、洞庭山人、林屋山人，人稱林屋先生。江蘇吳縣人。家世業醫。又著有《外科症治全生集》（又名《外科全生集》）四卷、《永寧通書》、《林屋民風》十二卷。

王文潞　困翁易學　八卷　存

　　湖北藏道光十八年（1838）刻本

　　北大藏同治三年（1864）余氏刻本

　　◎陶澍參訂。

　　◎陶澍《陶文毅全集》卷三十六《困翁易學序》：義山王先生，里之宿於學者也。年已七十矣，攜其所註易示余，俾序之。蓋先生之言易，以象為主，闡發義理，證以人事，務使四聖之心源一氣相承。其學原本宋儒而不取先天之別傳，亦不取圖書之雜說。以為數起河洛，聖人則之，亦第則其第一、二、三、四、五、六之數，於圖書無與也。象所言東西南北、七日八月之類皆無及先天八卦者。《說卦》所言天地山澤，皆大易參伍錯綜之理，本無先天名目。既無先天，則後天之名可不立。且文王演易即演伏羲之易，非變更其制以示異也。即如長女、中女，重為家人，此犧易也。文王即以「利女貞」發明之，孔子遂推及於父子兄弟。先甲後甲，文王易也，周公即以父子發明之，孔子即以「終則有始」釋之。凡斯之類，聖人之情，先後一揆，故曰「知者觀其象

辭,則思過半矣」。至於卦必有主,如乾之元亨利貞,非九五不足以當也,故《彖傳》結以「首出庶物」。推之坤主六二,非牝馬不足以言貞;屯主初九,非動不足以亨屯。與夫蒙主九二、需主九五、訟必有對,皆可於彖辭消息之。惟卦變一說,在伏羲畫卦時初無此意,而既畫之際,其情狀亦自然呈露,故損益兩卦遂以卦變取名,而《彖傳》之「往來上下」即其證也。學者苟即象與傳而深思之,而後知朱子經文之旁自有註解,其說不誣也。蓋先生自言其意如此。以視吳沆之《易璇璣》、安溪李氏之《周易觀象》,其用象則一,而先生之論尤顯易可尋矣。先生名文瀠,字坦夫,晚更號困翁,老於明經。家貧少藏書,所著述多從苦思獨索以得之,往往發前人所未發。嘗解易至賁,其鬚撚髭再四,忽悟曰:「人之一身,自無而有者,惟鬚則然。然鬚雖生於有生之後,而其本已伏於有生之初,此所以為賁之飾也。」又解剝卦曰:「他卦言載皆取象於車,剝何以言床?」伏枕思之,至半夜躍然起曰:「得之矣。剝復之際,亥子之交也。向夕所載,非床而何?」其解乾卦利貞,不分晰為二,謂《彖傳》如此。而以《文言》四德為贊易之辭,另自一義,與本經不相比附,故移乾坤《文言》於《繫辭》後,以復費、鄭之舊;更廣王輔嗣例,取乾卦象傳列爻象前,與諸卦一例,明其所尊者彖,而釋彖者莫如孔子之傳也。凡「彖曰」、「象曰」為後人所加者,不使混於四聖之文,皆刪去之,而空格以示區別。其用力可謂勤矣。余於易溝瞀無所知,重違先生命,因詮次其意,還以質之先生焉。道光四年春。

　　◎同治《安化縣志》卷二十五《人物傳‧文學》:經史而外,百家諸子靡不穿貫,尤邃於易,著《困翁易學》,發前人所未發。陶文毅澍為之序,並贈以聯云:「學探馬錄羲圖而上,志在高上流水之間。」

　　◎王文瀠,字坦夫,自號困翁。湖南安化縣二都人。少負奇才,早歲隸縣學,食廩餼。乃遊嶽麓磨礪,有文譽,主講羅典稱為名手。嘉慶癸酉充貢上庠,屢戰棘圍不捷,遂廢舉子業,專治理學,潛修閉戶。

王文琴　雜卦傳雜解　佚

　　◎光緒《廣德州志》卷四十一《文苑》:晚年尤精易理,著有《雜卦傳雜解》(裕《志》引《通志》)。

　　◎王文琴,字羹遇,號松樵。安徽廣德人。歲貢生。攻苦力學,為人崇實黜華,內行敦篤。乾隆壬子聘修州志。

王文清　周易中旨　八卷　佚

◎秦薰陶《二王異同辨》〔註46〕：九溪經學，名重當時，陳榕門榜其鄉居，吳廷華推其精博，而呂泰學薪傳敘記述尤詳。今其遺著存目，有《周易中旨》八卷、《周禮會要》六卷、《儀禮分節句讀》四卷、《喪禮圖》五卷、《喪服解》十卷、《祭禮解》十卷、《樂制考》十卷、《樂禮問對》四卷。雖《周易中旨》等書業已散佚，而《周禮會要》、《儀禮分節句讀》二書，至今尚存。

◎王文清（1688～1779），字廷鑒，號九溪。湖南寧鄉縣人。雍正二年（1724）進士，授九溪衛學正，遷岳州府教授。十三年薦鴻博。歷充三禮館條修官。乾隆二年（1737）授內閣中書科中書舍人、奉直大夫，考錄御史。後以父老乞歸。乾隆十三年任嶽麓書院山長。手訂《嶽麓書院學規》十八條、《嶽麓書院學箴》九首。論者謂湖南學派啟自二王，二王者，船山、九溪也。又著有《周禮會要》六卷、《儀禮分節句讀》四卷、《喪服解》十卷、《祭禮解》十卷、《三禮圖》五卷、《樂律問對》四卷、《樂制考》十卷、《讀經六法》、《讀史彙評》、《讀史六法》、《考古源流內外編》四百卷、《校定五代史》一卷、《玉山書院志》、《典制大文考》、《選歷代詩匯》一百卷、《補三字經》二卷、《四字經》四卷、《九溪詩賦古文》二十卷、《日記雜錄》二十卷、《鋤經餘草》、《鋤經續草》。又纂乾隆《寧鄉縣志》，與修乾隆《湖南通志》、《長沙府志》，著述多燬於兵火。

王希孟　三易探原　一卷　存

山東藏清鈔本

山東藏 1939 年青島崇華堂鉛印理數合解本

◎王希孟，道號覺一，號北海老人。原籍青州益都縣城東北八里闞家莊。一貫道十五祖。又著有《三教圓通》、《談真錄》、《歷年易理》、《祖師四十八訓》等。所著《大學解》、《中庸解》、《三易探原》、《一貫探原》、《理性釋疑》合稱《數理合解》。

王希孟　一貫探原　一卷　存

山東藏青島崇華堂 1939 年鉛印理數合解本

〔註46〕摘自《民國叢書》第五編《湖南文獻彙編》。

王希尹 漢宋易學解 四卷 存

國圖、天津、四川、湖南、黑龍江藏光緒九年（1883）江蘇高郵黃氏維揚徐文德齋刻本

山東藏光緒九年（1883）貢德孝刻本

臺灣皇極出版社 1982 年經世叢書影印光緒本

臺中文聽閣圖書有限公司 2010 年晚清四部叢刊第二編影印光緒九年（1883）江蘇高郵黃氏維揚徐文德齋刻本

◎尚秉和《易說評議》卷七：《漢宋易學解》，不分卷數。首上下經，次上下《繫》及《說卦》《序卦》《雜卦》。題王希尹著，而不書何處人。只篇首有法式善一序，式善嘉慶時人，序稱王君，是作序時希尹尚在，然則希尹亦嘉慶時人也。其易解先言易象，再及義理，意欲冶漢宋為一爐，較之空言義理者進矣。惟於易象易理所詣太淺，不足以副其書名。所謂漢易者非第易象也，有易理焉。茲書於每卦每爻先言錯某卦、綜某卦，以來知德為宗；爻無論當位不當位，隨意令變，以虞翻為主。豈知來氏錯綜之說，後儒以其不當，鮮有從者；虞氏卦爻變以之正為說，乃爻之當位者，虞氏亦常令變，則之不正矣。希尹不知其非，一概盲從，遇象之不能知，則令某爻變以尋其象；義之不能解，則曰某卦綜某卦，以就其說。凡象學家之弊皆仍之，至漢儒所謂易理者，概不詳也。如說童牛之牿云：「以柔止剛，剛不敢犯，故元吉。」則於易理全背。舉此以例其餘。至宋儒所謂義理，如說「見龍在田，時舍也」，以舍為捨棄，說大畜何天之衢云：「何其通達之甚如天衢也」，則襲宋人之說而訓詁太疏。說六四元吉有喜云：「少年而能畜德，何喜如之？」說六五之吉有慶云：「五得止惡之道，國家之慶也」，則敷演義理而於易理全違。書內如此者十而八九。只於《說卦》釋黔喙之屬云：「鳥之剛在喙，艮剛在上，故為黔喙之屬。」不遵馬、鄭以為獸屬，能發前人所未發。然全書如此者甚少也。總此書之大病，無論爻當位與否，先令某爻變，再由變爻而云錯某卦，再由錯卦而云綜某卦，勉強湊拍。蓋易學之龐雜紛亂失其本根，至是而極矣。

◎王希尹，乾嘉時人。

王錫鑛 易經彙解 佚

◎道光《徽州府志》卷十一之四《人物志‧文苑》：著有《學庸條辨》《易經彙解》（《婺源縣志》）。

◎王錫鑛，字含貞。安徽婺源（今屬江西）詞川人。庠貢生。

王系梁　讀易管蠡　佚

◎光緒重修《五河縣志》卷十四《人物志》二《文苑》：著《簏蕉彙筆》《老閒瑣記》《學庸兩章述義》《論孟廣益》《讀易管蠡》《小攡詩草》《拙修草堂小題草》《考亭言行錄》。纂修前輩丁景南《周易》、郜克寬淮濱《春秋》藏於家。

◎王系梁，字卓珊。安徽五河人。歲貢生。性沉潛，穎悟過人。秋闈屢薦不第，遂淡忘功名，以成就後學為己任，著書自娛。年六十七卒。

王先博　虞氏易禮評議　二卷　存

湖南藏清鈔本（存卷上）

◎王先博，湖南長沙人。以姪謨封武功將軍。又著有《中有論》二卷。

王先博　周易古註　十七卷　存

湖南藏清鈔本（存卷七至十、十三至十七）

王先慎　周易補注　佚

◎劉聲木《桐城文學撰述考》卷四「王先慎撰述」：《周易補注》□卷。

◎王先慎，字慧英。湖南長沙人。王先謙從弟。光緒三十一年任藍山縣訓導。又著有《韓非子集解》二十卷首一卷。

王先慎　周易十九篇釋　不分卷　存

北大藏稿本（存八篇）

王湘　周易淺說　佚

◎光緒《增修諸城縣續志》五《藝文考》：王湘《學庸講義》《周易淺說》（不知卷）。

◎王湘，山東諸城人。

王絪　易經引　佚

◎乾隆《龍溪縣志》卷之十七《人物》三：王絪力學好古，著有《易經引》，學者稱秘菴先生。

◎光緒《漳州府志》卷四十一《藝文》一：王紬《易經引》。

◎王紬，福建龍溪縣人。順治生員。

王孝魚　里堂易學　一卷　存

國圖、山東藏 1933 年鉛印孝魚叢書・焦學三種〔註47〕本

中華書局 2014 年王孝魚先生著作影印焦學三種本

◎王孝魚（1900～1981），原名永祥，字孝魚，後以字行。山西榆次南莊村人。先後就讀於清華學堂、天津南開中學、南開大學。曾任遼寧省教育廳編輯主任，兼任職東北大學。南京中山文化教育館編譯、瀋陽《中央日報》主編兼《東北日報・文化周刊》副主編。後至京任蒙藏學院教師、中共中央馬恩列斯著作編譯局編審、中華書局哲學組特約編輯、編審，整理王船山著作及《莊子集釋》、《二程集》、《葉適集》、《陳確集》、《王廷相集》等。又著有《王船山的歷史進化論》、《周易外傳選要譯解》、《詩廣傳選要譯解》、《老子微》、《老子衍疏證》、《莊子內篇新解》、《莊子通疏證》、《船山學譜》等。1979 年受聘山西省社會科學研究所。另譯有德・福利德爾《現代文化史》。2014 年其書由中華書局出版為《王孝魚先生著作》。

王孝魚　周易外傳選要譯解　不分卷　存

船山學報 1984～1985 年連載本

中華書局 2014 年王孝魚先生著作本

◎目錄：前言。論易不言天而言乾。論乾之四德何以不言智。論元統大始之德。論初九潛龍勿用。論群龍皆有用九之能。論君子終日乾乾夕惕。論易之贊坤何以必贊其行。論惟有剛健自決才可能出難免災。論履虎尾之道。論乾坤相交動以為泰。論天地之際至密而又大辨。論積中不敗。論復道泰道同功而異用。論可依者有，至常者生，生不可患。論大過之所以過。論明以繼明，不可吝留。論非恒而後可恒。論以同而異者於異而能同。論萃乃咎府戒其不虞。論升虛邑無所疑。論井泥不食舊井無禽。論不可以柔道早固天位。論帝出乎震。論敦民厚終即以治始。論既濟難以保持但仍須爭取。論乾以易知，坤以簡能。論陰陽皆備之全。論周易乾坤並建。論一陰一陽之謂道。論繼

〔註47〕《焦學三種》最初發表於《東北叢鐫》，子目：焦里堂先生年譜、里堂思想與戴東原、里堂易學。

之者善成之者性。論易有太極，是生兩儀。論乾坤其易之縕。論形而上者謂之道形而下者謂之器。論吉凶悔吝生乎動。論仁以守位財以聚人。論同歸而殊途，一致而百慮。論大全可統一端，一端可領大全。論天下無截然分析必相對待之物。論天地定位，山澤通氣，雷風相薄，水火不相射。論周易之道的世界觀。論序卦傳非聖人之書。論雜因純起，即雜以成純。

◎摘錄出版說明：本書的結構，為先抄王夫之《周易外傳》原文，然後作譯解。所謂「選要」，即是並不全錄《周易外傳》之文，而是擇其要者，分節（個別地方甚至是分段）抄錄原文，然後詳為解釋疏通船山的思想意旨，極便於讀者理解原文。不僅如此，作者還在譯解之外再加注釋，或交待刪取文本的理由，或闡發譯解的未盡之意，或評論、補正船山思想的價值與得失，或探析船山寫作此文時的心境與文字實際所指。譯解和注釋都直入船山的思想最深處，令人驚歎。

◎《船山學報》1984～1985 年連載本摘要：王孝魚先生是馬克思主義船山學的開拓者之一。他一生勤奮，鑽研船山，造詣很深。本刊將陸續發表他研究船山的遺作，這也是我們對這位學術界老前輩的紀念。《周易外傳》是王船山一部非常重要的哲學著作，也較難讀，我們刊發王先生的譯解，以便於中青年研究者學習。其《前言》部分，王先生敘述了自己研究船山的艱辛過程和體會，其中不乏方法論意義。後面的《譯解》部分，闡述了先生對船山易學的深刻見解，將從下期起陸續發表。

王心敬 豐川易說 十卷 首一卷 存

四庫本

上海藏清二曲書院刻本

山東藏 1983 年臺北商務印書館景印文淵閣四庫全書本

◎首一卷：通論、用易。

◎豐川易說原序：易之為道，範圍乎天地，觀變于陰陽，蓋五經之淵源，萬事萬理之權衡也。余何人斯，而敢有說以解耶？然余竊嘗見吾夫子自言曰：「五十學易，可無大過。」則是易之為道雖窮天之高、極地之深、盡陰陽不測之變，亦只是示人以寡過之象、教人以寡過之義耳。又見伊川先生曰：「易，易也。隨時變易以從道也。」則是易之為道雖曰觀天之道、察地之宜、窮極乎陰陽不測之變，亦只是示人以變易從道之象、教人以變易從道之

義耳、余不敢於易妄有說也，於學易寡過、變易從道之旨則竊有志焉。故于易每嗜之而不厭，嗜斯讀，讀斯味，味斯時，于先儒有契心之說，于鄙衷有會心之說，集之日久而遂不覺靄然成帙矣。然余亦不敢言于孔子、程子之旨志之而有得也，姑以識吾過不能寡，而心實欲其學易以寡，道不能從，而心實欲其學易以從之說于萬一耳。故不敢曰註曰解，而自題曰《豐川易說》。嗚呼！余于易，蓋終身焉。茲說特前此之說耳，不知將來又自以為何如也。豐川王心敬爾緝甫題。

◎庫書提要：其所注諸經大抵支離穿鑿，敢為異論，《書》及《春秋》為尤甚，殊無一長之可取。惟此編推闡易理最為篤實而明晰，與他經如出二手。其言曰：「學易可以無大過，是孔子明易之切於人身，即是可以知四聖人繫易之本旨，並可以識學易之要領。」又曰：「《易》是道人事之書，陰陽消長只是借來作影子耳，故曰『易者象也，象者像也』，於陰陽消長處看得不明，是影子不真；若徒泥陰陽消長而無得於切己之人事，亦屬捕風捉影。」又曰：「置象言易是謂懸空，執象舍義是為泥迹，象義雙顯則體用一源，顯微無間。」又曰：「《中庸》一書是子思為當日之言道者視為高深元遠，故兩引《中庸》之說以明道。易翼十篇是孔子為當日之言易者視為高深元遠，故重申易簡之說以明易。後儒往往索諸隱深，欲以張皇易妙，而不知反失其本旨。」又曰：「若易不關象，不知義於何取？不屬卜筮，不知說著何為？」又曰：「學者讀易不知求設教之本旨，讀《書》不知洪範經世之宏猷，每於河圖洛書穿鑿附會，何切於實事實理？」又曰：「大抵漢唐之易祇成訓詁，宋明之易多簸弄聰明。訓詁非易，而易在聰明亂易而易亡。」又曰：「義、言、象、占，同體共貫，廢一不得，泥一不得。後儒紛紛主象、主數、主理、主卜筮、主錯綜之變，是舍大道而入旁蹊」云云。其說皆明白正大，故其書皆切近人事，於學者深為有裨。至於互卦之說、老陰老陽始變之說、錯綜之說、卦變之說，皆斥而不信，併《左氏》所載古占法而排之，雖主持未免太過，然較之繪圖列說連篇累牘以聖經為籌譜者，則勝之萬萬矣。

◎四庫提要：心敬受業於李容，而謹嚴不逮其師。所注諸經大抵好為異論，《書》及《春秋》為尤甚，惟此編推闡易理最為篤實。其言曰：「學易可以無大過，是孔子明易之切於人身，即是可以知四聖人繫易之本旨，並可以識學易之要領。」又曰：「《易》是道人事之書，陰陽消長，只是借來作影子耳。故曰『易者象也。象也者，像也。』於陰陽消長處看得不明，是影子不真；若

徒泥陰陽消長，而無得於切己之人事，亦屬捕風捉影。」又曰：「置象言易，是謂懸空；執象舍義，是為泥跡。象義雙顯，則體用一源，顯微無間。」又曰：《中庸》一書是子思為當日之言道者視為高深元遠，故兩引《中庸》之說以明道；《易翼》十篇是孔子為當日之言易者視為高深元遠，故重申易簡之說以明易。後儒往往索諸隱深，欲以張皇易妙，而不知反失其本旨。」又曰：「若易不關象，不知義於何取；不屬卜筮，不知設蓍何為。」又曰：「學者讀易不知求設教之本旨，讀《書》不知《洪範》經世之宏猷，每於河圖洛書穿鑿附會，何切於實事實理？」又曰：「大抵漢唐之易祇成訓詁，宋明之易多簸弄聰明。訓詁非易而易在，聰明亂易而易亡。」又曰：「義、言、象、占，同體共貫，廢一不得，泥一不得。後儒紛紛主象、主數、主理、主卜筮、主錯綜之變，是舍大道而入旁蹊」云云。其說皆明白正大，故其書皆切近人事，於學者深為有裨。至於互卦之說、老陰老陽始變之說、錯綜之說、卦變之說，皆斥而不信，並《左氏》所載古占法而排之。雖主持未免太過，要其立言之大旨則可謂正矣。

◎阮元《儒林傳稿》卷一：所著有《豐川集》《闕學編》《豐川易說》(《四庫提要》)。心敬論學以明新止至善為歸(《豐川續集》陳宏謀序)，謹嚴不逮其師，注經好為異論，而《易說》為篤實。其言曰：「學易可以無大過，是孔子論易切於人身，即可知四聖之本旨。」(《豐川易說提要》)。

◎何焯彥《易經遵孔八皙類稿》卷十二《集皙》：王氏心敬《豐川易說》，闡發易理，取諸人事，謂陰陽消長不過借作影子，特為切實。而排斥雜學，併《左傳》占法而祗之，雖未免主持太過，猶不為左氏所欺者也。

◎唐鑑《國朝學案小識》卷十《鄠縣王先生》(心敬)：其言易曰：「學易可以無大過，是孔子明易之切於人身，即是可以知四聖人繫易之本旨，並可以識學易之要領。」又曰：「《易》是道人事之書，陰陽消長只是借來作影子耳。故曰《易》也者，象也。象也者，像也。於陰陽消長處看得不明，是影子不真，亦屬捕風捉影。」又曰：「置象言易，是謂懸空；執象舍義，是謂泥跡。象義雙顯，則體用一源顯微無間。」又曰：「《中庸》書是子思為當日之言道者視為高深玄遠，故兩引《中庸》之說以明道。易翼十篇是孔子為當日之言易者視為高深玄遠，故重申易簡之說以明易。後儒往往索諸隱深，欲以張惶易妙，而不知反失其本旨。」又曰：「若易不關象，不知義於何取？不屬卜筮，不知設蓍何為？」又曰：「學者讀《易》不知求設教之本旨，讀《書》不知洪

範經世之宏猷，每於河圖洛書穿鑿附會，何切於實事實理？」又曰：「義、言、象、占，同體共貫，廢一不得，泥一不得。後儒紛紛主象、主數、主理、主卜筮、主錯綜之處，是舍大道而入旁蹊」云云。關中之學，二曲倡之，豐川繼起而振之，與東南學者相應相求，俱不失切近篤實之旨焉。

◎王心敬，字爾緝（輯），號豐川。西安鄠縣人。受業於二曲先生。乾隆元年（1736）薦舉賢良方正，以老病不能赴京而罷。又著有《豐川集》、《關學編》。

王心廉 周易補註 佚

◎《重修商河縣志・藝文》著錄。

◎王心廉，字潔泉。山東商河人。光緒歲貢。

王心湛 易經讀本 存

廣益書局 1948 年排印本

臺灣文聽閣圖書有限公司 2009 年林慶彰主編民國時期經學叢書本（第二十三冊）

◎或題《仿宋易經讀本》。

◎馬一浮《蠲遊戲齋詩編年集・哀王心湛》：（心湛邃於義學，不慕榮利，平日好舉莊子《在宥篇》「不恬不愉，非德」之語語人。吾甚嘉之，其天性近道然也。茲聞順世，寄此志哀）毅豹全生孰後鞭，恬愉交養義堪傳。一期觀化從吾好，百歲褰裳獨子先。叩寂求音如在定（君示疾失音者踰年），歸根得旨貴忘筌。遙知易簀無餘憾，不見蚊蝱日過前。

◎馬一浮《避寇集・寄題王心湛陽明學》：口中銜石闕，坐見劫火燒。天人在何許？或有龍場苗！迷悟不由他，今古元同條。仁者勤善巧，未欲虛空逃。尺書遠見遺，令我思參寥。陽明乃古佛，豈與萬象凋。於何證良知？冥冥亦昭昭。聾俗眩名字，鄭聲亂《簫》《韶》。廓彼垢染心，默成意已消。贊喜自吾分，附詩慰飄搖。所嗟言語拙，未至功德超。慎勿恣流布，但可示久要。

◎王心湛（1881～1950），原名省（心）三，自號真如居士。浙江紹興山陰下方橋人。嘗從章太炎學，又師馬一浮。曾任教紹興稽山中學上海分校。同盟會員。與南通張謇合資同辦鹽墾。於蘇北如皋墾荒數十萬畝創羊毛織毯廠，又辦火柴廠於天津，凡能振興實業、挽回國權之舉，無不盡力。家本富

饒，斥施無吝，以是日漸耗竭。民國後退居上海，口不言祿，平淡度日。後禮事印公，皈依三寶。晚年在上海壽聖精舍，啟建彌陀法會。著述頗富，惜未印行。曾創辦《陽明學》月刊。又著有《陽明學講義》一卷。

王修齡　易經集義　六卷　佚

◎同治《常寧志》卷九《藝文·經類·國朝》：王修齡《易經集義》六卷、《書經析義》六卷、《中庸約旨》一卷。

◎王修齡，湖南常寧人。著有《易經集義》六卷、《書經析義》六卷、《中庸約旨》一卷。

王萱齡　周易大義圖說續稿　一卷　存

國圖藏無格稿本

◎光緒《昌平州志·列士傳第十八》：好漢學，精詁訓。家有藏書數百卷。

◎王萱齡，字北堂。河北昌平（今北京昌平）人。道光元年（1821）副貢生，舉孝廉方正。官新安、柏鄉兩縣教諭。曾師王引之。又著有《周秦名字解詁補》一卷、《策算記遺》不分卷。

王學伊　大易微言　二十卷　佚

◎乾隆《太平府志》卷二十六《人物志·文學》：著有《聖學王道全書》，江西涂孝感嘗以進呈。又著《大易微言》二十卷。

◎乾隆《太平府志》卷四十三《藝文志·郡屬書籍目》：《大易微言》二十卷（庠生王學伊著）。

◎民國《當塗縣志·人物志·文學》：著有《聖學王道全書》，江西涂孝感嘗以進呈。又著《大易微言》二十卷（舊志）。

◎民國《當塗縣志·藝文志》：《大易〔註48〕微言》二十卷（清王學伊著。今佚）。

◎王學伊，字景山。安徽當塗人。縣庠生。

王勳　讀易百詠　佚

◎光緒《零陵縣志》卷十三《藝文》：王勳《周易疏義》《讀易百詠》。

◎王勳，湖南永州零陵人。

〔註48〕「易」原誤作「言」。

王勳 周易疏義 佚

◎自序〔註49〕：易之為教，本數立象，即象明理，理與數不相離，而理以數行，亦以數變，胥於象顯之。帝王之興遲速不同，理以數行也，聖人栖皇終老於行，理因數變也。以易見者，言之太陽之精，赫赫炎炎，理也。顧秋皜皜、冬煦煦、春融融，日度不同而象隨之以變，時為之也。故夫子曰：「變通者，趨時者也。」夫子與時偕行之妙，實由觀象玩占，以象數窮理而理窮、而性盡、而命至，會畫前畫後之易於一心，時措之而咸宜也。勳童年受易於季父靜齋，見漢唐諸儒專言象數，程子主理，邵子主數，朱子兼程、邵之說作為《本義》，易旨已發其凡。至我朝《折中》《述義》二書出，折理義之中、述象數之義，奧旨微言，燦然大備矣。而里塾苦無其書，莫由索解。用敢薈集往訓，疏通其義，附以卦論，皆倚象數發明至實至變之理，以資講授。歷三十年，凡五易稿。今老矣，不敢自棄，存之俟深於易者訂正焉。

王巖槙 易經便蒙窮抄翼 六卷 存

國圖、山東藏順治八年（1651）刻本

◎光緒《續猗氏縣志》卷四《藝文》：《四書／周易便蒙抄翼》十六卷、《四書人物彙考》、《周易圖說》、《性理增刪》四十卷，國朝王巖槙著。

◎王巖槙（1597～1679），字惟肖，門人私諡文敬先生。山西運城猗氏（今臨猗）人。天啟七年副貢，崇禎三年舉人。不樂仕進，以講學倡明儒學為己任，晉人士從遊者數百人。又著有《四書便蒙鈔翼》、《四書人物匯考》、《性理增刪》四十卷。

王巖槙 易經便蒙圖說 一卷 存

國圖、山東藏順治八年（1651）刻本

◎一名《周易圖說》。

◎潘耒《遂初堂文集》卷二十《歷陽王先生墓表》（代）：三晉人材多質厚，平陽為陶唐氏之都，風俗尤近古。自薛文清公以躬修實踐為明醇儒，而河汾之間多篤行君子。迄今一百餘年，流風餘烈，往往而在。以余所知，有猗氏歷陽王君。君之德孚于家而義行于鄉，學成于躬而教洽于人，以名耆宿師表人倫者三十餘年……君自少至老未嘗一日廢書。晚益潛心濂洛之學。所著

《周易圖說》《性理探微》等書凡數十卷，為書院以聚學者，而身為之師。

王嚴楨 易經便蒙雜著 一卷 存

國圖、山東藏順治八年（1651）刻本

王琰 周易解注 十一卷 存

普林斯頓大學葛思德東方圖書館藏乾隆刻本

◎王琰，陝西渭南人。

王琰 周易集注 十一卷 圖說 一卷

◎四庫提要〔註50〕：是書成於乾隆乙酉，自序稱年八十有一，蓋積一生之力為之也。其論來知德列太極圖於河圖前，所圖黑白各半，明是陰陽，不得謂之太極。論洛書無關於畫卦，《繫辭》並舉圖書，猶之並舉蓍龜，不過帶言。論伏羲八卦次序及六十四卦次序，並改邵子之右陽左陰為左陽右陰，以合於逆數。論伏羲六十四卦方位既有圓圖，則方圖可以不作。論文王八卦次序，即「帝出乎震」一節，不得當以「乾坤六子」一節。論羲、文二圖並無對待流行之分，不過一明二氣一明五行。論「易有太極」一節，即生蓍之數，觀不言天地萬物有太極，而言易有太極，可得其旨。論來知德所謂錯卦即橫反對卦，所謂綜卦即豎反對卦，不必添立名目。論《本義·筮儀》第一變歸奇之策，通卦一數，不五則九，二三變去第一變所卦之一而不用，惟於本數策中卦一策，仍復合而通數其奇，是以四八與初之五九不同。來知德謂第一變不通卦一數，所見為是。然謂二三變並不卦一，則少象三一營，止三營而非四營矣。惟第一變卦一而歸奇，不必通卦一數，二三變即用第一變所卦之一而歸奇，亦不必通卦一數，斯皆不四則八，無所謂不五則九也。其大旨雖亦糾繞圖學，然所說均自出新意，亦可備一解。惟以十翼兼象辭、爻辭數之，未免於古無稽。其解經亦皆敷衍成文，殊乏精義，蓋所注意惟在圖說而已。

王颿 學易五種 十四卷 存

北大藏道光二年（1822）爐雪山房刻本

續四庫影印北大藏道光二年（1822）鑪雪山房刻本

北大藏光緒二十三年（1897）王兆騏鈔本

〔註50〕《提要》避嘉慶帝諱琰作琬。

南開藏清鈔本（王兆騏校並跋）

◎序：大道難名，一元而已。天地由此開，而天地即本之以生人生物；人物由此始，而人物即得之以為性為命。造化非大，當身非小，原無精粗，何分理氣？術者以氣言，而可該夫理；儒者以理言，而不遺夫氣。所謂萬派一原、殊塗同歸者也。聖人不得已而卦畫、不得已而文字，時造化、時人事，其言造化非造化，其言人事非人事也。彖象立言，舉此該彼，誠如《大傳》所云神而明之、存乎其人者邪？愚少喜讀是書，苦無端緒，積讀成疑，積疑成信，博采儒先，匯歸己見，不揣凡陋，妄有臆說，成《周易半古本義》八卷、《周易象纂》一卷、《周易圖贊》二卷、《周易辨占》二卷、《周易校字》二卷，統曰《學易五書》，以就正世之君子，非敢附諸家傳注之目也。嘉慶庚午仲春上浣，毘陵王甗瑤舟氏識。

◎卷目：卷一周易半古本義（一之一）：上經起乾終比（《彖／象／文言傳》坿）。卷二周易半古本義（一之二）：上經起小畜終蠱（彖象傳坿）。卷三周易半古本義（一之三）：上經起臨終離（彖象傳坿）。卷四周易半古本義（一之四）：下經起咸終益（彖象傳坿）。卷五周易半古本義（一之五）：下經起夬終艮（彖象傳坿）。卷六周易半古本義（一之六）：下經起漸終未濟（彖象傳坿）。卷七周易半古本義（一之七）：彖上傳（篇題）、彖下傳（篇題）、象上傳（篇題）、象下傳（篇題）、繫辭上傳、繫辭下傳。卷八周易半古本義（一之八）：文言傳（篇題）、說卦傳、序卦傳、雜卦傳。卷九周易象纂（二之一）：乾象、坤象、震象、坎象、離象、艮象、兌象、爻象、重卦象、五色取象、十干取象、三不取象、易壽象。卷十周易圖贊（三之一）：太極、乾元、八卦次序、八卦方位、消息。卷十一周易圖贊（三之二）：納甲、卦變、河洛、圖書原委。卷十二周易辯占（四之一）：蓍策、變占、春秋占法。卷十三周易校字（五之一）：上冊。卷十四周易校字（五之一）：下冊。

◎受業校刊姓氏：李復來心陔、王成珏益生、陶履璇醴泉、管璟圻映軒、汪筠印之、李頵英望、黃繩啟企會、黃昌慈咸甫、趙植庭樹三、史福臻乘五、族弟佐左宜、男雀延荷新。

◎張維驤《清代毗陵名人小傳》卷五：學宗高攀龍，治經不倚傳註，但取經文旁推交通。嘉慶中卒。

◎劉聲木《桐城文學撰述考》卷三「王甗撰述」：《周易半古本義》八卷、《周易象纂》一卷、《周易圖贊》二卷、《周易辯占》一卷、《春秋王氏義》（兼

採高澍然說)、《周易校字》二卷。

◎王黻，字瑤舟。江蘇毘陵（今武進）人。嘉慶諸生。以教讀終其身。治經學不輕於立異，著書則以纂輯前人之說為主。又著有《春秋王氏義》、《墨池殘沈》四卷、《黎雲閣雜文》二卷。

王黻 周易半古本義 八卷 存

北大藏道光二年（1822）爐雪山房刻學易五種本

續四庫影印北大藏道光二年（1822）鑪雪山房刻本

◎前言：易上下經為經、十翼為傳，古分十二篇，見《漢書·藝文志》。以《彖》《象》諸傳襍入卦中自漢費長翁始。然孔氏《正義》謂輔嗣以象本釋經宜相坿近，分爻之象辭各坿當爻，如杜元凱注《左傳》分經之年與傳相坿。故朱子記晁景迂說，初亂古制，時尚如今之乾卦，而卒大亂於王弼。顧亭林《日知錄》據《魏志》高貴鄉公問淳于俊語，斷分坿之始於康成，則又輔嗣、承卿本也。《程傳》用王本，朱子始從呂氏復古本，明初《程傳》《本義》竝行，故脩《大全》破析《本義》以從《程傳》之序。後應舉者苦程之繁而去之，至有《本義》今本失之還矣。茲放費氏變古初本，如今乾卦例去其後人所加之「彖曰」、「象曰」等字，而以「彖傳」、「象傳」小字別之。至於十翼，雖所已附，亦一仍篇題之舊，以無失《漢志》十二篇之意。弟費氏本以古字號古文易，既為輔嗣所竄改。鄱陽董氏謂朱子《本義》多從古文，而今不可見，乃參用《釋文》《集解》及呂氏《音訓》，證以諸經說文，要有據依，名曰《周易》半古本而依文疏義焉。其於往哲訓解，或語類而旨殊，或辭仍而意創，不復標舉所由。惟欲順文，非關掠美，為《半古本義》。

◎摘錄卷八末：鄭氏《易注》曰：「自此以下卦旨不協，似錯亂失正，弗敢改耳。」朱子曰：「自大過以下卦不反對，或疑其錯簡。今以韻協之，又似非誤。未詳何義。」愚案上下經卦次兩兩相比，其對來氏謂之錯，其反來氏謂之綜。孔子襍乾坤以下諸卦發明之，以為不徒卦畫相對，其義縕亦相耦也。所以相耦者，蓋自太極既判為兩儀，乾坤奠而剛柔分。以天道言，有盈則有虛，有消則有息；以人事言，有進則有退，有存則有亡。一彼一此，若對待，若流行，人生其間，亦將何以立極哉。勿云剛克，陽太盛則必顛；勿為柔牽，陰雖微而易遷。惟其進學以漸如女之歸、養德以貞如頤之吉，庶幾心性合一象水火之既交、剛柔具宜象爻位之各當。卦時之所以濟即人位之所以定也，

反是而妄說妄動如歸妹則女之終而欲熾矣、不交不正如未濟則男之窮而理滅矣，蓋男女即陰揚、陰陽即理欲。女終猶言欲熾，男窮猶言理滅。所貴惕號莫夜，如夬之決盡以反於純乾，使天德渾全而無一豪人欲之聞也。以乾始以乾終，此直孔子學易之後贊，故始《襫卦》，序大過以下，並即錯綜而襫之，其所以示人讀易之方至深切矣。

王黼 周易辯占 一卷 存

北大藏道光二年（1822）爐雪山房刻學易五種本

續四庫影印北大藏道光二年（1822）鑪雪山房刻本

◎前言：言易者動分象數義理，不知言義理而不本象數，則其所為義理者必泛溢而無所準；言象數而不本義理，則其所為象數者亦厖雜而失所歸。自漢人說經混入緯候，虞仲翔又本《參同契》為緣飾，至以西南得朋為得明，象數之失久矣。輔嗣、伊川起而矯之，勢使然也，而《鉤隱》《洞極》偽託之書踵出焉。曾絜靜精微之教而有是乎？夫易中之象，卦畫而已，天地雷風山澤水火猶後也。易中之數，蓍策而已，一二三四五六七八九其本也。朱子以卜筮為易本教，故其論蓍法有獨詳。然本朝安溪先生篤信朱子易義，而於奇扐變占之說不無異同，是真能不阿好者。茲據《本義》《啟蒙》蓍卦考誤之旨，參以李氏《通論》與內外傳占法而芟繁錄要，為《辯占》。

王黼 周易圖賸 二卷 存

北大藏道光二年（1822）爐雪山房刻學易五種本

續四庫影印北大藏道光二年（1822）鑪雪山房刻本

◎前言：納甲消息，漢人之說也；河洛先後天，宋人之論也。自輔嗣掃象而漢學廢，宋儒崇尚陳、邵而圖說興。數百年來雖時有異議，而學者耳擩目染，視《本義》《啟蒙》所列為固然。本朝蕭山毛氏始攻之，德清胡氏《易圖明辯》其說尤備。今一二好古之士又於唐李鼎祚《集解》及宋王伯厚《玉海》中所編鄭易搜羅衍說，輯為成書，乃益樹漢赤職，而守宋學者幾專在舉業家矣。老友江陰鳳韶精三禮，其治經不傍傳注，但取諸經白文，旁推交通，謂之三隅對求。愚治易亦宗其法，故於漢宋無所專主，而一衷諸經。凡經之所有，吾信之；經之所無，雖先儒論定，弗敢阿也。爰自太極乾元以及卦位消息納甲卦變之屬，皆別裁之，而以河洛終焉。為《圖賸》。

◎摘錄卷末識語：

　　按胡氏不信圖書之說，以五十有五之數但足以生蓍，無關於畫卦也。不知《大傳》所云「聖人則之」者實則以生蓍而非以畫卦，則《本義》以五十五數為河圖不謬矣。特當以揚雄氏為據，不應曲從蔡氏，濫引偽闕易實其中五，並以無關易數之九宮為洛書。故愚於擬定河洛圖書之後，節錄胡氏所輯《啟蒙》圖書原委，參抪所見以備覽云。

　　易不可無圖，亦斷不容有圖，以多一圖則又為易增一障也。愚力為前人去障，而豐菩豐芾或不自知，名之曰贅，亦見不得已而存之之意耳。

王黼　周易象纂　一卷　存

北大藏道光二年（1822）爐雪山房刻學易五種本

續四庫影印北大藏道光二年（1822）鑪雪山房刻本

◎前言：健順剛柔，其德也；貴賤高卑，其位也；屯蒙需訟，其時也。而其德其位其時之所從出，則本於三盡六畫之一陰一陽，是三盡六畫之一陰一陽即其象也。而天地雷風山澤水火之見於大象者次之，此象之最重者。至若乾馬、坤牛、張弧、載鬼之屬，特因此象而段以為言，非義理所自起。然欲見義理親切，此類亦非可略。自輔嗣掃象而宋儒多不講此，雖朱子猶有象失其傳之疑。夫象者像也，有《說卦》可本、有畫卦易文可參，此何待於傳，而亦何嘗不傳哉。茲自《說卦》外輯漢魏以來諸儒所定，取其不謬於《說卦》而案之易文無不通貫者，間抪己意，以補闕遺，並各疏其所以而箸之篇。為《象纂》。

◎摘錄卷末：案顧亭林《日知錄》曰：「夫子言包犧氏始畫八卦，不言作易，而曰『易之興也，其於中古乎』（虞氏以伏羲為中古，真不通文義），又曰：『易之興也，其當殷之末世、周之盛德邪，當文王與紂之事邪』，是文王所作之辭始名為易，而《周官》太卜掌三易之法，一曰《連山》，二曰《歸藏》，三曰《周易》。《連山》《歸藏》非易也，而云三易者，後人因易之名以名之也。猶之墨子書言周之春秋、燕之春秋、宋之春秋、齊之春秋，周燕齊宋之史非必皆《春秋》也，而云《春秋》者，因魯史之名以名之也。」諒哉斯言！先儒動云伏羲作易，皆失檢語耳。然伏羲雖未有卦名，而卦畫已具，所謂通神明之德，則有健順動入陷麗止說之縕；所謂類萬物之情，則有天地山澤雷風木水火之象。故曰『八卦成列，象在其中』，此易肴之象也。易肴之象，相傳古聖人以是備物致用，立成器為天下利，故夫子由後遡肴，於包犧氏章自田漁

耒耜,逐事逐件想出所取卦象來,以見理財正辭、禁民為非之義,而卜筮之起於黃帝,亦從可想見。其曰離、曰益、曰噬嗑之類,乃因後之名以名之,非彼時便有此名目也。其重卦之起於何人、《連山》《歸藏》之作於何代,諸說紛紜,俱無實據,當從闕疑。

王黼 周易校字 二卷 存

北大藏道光二年(1822)爐雪山房刻學易五種本

續四庫影印北大藏道光二年(1822)鑪雪山房刻本

◎前言:六籍惟《易》未經秦火,而異文錯字轉多於它經。陸氏治易為一時最,見稱於《舊唐書・儒學傳序》。而《釋文》所載,依回從俗,絕少折衷。李氏《集解》亦但據所輯誰氏之說而文亦從之,非有所見也。然《周易》古文既不可見,即朱子所取晁、呂之說以定為古本《周易》者,世但得其編次,而文亦無傳。則有志於古者,舍《釋文》《集解》二書,又何塗之從哉?黼既主二書,旁及諸經說文,成《周易半古本》。而去取從違之意未明,乃自呂氏《音訓》外,博采惠徵士《周易古義》《周易本義辯證》及平湖孫步升《漢魏二十一家易注》之說,并歷朝經解字書而取裁焉。其字同而形體殊者,曰從《說文》見;唐石經之非,曰從石經明。坊刻本之誤,黼已注明,非有疑辯,不復綴論。其字異而應更正者,必有漢魏古本或諸經可據,否則如漸上于陸之為于逵、剝上象不可用之為不可害,雖經後儒論定,僅坿於注而不敢擅易,以尊經也。為《校字》。

王燕 周易易知解 佚

◎光緒《江西通志》卷九十九《藝文略》一《國朝》:《周易易知解》,王燕撰(《吉安府志》)。

◎王燕,字翼輝。江西安福人。著有《周易易知解》。

王以諒 周易臆說 佚

◎同治《孝豐縣志》卷十《藝文志》:王以諒《周易臆說》。

◎王以諒,浙江孝豐(今安吉)人。著有《周易臆說》。

王寅 周易圖註 佚

◎毛奇齡《西河文集》序四《王甲庵周易圖註序》:易,易也,變易而數

起焉。易，易也，亦易簡而天下之理得焉。故曩時學易者大約分理數二端：而主數者則曰《易》者筮書也，言理過備反失象數，朱子學是也；然其敝也，麤而不精。主理者則曰理外幾有象乎？乾二之德通于學問，噬初之道進于仁義，程子學是也；然其敝也，襍而不醇。蓋朱程二學各有由始：伊川之學，王氏之學也，王弼以費直為宗而好言義理，伊川踵之；朱子之學，邵氏之學也，邵氏衍皇極經世之說，該理于數，而朱子乃陰承之。然而朱子言數，既承其意，而又不竟乎其說，以為卜筮本義無關隱賾，而于是理與數兩不得矣。夫該理于數，亦謂數本具理，不必更立理名焉耳。今乃曰數在卜筮，而其言卜筮者則又專屬之吉凶貞悔，隨所揲獲之語辭，將使數聖人俯仰觀察，後先探索，而究其本義，僅得與筮人、董氏指可否也，有是理哉？且夫今所傳易皆王氏之易也。費直以《彖》《象》《文言》參入卦末，而王弼則又分《彖》《象》《文言》或冠于各卦之首，或附于各爻之中，名曰古文易，實今易也。朱子既不欲以理言易，而註易則又取言理之易，此何意乎？王甲庵講易有年，其旨謂理外無數、數外無理，天地之理皆起于數，數即畫也。吾不學朱程之易而學文王、周公、孔子之易，且不學文王、周公、孔子之易而學庖犧氏之易，且不學庖犧氏之易而學天地自然之易。夫庖犧氏之易無字句而有畫，畫即數也。至天地自然之易則將并其畫而無之。夫至于無畫，而意言象數不既悉于此而兆其端乎？故其為書，先圖象百餘，各推其說，側見旁覬，並有至理焉周融其中，自天時人事、世數物候，以極之日月水火、山川燥濕、道德風俗、動植飛走、通變不測之數皆有形狀，而後分伏羲、文王、周公、孔子為內外編，合動靜之交通正互之體，參內外虛實存亡進退之迹，凡分策布指，列序定位，咸極淵眇。而又旁及于四時五行、兩游八極、二十四氣、七十二候，干支循端，分至起例，因象得數，因數得理，大約遠推京房、焦贛、孟喜、梁丘賀諸儒所傳，而去其災祥占讖之術；邇本邵氏所學，而更廣其天地闔闢、世數治亂之說，洋洋乎幾于無處非易矣。近世學易家為予所及見者，自蕺山劉氏、上蔡張氏（仲誠先生）而外，俱能各極指趨，自為其說，然無以過也。即桐城方氏歷世學易，已括取諸家彙為一乘，顧亦未能該是書也。予嘗因甲庵之易而曠觀之，天地之易具在也。其名《周易》，一易耳。夏易首艮，而為數用三十六策；商易首坤，名《歸藏》，則以坤為萬物所歸載也，用十五策，原不俟象象十翼四十九策之易起而後有易學。且即有象象十翼四十九策之易起，而凡為易者猶復有漢易《太玄》，定九九之數，以贊為爻，以測為象；

唐易《元包易》，八純之列，有卦無爻，有孟仲而無老少。如今所傳者，則以易在天地，使必待庖犧而後有畫，待文王、周公、孔子、程、朱而後有理有數，則前古聖人之道或幾乎息，而後此諸儒學道之說且幾乎廢也。此則王子甲庵之所為兢兢者矣。

（蔡大敬曰：爛熳乎其詞，晉人談易多似此。彭爰琴曰：此從《尚書》孔序、《春秋》杜序脫來。）

◎毛奇齡《春秋毛氏傳》卷十：予鄉王甲庵名寅，精于經學。

◎王寅，號甲庵。浙江蕭山人。精于經學。

王寅 周易自得編 十一卷 圖說一卷 佚

◎民國《蕭山縣志稿》卷三十《藝文》：《周易自得編》十一卷圖說一卷（王寅撰。時代未詳）。

王引之 周易述聞 二卷 存

皇清經解本（道光刻、咸豐補刻、鴻寶齋石印、點石齋石印）

山東藏臺北成文出版社 1976 年無求備齋易經集成影印咸豐十年（1860）補刻印皇清經解本

◎王引之（1766～1834），江蘇高郵人。字伯申，號曼卿，謚文簡。王念孫長子。以考據名家。嘉慶四年（1799）進士，授翰林院編修，擢禮部左侍郎。與修《詞林典故》，任實錄館、國史館副總裁。道光七年（1827）晉工部尚書。著有《經義述聞》三十二卷、《經傳釋詞》十卷、《字典考證》。

王縈緒 周易合參 十六冊 佚

◎道光《諸城縣續志》六《藝文考》：王縈緒《四書遵註》二十六冊、《周易合參》十六冊、《書經講義》六冊、《詩經遵序》四冊、《春秋闢謬》二十冊、《禮記》二十冊、《徵實錄》四冊、《古文集／續集》共二十一冊。

◎孫葆田《山東通志》卷百二十七《藝文志》第十：是書見《府志》。

◎王縈緒（1713～1784），字成祉，號希仁、天馥，又號蓮峰、五蓮山人、二所亭。山東諸城王璊村人。博學能文，性方品正。乾隆元年（1736）舉人、二十二年（1757）進士。授鄲都縣知縣。乾隆四十二年（1777）升石砫廳直隸同知。再升南雄府知府。誥授奉政大夫，戊子科四川鄉試同考官。以足疾告歸，卒於四川成都，咸豐朝入祀名宦祠，鄉謚文定先生。又著有《石柱

廳志》、《詩經講議》、《書經講議》、《四書講議》、《朱子昏禮》、《春秋集說闢謬》、《尚書徵實錄》、《成祉府君自著年譜》和《詩文集》，又輯有《諸葛忠武侯集》。

王應遇 易說約 佚

◎民國《東莞縣志》卷八十三《藝文署》一：《易說約》（國朝王應遇撰。彭《志》。按戴《府志》以此書為劉輔元撰，誤）。

◎王應遇，廣東東莞人。著有《易說約》。

王永江 易原窺餘 四卷 存

1924 年鉛印本

南京藏東北大學 1926 年鉛印本

◎1924 年版序：盈天地之間者唯萬物，物生而後有象，象而後有滋，滋而後有數，故《繫辭》曰：「易者象也，象也者像也。」陳希夷謂包羲始畫八卦，重為六十四卦，不立文字，使天下之人，觀其象而已。能如象焉則吉凶應，違其象則吉凶反。後世卦畫不明易道不傳，聖人于是不得已而有辭，學者謂易止于是，不復知有畫矣。夫畫者象也，孔子《說卦》末章，廣八卦之象，示後人以學易端倪。凡所未備言者，皆可觸類而通之。朱子《本義》雖謂其多不可解，于《序／雜／說卦》皆不加註釋，亦謂《易》之為書，其辭必根于象，程子不合全說作義理也。昔儒惟不講象而空談義理，故是素非白，持門戶之見以相爭。至于象則不容遊移兩可者也，蓋古聖近取諸身遠取諸物，仰觀俯察，以畫八卦，更推而廣之，妙無方之象以盡其變，即物以求象，即象以見易，以明吉凶之報，以順陰陽之理，以和順于道德而理于義，窮理盡性以至于命，此象學所以為易之原也。後儒如虞翻、陸績、鄭玄、朱震、項安世等皆有釋象，而焦氏、孟氏、荀氏、來氏亦皆有補象，無非于經文中採取之，是亦不敢自作之意。獨荀氏之補象、孟氏之逸象，署為詳備。而就經文取象，象學猶可借此而署明，亦可知其用心之苦矣。余是以資取以釋三百八十四爻也。或曰：「子第即象言易而不講貫義理，不幾泥于象，而使易反不明乎？」曰：為義理之說者，自漢晉迄今無慮千數百家，先儒言之已詳，世後雖有說，其能出古人諸說之外乎？唯象數不講，于易之原猶未盡窺也，故前言數而茲獨言象。六十四卦、三百八十四爻，大都無其事而有其象，此所以為易無體而神無方也。即如蠱之先甲後甲、巽之先庚後庚最為難明，昔人但襲鄭康成、

王輔嗣之說而不求甚解。來瞿塘雖加辨駁，而其說于本卦無關，亦不能闡發周公爻辭之微妙。設非就圖象求之，又安知其爻辭之精賅合卦象而無間耶？此象學之不可緩。余是以孳孳而不倦也。至于乾坤《文言》及各爻《小象》不遑編錄者，誠以勞人草草日不暇給，偷隙耽書過而易忘，唯有擇要筆錄，以備翻玩，非謂易之蘊盡于是也。是亦窺竊古人之餘而已。甲子十月，遼東王永江自識。

◎1926 年版序（摘錄）：易以天地為原，有天地然後有四時，有四時然後有萬物。造化之所託以見者萬物，易之所撫以寫者造化也。物生而後有象，象而後有滋，滋而後有數，八卦即由象數以起，故《繫辭》曰：「易者象也，象也者像也。」陳希夷謂伏羲始畫八卦，重為六十四卦，不立文字，使天下之人觀其象而已。能如象焉則吉凶應，違其象則吉凶反。後世卦畫不明易道不傳，聖人于是不得已而有辭，學者謂易止于是，不復知有畫矣。夫畫者象也，孔子《說卦》明八卦之象，示後人以學易端倪。凡其所未備，皆可觸類而通之。

◎王永江（1871～1927），字岷源，號鐵龕。祖籍山東蓬萊，生於奉天省金州（今大連市金州區）城南門內路西。1916 年任奉天省督軍署高級顧問，旋為全省警務處處長兼奉天員警廳廳長。1917 年任奉天省財政廳廳長兼東三省官銀號督辦。1922 年擢任省長。先後創辦奉天紡織廠、東北大學，修建沈海、洮昂鐵路。1926 年告病回籍。工詩文，擅書法。藏書四萬餘冊多捐於連圖書館。著有《讀易偶得》、《易原窺餘》四卷、《鐵龕詩草》、《鐵龕詩餘》、《陰符經注》、《醫學輯要》、《痼疾窺餘》、《赫山子》、《治世論》、《痼疾蒙談》、《方書選粹》等。

王永時 里堂易學 佚

◎龔篤清審訂《清代湖南朱卷選編》：著有《里堂易學》。

◎王永時（1805～？），字邦華，號際田，行二。長沙府瀏陽縣人，世居東鄉大光里。縣學優附生。肄業嶽麓書院，民籍。父王代憲，母湯氏。道光甲午（1834）舉人。

王用誥 讀易劄記 佚

◎賀濤《賀先生文集》卷二《王小泉先生行狀》：深澤王氏濤既表先生之父榕泉先生之墓，不復詳其世系。榕泉先生既篤遵程朱氏之學，先生繼之，

益邃以博。宋元來為程朱學者，苟有書，必究其淺深純雜而掇討散佚，刪要錄存；其異趣者亦必推竟源委，駁而正之，於經尤喜易，陰陽象數義理諸家之說既皆探其奧窔，已乃屏棄之。比屬經辭，因類尋義，而消息於身心事物以求安處。初成《易備忘錄》，續有《讀易劄記》；於《書》有《禹貢考》《洪範解》；於《禮》有《中庸說》《禘祭考》；於《詩》有《詩鈔》，自諸家釋訓以及羣經子史百氏與歷朝金石，苟涉於《詩》，皆鈔之。其《論語經正錄》則繼先志而成之者，所采數百家，自為義例，宏通深切，平生志學具見此書。此外復有雜著數十篇，皆扞正袪妄，無膚辭辟論。

◎王用誥（1840～1893），字觀五，號筱（小）泉，又號君言。直隸深澤人。王肇晉子。同治元年（1862）以拔貢朝考得知縣，改主事，因故未就。同治三年（1864）舉於鄉，再試禮部不第，遂絕意進取，養親讀書。言行以程朱為法。又著有《禹貢考》《洪範解》《中庸說》《禘祭考》《詩鈔》《論語經正錄》諸書。

王用誥　易備忘錄　佚

◎賀濤《賀先生文集》卷二《王小泉先生行狀》著錄。詳王用誥《易備忘錄》條。

王用中　周易翼邵　一卷　存

山西大學藏 1913 年山西石印本
◎王用中，字執卿。

王又樸　易翼述信　十二卷　存

湖南湖北、上海藏乾隆十六年（1751）刻詩禮堂全集本（清陳昌圖批校並跋）

四庫本

山東藏 1983 年臺北商務印書館景印文淵閣四庫全書影印國立故宮博物院藏本

山東藏臺灣新文豐出版公司 1983 年大易類聚初集影印文淵閣四庫全書本
◎序：易自一畫開天，卦爻象象聖聖相衍，因以窮易之變、妙易之通，而天地自然之易於是顯、人心各具之易於是呈，則《易》之為書固四聖人之述乎！天道以羽翼造化，而孔子所作特以十翼名，則又翼乎前之三聖所謂述

而不作、信而好古，此其最大者也。夫易一而已，而翼之以十，有《彖傳》、有《象傳》、有《繫辭》、有《文言》、有《說卦》、有《序卦》、有《雜卦》，其稱名也繁，其取類也廣，非翼乎其外也，易之外無翼，易之中不可無翼。畫之前未嘗無易，翼之後亦未嘗有加於畫之前也。蓋言易者必言理言數，而理統乎數，理無二，易亦無二。孔子立乎千百世之下，與伏羲、文王、周公三聖人之心心心相印，遂合伏羲、文王、周公三聖人之易。易易相承，聖心同然之易即天地自然之易也，易豈有二哉？漢興以來，言易者無慮數十家，類駁雜不可傳。而朱子《本義》實得其宗。故其言曰「有天地自然之易，有伏羲之易，有文王、周公之易，有孔子之易」，易一而已，而易其人即易其易，說者不達朱子之意，而泥於其詞，將謂易各有易，而成千古一大疑案焉，宜介山王君之慨然有感於斯也。介山天津名宿，成進士，歷仕中外，所至有聲。往與予宦秦中，見其風塵鞅掌間手不釋卷，生平著述等身，晚更成《易翼述信》一編。嗚呼！醇乎醇矣！韓子曰「易奇而法」，介山之註易，不矜奇、不詭法，條分而縷析，字酌而句斟，或千百言不厭其繁，或一二語已括其要，沉潛往復，融會貫通，述尼山之所述、信尼山之所信，能使十翼中精義微言與三聖人心心相印、易易相承而毫釐不爽，然後知翼易者易也，易自然而有翼，即以翼自然之易。易之書得翼始全，易之理合翼自具，孔子之謂集大成，此又其最大者也。介山之於易也，學之也邃故語之也詳，見之也真故論之也當，述人所不能述因以成千古之述，信人所不敢信因以堅千古之信。十翼翼易者也，述信翼十翼者也，善易者何必不言易哉！我朝尊經右學，經史子集莫不彙有成書，而御纂《周易折衷》至精且粹，是又集孔子之大成而合四聖之易為一易，以合乎造化之自然者。介山此編，雖獻之明廷供聖天子之藻鑑也可。乾隆十六年歲在辛未夏六月下浣江南江寧安徽等處承宣布政使司布政使兼兼管江寧織造龍江西關稅務愚弟高晉拜撰。

◎陳祖范《易翼述信序》〔註51〕：五經傳述多可疑。《書》疑後出之古文，然大義無害；《詩》疑朱子廢小序；《禮》疑於異同之聚訟；《春秋》疑四傳之互有得失。《易》脫秦火，獨為完備。以其義蘊精微廣大，精微則求而愈有，廣大則無所不通。術家主數，流於星曆災異；儒家主理，至與莊老同稱。唐《正義》屏諸說之紛糾，獨行輔嗣，易道一為清夷。宋有邵數、程理之分：數

〔註51〕又見於《陳司業集‧文集》卷之二，題《易翼述信序》，惟無末「虞山年同學弟陳祖范拜撰」句。

出京、焦之上，直追太始；理達日用行事，不墮元虛。朱子兼宗兩家，成《本義》，微畸尚邵焉。竊謂易解不同，與他經異。他經之說，或全非經義，而害於經。說易者雖不同，要皆經中所有，特不宜專主以蔽全經耳。何也？精微則求而愈有，廣大則無所不包也。然以夫子學易寡過之旨準之，則斷乎《程傳》為長矣。彖象傳：「君子以六十有四，舉凡天文地理物象，一一引歸身心之間，而得其切近融合受益利用處。學者誠於此求之，羲、文、周、孔真我師也，何必高談先天為羲畫追所自出？何暇旁求直日、納甲、生剋、虛旺之小數哉？吾夫子不雅言易，今學士偏喜言易，論著之多幾於家田何而人虞、鄭。易道其日益昌明乎？！若夫謹於立說，不苟同不立異，不冥搜於文字之前，不纏縛于形象之內，主翼以明經，而不岐後聖於先聖，王介山先生《易翼述信》之作，斯為足尚矣。先生自言幼稚讀易即致疑，老始信而有述，中間數十年家居官守、應事接物、舟車傳舍之間，易義未嘗一息去懷。蓋其于易也，惟務自得，不輕著書，異乎世之苟作以求知者。予惟讀經病不能疑，因而不求甚解，蔑由取信；又病鑿空生疑與輕于自信，與疑而終不底于信，皆為滅裂于學者也。先生之于易，能疑又能信，大略與費氏以《繫辭》《文言》解說上下經體例相近。費氏無章句，而先生有成書，嘉惠來學多矣。虞山年同學弟陳祖范拜撰。

◎自序：余初讀《周易本義》，於《卦變圖說》後云：「有天地自然之易，有伏羲之易，有文王、周公之易，有孔子之易」，又云：「不可便以孔子之說為文王之說。」時方幼稚，即疑之。以為千聖一心，奈何易有岐旨乎？及讀乾卦之象元亨利貞，夫子以為四德者，而朱子則謂為乾道大通而至正，既訓元為大，而又謂利貞為戒占者利在正，固以此為文王之本意，則疑又更甚。夫孔子周人也，去文王數百歲而近，何以其說非文王之說？而朱子遠隔二千餘年，未嘗別得羲、文指授，何以反能知其為文王之本意，而特揭而著之也？苐所學未充，不能確有定解，遂廢而不敢再讀。至乾隆丁巳歲，余年已五十七歲，始又取而尋味之，覺卦爻各詞非《彖象傳》實有不能明者。是孔子之說即文王、周公之說，并非孔子自為一易矣。若說易而不歸諸孔子，則人各異見論各異詞，何所折衷而得其是？況孔子贊易，而世目之為十翼者，乃謂為非三聖人之本意。夫既非其本意矣，而又謂為翼，則所翼者何等也？今余年且七十，稿凡四易，雖未必其果當，而惟篤信孔子之言，實所以發明三聖人之意而務求其相合者。然究亦未嘗不合也，於是名之曰《易翼述信》云。或曰：

「易,變易也,不可為典要,仁者見之謂之仁智者見之謂之智,子何其拘也?」然變易之中實有其不易者存,余亦先求其所以不易者,而後自得其變易者,不亦可乎?時乾隆十五年七月既望,天津王又樸謹序。

◎望溪方先生札:致來諸古文辭並《項羽本紀讀法》,頗識高筆健,義法直追古人,而《項紀》一通尤發前人未發,賢之用心勤矣。為之點定,其冗者刪之,付伻持去,賢以為何如?所示讀易乾坤屯豐各卦,粗覽一過,知獨遵《象》《彖》《文言》諸傳,闡發透徹,似與諸先儒說易為進。近僕鄉人程廷祚極好學,有所解易,徵僕序。僕以平素究易未深,未之敢應也。今見此,覺有起予者,留案頭細觀,幸卒成之。當與各所論著並序以問世,世不乏好學深思之士,知必有同然者矣。老生苞白。

此吾師乾隆十二年所致之手札也〔註52〕,然余時方在新安,鹿鹿簿書,未能卒業。及回濡,冬夜洗心,取已定者再一讀之,覺於所行所習又有不然。重為尋繹,亦或有得,迨告致後反覆裁削,似此書與年俱進,有終身而難窮焉者矣。自念年齒已邁,世豈有百歲人哉,忽悟加年學易之言,必是孔子五十歲時作此一歎,意欲倍其年歲,而已之所以應世與人之道證之於易耳。然則加不必作假,五十即是五十也。夫孔子至聖,於易尚要以百年,況余庸愚駑鈍,且以僅僅數年之功力,遂謂能知易哉?!獨惜閱二載而師歿矣,則一知半解,於誰就正?每撫遺編,淚涔涔下也。又樸再識。

◎摘錄卷十二末云:自論對卦至此共計十八條,皆出安溪李氏。按李氏名光地,字厚庵,世以其邑表之曰安溪先生。先生生平最邃于易,奉勅修《周易折中》,先生一手所裁也。又自有《周易觀彖》《通論》諸書。而《傳義合訂》則出自余師朱文端公。余於二先生所著採取獨多,然其專集已行於世,世有好學之士自能取而讀之也。

◎何焛彥《易經遵孔八晢類稿》卷十二《集晢》:王氏又樸《易翼述信》,其說亦以十翼為主,深以朱子所云「不可以孔子之易為文王之易」者為非。其所徵引惟李氏光地之說為多,亦不甚墨守《本義》,猶宋易中之豪傑也。

◎馬國翰《玉函山房藏書簿錄》卷二:《易翼述信》十二卷(詩禮堂本),國朝廬州府同知、署徽州府事天津王又樸介山撰。說不甚墨守《本義》,自序謂篤信孔子之言,是所以發明三聖人之意,此《易翼述信》之所由名也。首有讀法一篇,極見發揮。

〔註52〕周按此段原低一格。

◎焦循《易廣記》卷三：

天津王又樸介山《易翼述信》十二卷，前一卷讀法，後一卷雜論，中十卷解說經傳而主於孔子之十翼。其說曰：「孔子，周人也，去文王數百歲而近，何以其說非文王之說？而朱子遠隔二千餘年，未嘗別得羲、文指授，何以反能知其為文王之本意，而特揭而著之也？尋味卦爻各辭，非象象傳實有不能明者。是孔子之說即文王、周公之說，并非孔子自為一易矣。若說易而不歸諸孔子，則人各異說，何所折衷而得其是？況孔子贊易，而世目之為十翼者，乃謂為非三聖人之本意。夫既非其本意矣，而又謂之為翼，則所翼者何等也？今余年七十，稿凡四易，雖未必其果當，惟篤信孔子之言，實所以發明三聖人之意而務求其相合者。然究亦未嘗不合也，於是名之曰《易翼述信》云。」介山此論極明，弟其書本諸《左傳》蔡墨，如乾之初九則為姤、九二則為同人、九三則為履、九四則為小畜、九五則為大有、上九則為夬，推之諸卦，如屯之初九為比、蒙之初六為損、需之初九為井、訟之初六為履，三百八十四爻變為三百八十四卦，而仍不出六十四卦而已，較之焦延壽先生《易林》則隘矣。何也？《易林》以一卦變六十四卦用為占法之緣，此則一卦僅變六卦，於占法且不完，孔子學易之旨未如是也。雜說多采安溪李氏，介山所服膺也，然書頗駁安溪。序於乾隆十五年七月。

新喻晏斯盛一齋云：「他經無聖人之注解，故不妨異同。獨《周易》則孔子為之傳矣，乃欲悖傳而別為之解，或謂《大傳》為非聖人之書，其得為知言乎？予往者《周易翼宗》之作，誠有所不得已也。」此段見《易翼述信序》，惜晏所自撰《周易易宗》未見。

◎四庫提要：又樸字介山，天津人。雍正癸卯進士〔註53〕，官至廬州府同知。是編經傳次序悉依王弼舊本而冠以讀易之法，終以所集諸儒雜論。其大旨專以《彖》、《象》、《文言》諸傳解釋經義，自謂篤信十翼，述之為書，故名曰《易翼述信》，而以朱子所云「不可便以孔子之說為文王之說」者為非。其徵引諸家獨李光地之言為最夥，而於《本義》亦時有異同。蓋見智見仁各明一義，原不能固執一說以限天下萬世也。至其注釋各卦，每爻必取變氣，蓋即之卦之遺法。其於河圖洛書及先天後天皆不列圖，而敘其說於雜論之末，特為有識。其時、位、德、大小應、比、主爻諸論亦皆恪遵御纂《周易折中》之旨，闡發證明詞理條暢，可取者亦頗多焉。

〔註53〕《庫書提要》後多「改庶吉士」四字。

◎民國《天津縣新志》卷二十三之一《藝文》一著錄刻本存：是書采入《四庫》，其提要略云：「是編經傳次序悉依王弼舊本而冠以讀易之法，終以所集諸儒雜論。大旨專以《彖》、《象》、《文言》諸傳解釋經義，自謂篤信十翼，述之為書，故名曰《易翼述信》，而以朱子所云『不可便以孔子之說為文王之說』者為非。其徵引諸家獨李光地之言為最夥，而於《本義》亦時有異同。至其注釋各卦，每爻必取變氣，蓋即之卦之遺法。其於河圖洛書及先天後天皆不列圖，而敘其說於雜論之末，特為有識。」其後唐鑑纂《國朝學案小識》，以又樸列入編內，所述學派殆即本此。

◎劉聲木《桐城文學撰述考》卷一「王又樸撰述」：《易翼述信》十二卷。

◎王又樸（1681～1763），原名日柱，字從先，號介山。原籍江蘇揚州，後遷居天津。少以古文受知於桐城方苞，許以力追秦漢。與王己山、張曉樓同榜，稱莫逆交。文名甚高，與同里張壘有「二山」之稱。雍正元年（1723）進士，授編修。兩權河東鹽運司運同。中以事被劾，補陝西鳳翔府通判。告病歸。乾隆四年（1739）再至陝，權西安同知、補漢中通判。後調江南，權泰州雲判，廬州同知；又權知池州、徽州等府。所至皆有政聲，尤明於水利。又請興復三取書院，延師訓課。晚年精於易學。著有《易翼述信》十二卷、《孟子讀法》十四卷附錄一卷、《史記七篇讀法》二卷、《中庸讀法》二卷、《大學讀法》二卷、《詩禮堂古文》五卷《詩》七卷《雜著》二卷《年譜》一卷、《河東鹽法志》十二卷等。

王玉樹 退思易話 八卷 存

湖南藏道光五年（1825）刻本

日本京都大學、國圖、中科院藏道光十年（1830）安康王氏芳棪堂刻本

續四庫影印道光十年（1830）本

◎目錄：第一策漢學。第二策古義。第三策宋學。第四策圖書。第五策諸儒詮解。第六策各家異義。第七策篇章。第八策字句。

◎識語：僕不善易，每喜人論易。壬午迄甲申，閒居無事，因取諸家易說讀之，分其源流攷其時事，其有論解詳明及古今本不同者悉筆記之。日月既多，漸成卷帙。分為八策，題曰《退思易話》。或曰：「易，聖也，當莊語之。而子乃易言之曰話，得毋褻乎？」僕曰：不然。案《商書・盤庚中》「話民之弗率」孔傳：「話，善言也。」《詩・大雅・抑》篇中諸話字，《毛傳》及

《釋詁注》亦皆以為善言。豈聖人之易而不當善言耶？又案許氏《說文》言部：「話，合會善言也。」籀文則從會作䛣，猶存古義。然則僕之《易話》也，非僕話易也，蓋合會諸家之話易而話之也，依文則猶當作䛣也。道光乙酉仲冬，王玉樹識。

◎倪向奎《存心淺說跋》〔註54〕：近因需次羊城，得交松亭先生，晨夕過從，獲讀先生所著《說文拈字》、《退思易話》、《經史雜記》及《志學錄》諸書，皆彪炳藝苑、鼓吹仕林，蓋已心折久矣。

◎《續四庫總目提要》：其書不分卷而分策，蓋取簡冊之意，未免好為立意。其第一策為漢學，第二策為古義，第三策為宋學，第四策為圖書，第五策為詮釋，第六策為各家異義，第七策為篇章，第八策為字句。玉樹自序曰「取諸家易說讀之，分其源流考其時事，其有論解詳明及古今本不同者，悉筆記之，題曰《退思易話》。《尚書・盤庚・孔傳》『話善言也』，《詩・大雅・抑篇》諸話字《毛傳》亦以為善言，豈聖人之《易》不當善言」云云，蓋抄撮漢宋諸家之說而著為一書者。惟玉樹此書成於道光乙酉，乾嘉之際張惠言治虞氏易，海內推為絕學，玉樹臚列漢學，獨無一言及之，蓋僻處鄉閭未見其書也。然於孟、京之卦氣，陳、邵之圖書，俱能言其大概，較之空談義理者終有取焉。

◎周按：全書八策，第一策《漢學》，以費氏易為正宗，敘漢易師承流派與典籍、要義。第二策《古義》，考證經傳文字訓詁。第三策《宋學》，敘宋學諸家易理大要與師承統緒，企象數義理相融。第四策《圖書》，斥圖書各說。第五策《諸儒詮解》，述評宋後易學切於日用之論、因事抒忠之作。第六策《各家異義》，論列古今異同爭議、理解錯綜之處。第七策《篇章》，述論各家易說體例及篇章佈局、書籍流布。第八策《字句》，比對校勘字句篇章、句讀異文、刪節改易。

◎王玉樹（1759～1837後），字廷楨，一字蓊林，號松亭，又號越綮堂主人，鄉人私謚惠安先生。陝西安康新城人。乾隆十八年（1813）署南海縣丞，後代理陽江縣事，旋補廣糧廳通判。乾隆五十四年（1789）拔貢，分發廣州候補州判，後署湖州通判。平居以講學為事，從學者張之洞名最著。長於經學，喜好考訂文字之學。又著有《經史雜記》四卷、《說文拈字》七卷、《存心淺說》、《志學錄》、《詩藪餘談》四卷、《詞苑餘談》二卷、《蓊林詩鈔》八卷、《蓊

林文鈔》四卷等。

王育 易說 一卷 存

道光十三年（1833）太倉東陵邵廷烈棣香齋輯刻婁東雜著〔註55〕・石集本

◎是書逐卦解釋六十四卦，其餘不及。

◎王育，字莊溪。江蘇太倉人。精於小學。又著有《說文引詩辨證》等書。

王元復 榴園管測 五卷 未見

乾隆刻本

◎歐陽儁序〔註56〕：氣之流行也，渾渾爾。分陰分陽，而象乃著；有盈有縮，而數乃生。其所以主宰綱維之者，蓋莫非理之所為也。羲、文之卦相經緯，周、邵之書相表裏，設蓍而演疇，定律而正歷，聖者作，明者述，凡皆天地有是理即有是氣，因象而著，因數而神，朱子所謂「非聖人心思知慮之所為」是也。雖然，天地之秘、鬼神之幽，在聖人本潛孚乎理，而默契於氣機運動之間，故其寓於象舞於數，適得乎造化自然之妙。學者殫其心思知慮以求先聖先賢所作述者不可得，或一得自喜，往往流於牽合傅會、穿鑿支離。後學苦其虛懸而無所終薄，遂疑所謂理者孤立於氣與象數之間，而所謂氣與象數者，竝眩其幽渺浩瀚，非切於身心日用之事。此異說俗學所以得並起而相煽也。能愚先生《榴園集》一書，造之深，語之詳，所以發明圖書畫卦、羲文之奧旨、周邵之微文、蓍範之要言、律歷之精義，折衷朱子旁通諸儒，本乎心得，非同臆見。而其要總在於舉近見遠，即未探本，使聖賢之教所謂理氣象數者，有所啟發，以開示來學。其有功於世非淺鮮也。我國家治教體明，先生行誼采入志乘，而深以是編之不獲梓行為惜。噫！先生之書，載道之文也。後學之士，既不獲親炙而折衷之，欲自是其知人論世之識，以闡揚先生之教，傳於無窮，不亦難乎？然得是書，而併心壹志以求之，分文晰字，不異先生之日講而指畫焉。若江河之浸膏澤之潤，渙然冰釋，怡然理順，所謂理氣象教之同條共貫者，有所依據則不苦其繁難，求之切近因以契其深妙，庶幾文章之儒亦得問津先聖。彼異說俗學之弊或可迴其狂瀾也乎！先生文多散佚，是書亦少編次。同人憂其久而湮沒，欲急梓之。故校厥魯魚，略為詮釋，開亦

〔註55〕一名《棣香齋叢書》。
〔註56〕又見於《湖南文徵》卷七十三。

竊附管見於每卷末，使斯書之梗概有可見。至於支分節解，蘄斯編之盡善，則有待異日云。

◎李芳華《邵陽王醒齋榴園集序》〔註57〕：《榴園管測》者，醒齋先生深造自得之言也。先生以高明之資沈潛古訓，倡學南陬，芳及冠時已竊聆之吾鄉先輩矣。歲癸巳，逐隊鄂渚，因偕族兄元朗謁先生於旅次，挹其道範，言溫而氣和，色愉而貌肅。爾時早已心醉，徒以場務怱怱，未遑多所請益也。洎丁酉先生下第，歸舟過長沙，來訪先兄於仙崖兄館，居家塾匝月，得以朝夕侍側，凡有疑義，悉舉質證。而先生罔弗再三剖析，又作《廣道》《鬼神》《死生》《蠡測》四篇見示，蓋不啻發吾覆矣。然於先生之精蘊，猶僅什閱二三而已。未幾先生歸邵，山川縣渺，驛路迢遙，思欲立雪門牆，徒以俗冗羈絆，不克如願。迨今乙丑，郡伯石林王公聘芳為濂溪書院山長，始獲至其鄉，而先生捐館舍已逾歲月一章矣。居無何，先生嗣孫北平來叩，敘故之下，亟訪先生著作，迺得《榴園》一集，伏而讀，仰而思，則見夫河圖洛書之分合、先天後天之位置、方員圖卦氣之運伏、《洪範》《經世書》之理數、律呂八十一調之正變以暨天地陰陽鬼神之浩渺幽微，無不發明盡致。蓋先生天質既穎，復力學不倦，凡所讀書，必研究其極，務使昭晰融釋至無餘蘊而後已。故其出為論說，根根柢柢皆有以闡先儒未竟之旨，蹟其苦心力索妙契疾書，視橫渠之著《正蒙》殆有進焉者。迺今而後矗得究其底蘊，而先生不我少待矣。惜哉！先生抱醇儒德業，而不獲登賢書對大廷，一吐其胸中之奇，竟守明經終老著書，得非蒼蒼者不欲斯道之大明大行邪！然南方人士羣宗正學，於俗說異說之汗漫支離吐棄而排斥之者，實先生倡明指引之功也。今其遺卷炳炳烺烺，而同邑歐陽子為之刊布以廣其傳於來茲，是則天之阨先生於遭遇者，適所以使之潛心述作貽留宇宙，而延一線之道脈於勿替也夫！

◎《四庫全書總目》存目提要：是編采永樂《性理大全》所列周子《太極圖說》、邵子《皇極經世書》、朱子《易學啟蒙》、蔡元定《律呂新書》、蔡沈《洪範數》諸書，而引伸其說，大抵因襲舊文，而參以臆斷。所附天度月度及雜論數條，亦皆掇拾性理之緒餘。其《經書質疑》中一條云：「童年夢人以書授余，內云『惟臥龍無頃刻須臾之悔』」。又云：「八月苦雨，偶看榴花落瓣，於《河圖》之數有會。」是皆非篤實之言也。

◎王元復，字能愚，號惺（醒）齋。湖南邵陽人。王尚賢孫。康熙五十三

〔註57〕又見於《湖南文徵》卷七十三。

年（1714）貢生。與衡陽王敔、漢陽王戩並稱「楚中三王」；又與王敔、同邑車無咎、攸縣陳之駓並稱「楚南四家」。又著有《榴園集》十一卷、《榴園集鈔稿》、《律呂新義》、《皇極經世洪範內篇》。

王元啟 周易講義 一卷 存

國圖藏乾隆刻惺齋先生雜著十二種本

湖南藏嘉慶楊丕謙鈔本

◎秦瀛《小峴山人續文集》卷一《祇平居士集序》：先生學博奧，尤深於易而善言禮。

◎翁方綱《皇清例授文林郎賜進士出身福建將樂縣知縣惺齋王先生墓誌銘》：君為學以宋五子為宗，說經尤精於易，而為文一本韓子。撰《讀韓記疑》十卷，《周易／四書講義／韓非子／史記／漢書》、《孫可之／歐／曾／王文集》及錢文子《補漢兵志》諸書校正評註凡若干卷，《惺齋論文》《勾股九章總論》《祇平居士文集》《恭壽堂庭訓》若干卷。凡嗜學多聞之士，知攷訂者輒多厭薄宋儒以自憙，今日學者之通患也。君博極羣書，勤攷證，工文詞，而篤守程朱之旨，終身勿貳，誨人勿懈，可謂真儒也矣！既病革，猶補註《周易》下經及校勘韓集，易至《既濟》止，韓集則易簀前一日命子尚繩改定《順宗實錄》記疑條中二字，蓋其貫天人古今之精力畢生以之。

◎王元啟《祇平居士集》卷十三《上座師孫閣老書》：元啟雖處憂患，泰然安之，自謂天之遇我獨厚也。其餘河圖律呂，下及聲韻之學，偶有觸發，亦頗見諸論著。所恨一知半解，不足以仰塵清覽。又道遠且乏抄胥，故無由是正於左右侍御之人。

◎翁方綱《復初齋文集》卷十一《與友論王惺齋詩易疑義二通》（甲辰八月）：朱紱王者之服、赤紱臣下之服，此《易》《詩》之所同也。巿、韍、韠、紱、韐五字一訓，亦皆《易》《詩》之所同也。《說文》「天子朱巿，諸侯赤巿……分勿切。韠也。篆作韍……俗作紱。」即此已明白無遺義矣。今惺齋所疑者乃在《斯干》詩之鄭箋云「天子純朱，諸侯黃朱」，疑於朱兼黃色謂之赤耳。然《斯干》疏云「巿所以明尊卑，雖同色而有差降。《乾鑿度》以為天子之朝朱巿，諸侯之朝赤巿。朱深於赤……故天子純朱，言其深也。諸侯黃朱，明其淺也。舉其大色皆得為朱巿也。」此數語尤極分曉。蓋分析言之則深者謂之朱、淺者謂之赤，而渾合言之則統謂之朱巿。其《采芑》毛傳云「朱巿，黃朱

服者」，《正義》曰「服其受王命之服，黃朱之市……也。於諸侯之服則謂之赤市耳」，又引《玉藻》「一命縕韍黝珩、再命赤韍黝珩、三命赤韍葱珩，是據諸侯而言」，則是自《曹風·候人》《小雅·采芑／車攻／斯干／采菽》諸詩傳箋及《禮·玉藻》之說皆合矣。至《玉藻》注云「縕赤黃之間色」，疏云「以蒨染之，其色淺赤」，此固不得與黃朱之市同義，而亦可見毛氏所云黃朱之是淺而非深矣。惺齋蓋未細會「通稱為朱，分析為赤」之義，故疑諸說之相背，而其實諸說固未嘗相背也。至於《易》之取象各指所之，困取綖象，固不必牽上互之異色白以為疑。而即以《程傳》所分王者之服、臣下之服，亦正與前儒詩訓相合。朱子《本義》釋「九二……朱紱方來」云「上應之也」，釋「九五……困於赤紱」云「下既傷則反為所困」，亦仍與程《傳》相合。黃東發所謂「朱子亦未有他說以過之」者也。蓋二與五應，故以君臣相應言之，豈必以互卦離明之義言之乎？惺齋引孔穎達以為「朱深云赤」此條亦未分曉。按孔疏之意乃謂朱深而赤淺，非謂朱淺而赤深也。今若泥此句「朱深云赤」之語則義背矣。《詩·斯干》疏云「朱深於赤」，故困卦注云「朱深云赤」是矣（原注：今毛氏汲古閣本「困卦」二字訛作「內封」）。其下文又申說之曰「故天子純朱，明其深也。諸侯黃朱，明其淺也」，此條正與《采芑》疏「諸侯之服謂之赤市」之義相應也。至困卦注「朱深云赤」句，乃鄭氏注語。鄭注又云：「離為火，火色赤，四爻辰在午時，離氣赤為朱是也。文王將王，天子制用朱韍。」據此則鄭氏固以天子為朱韍矣。李鼎祚《集解》曰「乾為大赤朱紱之象也」、「赤紱謂二也」，据此言之，則《斯干》孔疏引鄭氏易注「朱深云赤」之語，亦猶是上句朱深於赤之旨，不過引此句以見朱、赤二文可以通稱耳，而非謂赤之深過於朱也。是不得援此句之深字致觸背上句之深字明矣。且孔疏又引《乾鑿度》之文矣。愚又按《乾鑿度》云「孔子曰：『朱，赤者盛色也。』」（原注：孔疏引鄭氏「朱深云赤」一語只應如此解）天子、三公、九卿朱紱，諸侯赤紱，鄭氏注朱赤雖同而有深淺之差，此句亦極明析。可見困卦注「朱深云赤」一語只極言朱赤之同色而已。孔疏引之亦止以證朱赤之可以通稱而已。至於朱深赤淺則眾說所同，無可岐惑者也。

◎翁方綱《復初齋文集》卷十七《跋王氏家訓》：嘉興王惺齋博極羣書，而識力堅正，文章爾疋，所著《史漢正譌》諸書既已刊布海內矣，令嗣輩錄其家書以為訓言真。蓋先生所學之大端粗具於此，而吾尤喜其言曰「今之學者於經史韓歐所用之字檃置不用，獨好用許氏《說文》字，此韓子所謂蘄勝於

人，非蘄至於古之立言者也。」又曰「一日之內必有當務之業，聚談者頃刻而可以周乎四海之遠，其端又相引而不窮，非若執業之確有其方也。其惱心逸志為害於學問之實功者非淺也。」此二條尤切中今時名士之病。真僕嘗謂今之為學者詳於六合之外而略於耳目之前，讀先生之書庶幾日奉程朱之正學，講韓歐之文字，或如遊子之識其家乎！書此以自警，非敢以警人也。

◎王元啟（1714～1786），字宋賢，號惺齋，別號祇平居士。浙江嘉興人。乾隆十六年（1751）進士。授福建將樂知縣，三月而罷。自此絕意仕途，專志講學，迭主閩粵豫浙各書院講席三十餘年。又著有《補注弟子職》一卷、《讀歐記疑》五卷、《惺齋論文》三卷、《曆法記疑》、《勾股衍》、《角度衍》、《九章雜論》、《讀韓記疑》十卷首一卷、《祇平居士集》三十卷。

王元啟　周易補注　佚

◎劉聲木《桐城文學撰述考》卷一「王元啟撰述」：《周易講義》（未刊）、《四書講義》十一卷、《弟子職補注》一卷、《漢書地理志辨證》、《史記曆律天官正訛》三卷（廣雅書局刊本）、《漢書曆律志正訛》二卷、《先聖廟制》（未刊）、《校正朝邑志》一卷、《濟寧圖記》甲乙二卷、《唐鑑偶評》（未刊）、《讀揚子法言》（未刊）、《讀陶隨筆》（未刊）、《讀韓記疑》十卷、《讀韓附錄》、《讀歐記疑》五卷、《嘉祐集記疑》（未刊）、《曾集記疑》（未刊）、《荊公集記疑》（未刊）、《龜山集正訛》（未刊）、《豫章集偶評》（未刊）、《震川集偶評》（未刊）、《祭法記疑》（《經學叢書》本）、《曆法記疑》、《勾股衍》（甲集三卷乙集二卷丙集四卷。未刊）、《角度衍》（未刊）、《祇平居士集》三十卷、《勾股九章雜論》（未刊）、《孫可之集正訛》（未刊）、《校正經傳沿革例》（未刊）、《讀書雜跋》（未刊）、《論將樂縣志舛漏書》（未刊）、《惺齋論文》三卷、《史記月表正訛》一卷（《史學叢書》本）、《周易補注》、《補漢兵制校訛》、《評點歸震川集》、《歷代廟學考》一卷（附文集後）、《恭壽堂家訓》□卷（即《王氏家訓》）。

王元志　周易說餘　十卷　佚

◎民國《續修臨沂縣志》卷十五《藝文》：著《周易說餘》十卷，未梓。
◎王元志，山東蘭山王家沙窩人。庠生。

王源　易傳　十卷　未見

◎王源《居業堂文集》卷首附《望溪集‧四君子傳》之一：所著《易傳》

十卷、《平書》二卷、《兵論》二卷及未刻古文藏於家。

　　◎王源《居業堂文集》卷首附武進管繩萊撰《王崑繩家傳》：晚歲交蠡縣李塨，相與師事博野顏元講理學，盡闢程朱陸王，而述顏元之言曰：「格物者大學之始事也，程朱之釋格物也，上極於性天，下極於草木鳥獸，非高遠則汗漫。陽明意在良知，其釋格物也，一以為正事物，一以為去物欲，非脩身之事，則誠意之功，總於格物之義無當。物非他，即大司徒教萬民而賓興之之三物也；格物非他，即學習六藝以成其德與行也。蓋德行之實事皆在六藝，而六藝總歸一禮，故孔子謂『非禮不動』，所以脩身，教顏子以克己復禮為仁；又曰『為國以禮』，故學禮即格也、致也，約禮即誠正脩也、齊治平也。小學大學，由淺入深，師以此教、弟以此學也，士以此造、才以此取也，士大夫之學出於此，君相之學亦出於此也。明明德親民由於此，止至善即由於此也。」源既祖顏元習禮之說，終日整衣冠，對僕御無所苟且。其生平向學之旨皆散見所為文中，文多記明人逸事，以故其文多悲慨佗傺。桐城侍郎方苞稱其有《易傳》十卷、《平書》一卷、《兵論》一卷，皆不可得。惟古文三十卷、詩十卷。年六十餘客死。子兆符康熙辛丑進士，有詩若干卷並藏余家。

　　◎王源（1648～1710），字崑繩，一字或庵。順天大興（今北京大興區）人。康熙三十二年（1693）舉人。曾講學於洞庭山。豪俠尚氣，喜談兵，《明史稿・兵志》實出其手。從寧都魏禧遊，晚歲師顏元，學禮甚篤。遊四方，客死山陽（今江蘇淮安），姪壻蔣衡葬之於金壇。又著有《文章練要》、《或庵評春秋三傳》三卷、《平書》十卷、《兵論》二卷、《莊子評》、《孟子評》、文集二十卷等。

王雲駿 周易易知 四卷 佚

　　◎周易易知自序〔註58〕：大哉易乎，無弗備也；至哉易乎，無弗精也。自一身以至家國天下莫能外焉，自匹夫以至公卿侯王莫能違焉。至隱也而至賾，至變也而至常。其為卦也合乎天地，其為爻也通乎陰陽，其為辭也達乎鬼神。聖人開物成務以前民用者，此也。其在先天則有包犧氏之八卦以立其體，其在後天則有周文王之八卦以致其用。苟用之而從違莫定，猶弗用也，文王是以著為彖辭。彖者斷也，以斷一卦之吉凶也，而其用始昭。厥後周公

〔註58〕錄自同治《彭澤縣志》卷之十六《藝文》二。

繼序而爻辭作焉。爻者交也，陰陽相交以成一卦也。其義該矣，而獨以易與周，何也？蓋夏之《連山》首艮，子道也，難乎為父；商之《歸藏》首坤，臣道也，難乎為君。豈若周之首乾，君親得而萬物統乎？是以易與周也。孔子讀其書贊其妙，韋編三絕，為之傳《彖》焉、傳《爻》焉、傳《大象》焉、傳《小象》焉、傳《文言》焉、傳《上繫辭》焉、傳《下繫辭》焉、傳《說卦》焉、傳《序卦》焉、傳《雜卦》焉，故稱十翼，而易道於是乎燦然日星矣。商瞿子木受學於孔氏之門，遞嬗弗替。秦燔載籍，《易》以卜筮獨存，止遺《說卦》三篇，得之河內女子。漢初言易者列而為三：田何一、焦延壽一、費直一。東郡京房宗壽流為災異，嘗邱罷之，鄭康成、王弼師直而何熄矣。然康成主數、輔嗣主理而異焉。唐穎達孔氏作《正義》，獨取諸弼，天下於是乎翕然宗弼矣。自是李鼎祚之《集解》則取元而舍弼、陸德明之《釋文》則宗房而尚數，易道從茲而大晦。至宋紫陽朱子《本義》出，而理與數兩明焉。即伊川且為之避席，況其他乎？若乃衛元嵩之《元包》、關子明之《易傳》，其畔易也尤甚。紫陽洵易之準乎？故至今不朽也。家王父象鉉公體《本義》而推廣之，研究入微。先君雲山公乃得其奧。予凡鈍不能續繩武，旦夕是憾。乃以所得於紹庭者，復加討論。以《本義》為經，以《大全》《蒙引》《存疑》《通典》為緯，而又參之《集解》《演義》《因指》《衷旨》《口義》諸篇雖不甘涉近今世制舉家止圖便於場屋竟爾抹煞象占，然亦不敢探之茫茫索之冥冥過為穿鑿失其自然之理，故以易知名焉，誰謂至備者不可於是而攬其全、至精者不可於是而窺其蘊乎？

◎同治《九江府志》卷四十四《藝文志》：《周易易知》四卷、《禮記要解》三卷（王雲駿同弟雲駬著。有序）。

◎同治《彭澤縣志》卷十四《藝文》一：《周易易知》四卷（王雲駿著。有序）。

◎光緒《江西通志》卷九十九《藝文略》一《國朝》：《周易易知》四卷，王雲駿撰（《彭澤縣志》）。

◎王雲駿，江西彭澤人。童生。以姪景澄仕貤贈朝議大夫，浙江溫州府知府。

王雲瞻 周易纂要 佚

◎嘉慶《松江府志》卷五十八《古今人傳》十：著《周易纂要》。

◎嘉慶《松江府志》卷七十二《藝文志》：《周易纂要》（國朝王雲瞻偉士著）。

◎同治《上海縣志》卷二十《人物》三：著有《周易纂要》。

◎同治《上海縣志》卷二十七《藝文》：《周易纂要》（王雲瞻撰）。

◎王雲瞻，字卓（偉）士。上海人。諸生。有文行，尤邃於經學。

王筠 周易詳解 未見

◎王筠《清詒堂文集》附《王菉友先生著述考》著錄是書，未載卷數，云：王彥桐《菉友府君行述（以下簡稱《行述》）曰：讀易嘆曰：『是書為後儒顛倒割裂，而六十四卦之序不紊，之序卦之意深矣。』未言撰著。王希祜曰：《周易詳解》，存蓬萊吳佩孚子玉處。

◎王筠（1784~1854），字貫山，號菉友。山東安丘人。道光元年（1821）舉人。道光二十四（1844）授山西鄉寧知縣，代理徐溝、曲沃知縣。與日照許翰印林、諸城劉喜海燕庭、漢陽葉志詵東卿、道州何紹基子貞、濰坊陳介祺壽卿、海豐吳式芬子苾、內閣學士翁心存、體仁閣學士祁寯藻、朝鮮大儒金善臣、朝鮮副使申在植為友。著有《周易詳解》、《禹貢正字》一卷、《夏小正義》一卷、《毛詩重言》一卷、《毛詩雙聲疊韻說》一卷、《儀禮讀》、《儀禮鄭注句讀刊誤》、《周禮讀》、《周禮讀本》六卷、《禮記讀》、《禮記讀剩稿存》、《禮記一得錄》、《四書說略》四卷、《經義述聞》二十一卷、《經義雜記》三十一卷、《說文鈔》、《說文屬》、《說文廣訓》、《檢說文難字》、《說文韻譜校》、《鈕氏說文新附考校正》、《許學劄記》、《說文校議覆勘》、《說文繫傳考異》不分卷、《說文繫傳校錄》三十卷、《說文釋例》二十卷、《文字蒙求》、《訂補桂氏說文部首讀》、《正字略》、《說文句讀》三十卷、《說文補正》二十卷、《句讀補正》三十卷、《說文匯字》、《周虢季子白盤釋文》、《韻匯校》、《刻鵠軒集古錄》、《十六國史略》、《史記校》、《北史論略》、《顧亭林年譜校》、《馬首農言》一卷、《馬首農言校勘記》、《菉友雜著》、《徐溝筆記》、《菉友臆說》、《潛遊小草》、《清詒樓草》、《覆瓿集》、《清詒堂燈謎》、《覆瓿社迷》、《清詒堂零稿》、《文選詩摘句》、《集腋集》、《清詒堂文集》、《石破天驚》、《圖文說》、《弟子職正音》一卷、《蛾術編》二卷、《教童子法》一卷、《山海經箋疏存》十五卷、《鄂宰四稿》。

王櫺 讀易文 佚

◎嘉慶《黃平州志》卷七：所著有《散署新編》《四書管見》《四書文稿》

《蒲水居詩賦稿》《讀易文》《尚書文》《燕台草》行世。

　　◎王標，字文重，一字震來，學者稱文莊先生。貴州黃平州（今黃平縣）人。康熙丁卯以第二人舉於鄉，丁丑會試與汪倓並擬第一。初仕石阡教授，選嘉定令，興廢滌弊，與前令陸隴其並稱。憂歸，起補江西上高，旬月政聲大著。以繼母艱去，再起雲南南寧令。歸里後日以作文教子為事，受聘修《黔志》，主貴山書院講席。卒年七十。

王藻 周易萃精 佚

　　◎道光《徽州府志》卷十一之四《人物志·文苑》：著有《周易萃精》《畫荻堂文稿》存於家。

　　◎王藻，字建萬。安徽婺源（今屬江西）中雲人。讀書為文，沉著渾雄，力追先正。

王澤溥 易義管窺 佚

　　◎民國《吉安縣志》卷三十六《人物志》：讀書有識，於易尤探其微。箸《易義管窺》若干卷。

　　◎王澤溥，字肖樊。江西廬陵鶴州人。乾隆三十年（1765）貢生。首倡正學書院。為文根柢六經，書法遒勁。

王璋 易經集說 六卷 佚

　　◎自序〔註59〕：居常觀象玩辭，自尋爻象之合；觀變玩占，徐驗事理之應。片辭隻字，不敢與古人苟同，亦不敢苟異，以心理獲安而止。歲月既久，紙筆遂多，爰以成書，聊備參考。

　　◎道光《貴陽府志》卷五十二《藝文略》：《易經集解》，貴筑王璋撰。書未見，但見其《自序》有云：「居常觀象玩辭，自尋爻象之合；觀變玩占，徐驗事理之應。片辭隻字，不敢與古人苟同，亦不敢苟異，以心理獲安而止。」亦可見其述作之大意矣。

　　◎道光《貴陽府志》卷七十九《耆舊傳》：致仕家居，著《易經集解》數十卷。其《自序》云：「居常觀象玩辭，自尋爻象之合；觀變玩占，徐驗事理之應。片辭隻字，不敢與古人苟同，亦不敢苟異，以心理獲安而止。」就其言

〔註59〕錄自民國《貴州通志·藝文志》。

觀之，蓋篤實不妄述作之儒也。

◎王璋，字履南。貴州貴筑人。以修文拔貢生起家，官馬平知縣。

王照　讀易隨筆　一卷　存

山東藏 1930 年水東草堂刻本

臺北藝文藝術館 1964 年清末名家自著叢書本

臺灣文聽閣圖書有限公司 2009 年林慶彰主編民國時期經學叢書本

◎周按：三本皆以其字（小航）著錄作者。

◎王照（1859～1933），字黎青、小航，號水東、蘆中窮士。直隸寧河（今屬天津）人。光緒十七年（1891）舉人，光緒二十年（1894）進士。光緒二十一年（1895）由庶吉士改任禮部主事。曾與徐世昌在京創立八旗奉直第一號小學堂。戊戌變法敗後逃亡日本，回國後仿日文假名編官話合聲字母，創辦拼音官話書報社，任讀音統一會副議長。後隱居著述。又著有《官話合聲字母》《官話字母字彙》《官話字母義整叢刊》《三體石經時代辨誤》《讀左隨筆》《表章先正正論》《方家園雜詠紀事》《小航文存》《水東集》等。

王肇鼎　周易圖說　六卷　存

內蒙古自治區、新疆維吾爾自治區藏光緒二十四年（1898）銅活字印本

◎王肇鼎集義。

◎王肇鼎，字牧九。江蘇徐州人。

王肇宗　周易圖　四卷　存

國圖、山東藏道光九年（1829）刻本（附續編一卷）

上海涵芬樓 1923 年影印正統道藏本（卷末題：京都光華齋穆姓鐫）

南京藏刻本（不分卷）

◎一名《易卦序象》、《周易序卦圖》。

◎目錄：卷一六十四卦卦序、六十四卦象、上經序圖、下經序圖。卷二序卦本先天方圖。卷三諸卦約歸綱領圖、四十八卦卦變明義、附說。卷四：後天錯對圖、先天變後天圖、乾坤六子總攝先後天圖、先後天以洛書為用圖、總說。附總例、圖目。

◎周易序卦圖序：孔子集前聖之大成，自謂述而不作。余竊以為自伏羲、神農、黃帝、堯、舜以來代有作者，孔子既集其成，固不必作也。非不能作

與？不敢作也。《易傳》曰：「河出圖，洛出書，聖人則之」，以是知歷代聖人固未嘗作也，特述夫天地自然之象，以循乎道而已矣。後世有作者，妄也。有宗邵子堯夫得易學之傳，其於易也不為無功。然其《後天圖說》曰：「文王變先天為後天，置乾於西北，退坤於西南。」夫曰變、曰置、曰退，皆有意而為之。作也，非述也。不知天下之物，有體必有用。文王入用之圖已藏於伏羲立體之圖中，持以伏羲初立人極，僅舉大綱。其曰天地定位，言其立禮之端，未及入用之事。文王當殷之季世，君臣之際，慨乎難言。其於天地定位之道，豈不純而又純？文王亹亹之心，將欲致其君於堯舜而有所不能，殆曰其用之不神乎？於是乎畫入用之易以明變通之理，豈變先天而為後天哉？豈敢置夫乾而退夫坤哉？伏羲未嘗作，文王敢不述乎？入用之易成於文王之手，故繫之周。孔子之贊《周易》也，一以見易妙之無窮，一以見天命之有定。其繫辭也，悉本於象變之自然，無一字無妙理。後世著述家雖各有可采，求其深造者殆不可得。蓋皆不明夫序卦之精微與卦變之自然也。是則伏羲之易得文王而後明、文王之易得孔子而後明者，終莫明於天下矣。王子海門少余十五歲，天資超越。當其始志於學之時，取文王六十四卦之序而讀之，心以為必有所以然之故，不然何以此卦居前而彼卦居後，此則列之上經彼則列之下經？更取前人之卦變而觀之，其云某卦自某卦來者，多與彖象辭旨不合。更取《象傳》而讀之，如渙節二卦，渙何以云風行水上而不云水上有風？節何以云澤上有水而不云水上于澤之類？聖人脩辭立誠，必有精妙，豈漫漫云乎哉？反覆沉潛，越十餘年，漸有心得。爰取文王序卦之次而排之、推之、讀之、繹之、再三繹之，覺其中之微妙有不可以言語形容者。遂著其圖於簡端，於是序卦之妙得，而卦變之象，如某卦從某卦來、某卦取某卦變，無不確有證據，又無不一一與彖象之辭吻合，夫然後知孔子之傳深得文王之心，文王之圖深得伏羲之心，自伏羲以至孔子，聖人之心無少間隔，乃知「不可以孔子之易便為文王之易」之言不盡然也。然初非有一豪私智穿鑿於其間，使歷代聖人之用心燎加指掌，雖愚者亦得明其故述也，非作也。道光己丑八月，淮陰吳璿拜序〔註60〕。

◎引言：古未有以卦序之象言之者，卦序豈無象乎？卦序之象乃文王之所以為《周易》也。序不言象，則文王之易烏覩異於伏羲、夏商者乎？夏

─────────────

〔註60〕此下低二格云：鞠通二兄此序脫稿，即以見示。余讀而以善之，因錄之如右。
　　　　吳縣頑鈍記。

商之易不傳已，《周易》具在，請得以其所謂象者言之。癸亥閏二月二十四日記。

◎周易圖書後：易有四序，曰天地、曰水火、曰雷山、曰風澤。天地互六子以處前，水火互四象以處後。雷山交水火地天而在先，風澤交天地水火而在次。天地水火，易之始終；雷山風澤，易之代謝。乾坤萬物之主，否泰天地之交，坎離上經之終而下經之始也，咸恆夫婦之正，損益人事之著，既濟未濟所以代坎離而要終于人事也。天一生水，水從天；地二生火，火從地。臨觀陽著而陰衰，遯壯陰盛而陽過。夫易所以明天地也，明陰陽也，明五行也，並變化也，明人事也，明盛衰也，明少長也，明順逆也，明男女也，明尊卑也，明主客也。物各有主，卦雖小，莫不為主焉。事必有本，化雖繁，繫於一本焉。得其本，而天地之化在是矣；明其主，而萬物之用各著矣。此易之道也。天事一而人事二，尊卑之分也；天事純而人事雜，真漓之別也。明於易者可與知天也，明於易者可與治人也，明於易者可與盡人而參天也。易之道大矣，贊之不能盡其辭也，語之不能終其物也，其斯以為易乎！

◎摘錄卷首《周易圖說》：包犧氏沒，文王氏作，體天之撰，察民之行，以畫《周易》。《周易》之由來尚矣，夫子之所贊也，非《連山》《歸藏》之比也。《連山》《歸藏》夫子不贊，而贊《周易》，其亦可知矣。易之生也，曰乾、曰兌、曰離、曰震、曰巽、曰坎、曰艮、曰坤，陰陽之所化也。天以一誠化萬物，萬物又各以類自為羣焉。其道大而難稽，其體渾而未判，聖人慮民之不能知也，於是分其類、別其羣，以神民用，《周易》之所以作也。不明其義，不知其體；不知其體，不詳其用。體之所在，義斯備矣；義之所存，化斯見矣。聖人作《周易》以神民用，致非無故也。常人察其詞而不明其義，則聖人之意不可見矣；聖人之意不可見，則聖人之作《周易》何為乎？聖人之作《周易》也，將以明天之道，示民之行，而明著之後世者也，是故其體備，其義精，其用神，其象易簡而不可亂也。天地之道，聖人亦有不能盡矣，盡其可盡者，則其不可盡者以俟民之自行也。聖人之作《周易》也，舉全以示人也，不明其全，不知聖人之易也。聖人之象辭，聖人因占以示象者也。卦有體，爻有位，吉凶悔吝以之而生，則一卦之全而非兩篇之蘊也。兩篇之蘊，《序卦》備矣。《序卦》之精，古有其籍，而或失之者也。

◎王肇宗，金陵上元人。

王肇宗 周易圖續編 一卷 存

國圖藏道光九年金陵王氏刻本（附編卷）

南京藏刻本（不分卷）

◎條目：全經綱領圖、全經統系圖、八卦明陰陽水火、乾坤一氣圖〔註61〕、讀易緒言〔註62〕、諸言紀畧〔註63〕。

◎周按：

◎跋言：肇宗既著《易圖》，為欲藏之巾筒，授之其人，以待久而後出。莊子製亭過而詫之曰：「有是哉！道不可私，時不可失。天既欲顯斯文，其必不使一時而暫絀。道之廢興，為亦有命；其疑其信，公之是人。且安知不有大有力者為之倡導於前，以俾風靡而景附？子信子之珍秘而遂足重歟？其亟出之，勿得過惜！」肇宗唯唯，屏營近側。雖有他詞，無敢復述。因遂解囊啟篋，跽而進之。既已復次其書以代為之跋。時道光九年歲在己丑四月十五日戊寅旦甲子朔也。

◎摘錄：讀易緒言末：平時讀易，不乏異聞，取其有合序象者，並為並錄之。

王者賓 漢儒易義 佚

◎民國《重修莒志・藝文》著錄。

◎民國《重修莒志・忠義傳》本傳：著有《漢儒易義》、《夜雨燈前錄》，待梓。

◎王者賓，字寅谷。山東莒州人。同治庚午舉人，以知縣需次通州。光緒十六年（1890）秋，兩宮西狩，投通州北河而死，卹贈都察院經歷。著述頗富，身後盡散佚。

王貞儀 象數窺餘 四卷 佚

◎蕭穆《敬孚類藁》卷十三《女士王德卿傳》：所著有《星象圖釋》二卷、《籌算易知》《重訂策算證訛》《西洋籌算增刪》《女蒙拾誦》《沈疴囈語》各一卷、《象數窺餘》四卷、《術算簡存》五卷、《文選詩賦參評》十卷、《德風亭初

〔註61〕末識云：既序易圖，或以圖無總象，如先天圖之一分為二、二分為四分、四分為八以至六十四者，尤見法象之自然，因更譜其象如右。

〔註62〕《讀易緒言》為王氏雜論易象、易傳、易序、說卦、雜卦之言。

〔註63〕《諸言紀畧》為摘錄諸家評論《周易圖》之語。

集》十四卷二集六卷、《繡紱餘箋》十卷。

◎王貞儀，字德卿。先世安徽泗州，後遷居金陵。幼讀書聰穎絕倫。年二十五適宣城詹氏子名枚字文木。淹貫羣籍，復嫻武藝，精梅氏天文算法，下及醫卜壬遁，靡不通貫。

王貞元 蓉鏡易註 佚

◎《續修曲阜縣志・著述》、《孔子世家譜》著錄。

◎民國《萊蕪縣志・藝文》：貞元學問淵博，於六經皆有註釋，而尤精於易。以易每卦皆有卦主，有成卦之主，有主卦之主，其說皆具於夫子之《象傳》，而說易者多略而不及，《周易折中》雖啟其端，而其說未詳。故特發揮其義，以補前人之所未備。

◎王貞元，山東萊蕪人。道光貢生。

王振采 易範通譜 三十二卷 存

國圖藏清鈔本

◎光緒《武進陽湖縣志》卷二十六《人物》：精六壬。

◎光緒《武進陽湖縣志》卷二十八《藝文》：王振采《易範通譜》三十二卷（存）。

◎光緒《武陽志餘》卷七《經籍》：通卜筮堪輿術，著《通說》十二卷、《通考》四卷、《通圖》十四卷、《考古》二卷，都三十二卷，總顏曰《易範通譜》。《經籍錄》：是書稿本未刊，前有《總目》。《通說》雜采諸家；《通考》但鈔《漢書・藝文志》、《經義考》、國朝《四庫書目》諸言《易》言《範》之書目及撰人名字，無所考證，又多舛漏；《通圖》雖以太極為宗，大抵有資卜筮始收之。惟《考占》二卷詳密可觀，蓋其所重在此也。

◎王振采，字鳳翥，號漱霞，又號繭易翁。江蘇陽湖（今武進）橫林人。貌清癯，性猖介。

王振采 易範雜錄 十二卷 存

國圖藏清鈔本

王振聲 讀易札記 佚

◎劉聲木《桐城文學撰述考》卷四「王振聲撰述」：《公羊傳劄記》□卷、

《復古編校勘記》□卷、《十三經校勘記補正》□卷、《切韻指掌圖校勘記》□卷、《讀書劄記》□卷、《讀韓子劄記》□卷、《鐵琴銅劍樓書目》廿四卷（季錫疇同編）、《小學考目錄補正》二卷、《讀易劄記》□卷。

◎王振聲（1799～1865），字寶（保）之，人稱文村先生。江蘇昭文（今常熟）滸浦文村人。道光八年（1828）副榜，十七年（1837）舉人。曾三試禮部，歸益勤於講習，從學者百餘人。藏書室名魚雅堂。又名仙屏書屋、播琴山館、守一處和之室。經史百家、小學語錄無不涉獵。於校勘、音韻之學尤貫穿精審。曾館於瞿氏鐵琴銅劍樓，與季錫疇同編《鐵琴銅劍樓藏書目錄》。晚主遊文書院，與學者討論經籍，日草數千言，邑中推耆獻焉。又著有《十三經校勘記補正》、《切韻指掌圖校勘記》、《復古編校勘記》、《讀韓子劄記》、《雜記》、《歸文考異》、《魚雅堂全集》、《文村雜稿》《播琴山館雜錄》等。

王正綱　易經注疏　佚

◎民國《寧化縣志》卷十三《藝文志》：王正綱《易經註疏》《月坡園詩鈔》。

◎王正綱，福建寧化人。乾隆諸生。又著有《月坡園詩鈔》。

王正中　周易註　佚

◎黃宗羲《南雷文定》卷七《王仲撝墓表》（乙酉）：丁亥訪某山中，某時註《授時曆》，仲撝受之而去；壬辰來訪，授以律呂；辛丑來訪，授以壬遁，仲撝皆能有所發明。自某好象數之學，其始學之也，無從叩問，心火上炎，頭目為腫。及學成而無所用屠龍之技，不問而與之言，亦無有能聽者矣。蹙然之音，僅一仲撝。又以饑火驅走南北。丁未二月遇之越城，為言年來益困，將於鑑湖濱佃田五畝，佐以醫卜，續食耳。其年八月十九日仲撝卒，年六十九，權厝於山陰之陳常堰。所著《周易註》若干卷、《律書詳註》一卷。

◎民國《重修清苑縣志》卷四《人物》下：所著《周易註》若干卷、《律書詳註》一卷行世。

◎王正中（1599～1667），字仲撝。直隸保定人。崇禎十年進士。與宗羲交二十餘年。

王支熾　易經象旨　佚

◎民國《懷寧縣志》卷十一《文藝》：王支熾《易經象旨》。

◎王支熾，安徽懷寧人。著有《易經象旨》。

王芝蘭 八卦圖解 佚

◎乾隆《嵩縣志》卷二十八《列傳·藝林》：著有《大易夢見》《句讀質疑》《八卦圖解》《圖書說》《詩／書／春秋會意解》《詩經彝鼎》《闕里樂志》《爾雅繹》《兩晉地年表》、《西銘圖解》《曆法求故》《南華推見》諸集若干卷。

◎《中州藝文錄》卷二十四：著有《大易夢見》《八卦圖解》《圖書說》《句讀質疑》《詩節》《詩經彝鼎》《春秋會意解》《闕里樂志》《爾雅繹》《兩晉地年表》《南華推見》《西銘圖解》《曆法求故》。

◎王芝蘭，字吉人。河南嵩縣人。康熙歲貢，官新野縣訓導。卒年七十。

王芝蘭 大易夢見 佚

◎《中州藝文錄》卷二十四著錄。

王芝蘭 圖書說 佚

◎《中州藝文錄》卷二十四著錄。

王芝蘭 易經會意解 無卷數 佚

◎四庫提要：自序稱伊南人，未詳其仕履。是書首《句讀質疑》，皆與《本義》句讀相異者。次《辨本義衍文》，謂易為卜筮之書，不經秦火，應無衍文。次《乾卦質疑》，《坤卦質疑》，次《乾坤以下八卦說》。其序六十四卦專取兩卦相對、相反之義，一頁之中分上下二格，上格列一卦之辭，其文自前左行，下格列其相對、相反之卦，其文自後右行。一順一逆，體若回文，為自來經典所未有。其《繫辭傳》以下亦各分篇次，名目有《開宗明義篇》、《綱領篇》、《申明爻辭篇》、《彌綸篇》、《四道篇》、《尚辭》、《尚變》、《尚象》、《尚占》諸篇，《先後天圖辨》，又有《徵時篇》、《終意篇》，亦先儒傳授所未聞也。

王芝異 乾惕軒周易述贊 一卷 存

湖北藏同治元年（1862）王出選鈔本（王家璧等校輯）

◎一名《周易述贊》。

◎自序略謂：老蒙國恩賜懷歸里，十一年於茲矣。偶檢故笈，則斯帙在

焉。因命兒子錄之，存《乾惕軒稿》中。易道精微，非可淺闚，聊述舊聞，用備遺忘，志乾惕軒，敢謂於經傳有所異贊發揮哉。

◎王芝昺，字恬菴。湖北孝感人。王家璧父。曾官雲南，封奉直大夫兵部主事，晉贈資政大夫、大理寺少卿加四級。

王芝藻 大易疏義 五卷 佚

◎一名《周易疏義》。

◎四庫提要：其書論九疇本於洛書，謂萬物之生始於五行，故五行居一；皇建有極，為天地人物之主，故皇極居中；天時人事之應盡於五福六極，故福極居九。三八政，王者所以治明；七稽疑，王者所以合幽，此中央四正所以立其幹也。五事盡乎人事，五紀考乎天時，故居肩之左右；三德以輔皇極，庶徵以驗五行，故居足之左右。宋人「九疇自九疇、洛書自洛書」之說未足以窺易書之奧。蓋芝藻並主象數，故立論如此。然《繫辭》雖有洛書之名，而所為洛書者，其文實不可考，後人影附太乙九宮之法以造洛書，因而牽洛書以解易，是徒借洛書之名，而非孔子所謂洛書也。夫《連山》、《歸藏》名見《周禮》，可以劉炫之書當之乎？芝藻亦眩於舊文未之深考耳。

◎嘉慶《重刊江寧府志》卷之四十《人物》七《文苑》：著《周易 / 周禮 / 春秋類義折衷》《史學提要》《六曹政典》諸書。

◎光緒《溧水縣志》卷十三《人物志》：讀書鄙章句，以闡明經義為己任。坐小樓，寒暑不下。五經皆有注疏。乾隆三十八年，朝廷博採遺書，以所著《周禮 / 周易 / 春秋類義折衷》《史學提要》《六曹政典》進。子國偉、國佐、國俊、國倫、國儀、國儔分治一經，各有著述。諸孫十二人，皆讀書敦行，不墜家聲。立字于宣，芝藻所著書皆命立手錄，故立亦深於經學。

◎王芝藻，字荇友，號淇瞻。江蘇溧水（今南京）人。順治甲午舉人。康熙十三年授婺源教諭，後補泗州學正，陞邵陽知縣。

王植 皇極經世書解 十四卷 首二卷 存

四庫本

山東藏 1983 年臺灣商務印書館景印文淵閣四庫全書據國立故宮博物院藏本

◎目錄：卷首上：總論、臆說（附）、伏羲始畫八卦圖、伏羲八卦重為六十四卦圖、伏羲八卦方位圖、伏羲六十四卦方位圖、陽九陰六用數圖（附八卦

陰陽爻數圖）、經世衍易八卦圖。卷首下：經世天地四象圖、經世六十四卦之數圖、經世天地始終之數圖、經世一元消長之數圖（附元會運世年月日時之數圖）、河圖洛書之圖（以下補錄）、文王八卦次序方位之圖、六十四卦錯綜之圖、六十卦變三百六十卦圖（附六十甲子圖）、大小運之數圖。以上西山原纂圖十，今補錄圖五，又新附圖三。卷一以元經會一之十二。卷二以會經運一之十二。卷三以運經世一之十。卷四聲音唱和一之十六。卷五觀物內篇一之四。卷六觀物內篇（五六）。卷七觀物內篇七之十。卷八觀物內篇十（一二）、邵伯溫系述（附）。卷九外篇臆說（附）、觀物外篇一。卷十觀物外篇（二三）。卷十一觀物外篇四之六。卷十二觀物外篇七。卷十三觀物外篇（八九）。卷十四觀物外篇十之十二。

◎書意：《宋史・道學傳》首列周、程、張、邵、朱六子，百世同稱大儒。今《太極》《通書》及程朱之學弦誦遍寓內已，而橫渠、康節之言獨苦其艱深懸奧，類不敢涉其藩籬。夫二子於前聖未辟之奧，憑其妙悟神契，淵然獨造窈微，今人幸生二子之後，反畏險疑阻，不能循途以窺牖，自棄何瓩耶！余資性最為篤下，惟不敢自棄之，心則終始不渝。少壯時嘗有志《正蒙》一書，悉心研玩者二十餘年，始知「太虛」有三層之義，而「太和」、「神化」一以貫之，覺諸家詮注，言不得其意者什七八焉。時亦有志康節之書，力未能兼營也，逮後碌碌簿書，閣廢者幾三十年，每心焉愧之，邇以農田餘晷取而卒業。蓋向者所見僅西山《節要》，未得其全，嗣得粵洲黃氏之傳，稱係本書全文，而又不無自為裁益，且於先天各圖芟而不錄。按先儒謂《元會運世》《聲音唱和》諸篇如易之上下經，《觀物》十二篇之文如易之《繫辭》，若有說無圖，則所說皆為何事？更有謂「元會運世」非邵子精義所存，而既乙之者，蓋本不能知而大言以欺世也。至內外篇抉先天不傳之秘，雖伊川亦有所未及，而諸家之隨文疏解，言之不得其意者又何譏焉。余不揣固陋，取粵洲所得本書，冠以西山纂錄各圖，並考別本全書以復其始，又分別粵洲《聲音圖》中所附卦體，以還其真，而於內外篇再四研玩，即以邵子之自解者解之，始知著書之名即著書之意，謬以所見為之臆說，亦覺先生之意距今幾七百年，猶遙遙可會也。蓋自五星聚奎，而六大儒之學各詣殊絕，亦如天光分耀，無嫌軌度各別，橫渠不必同於周、程，康節又不必同於橫渠。故其理兼乎數，大易之傳為能獨得其宗。史稱先生智慮過人，遇事能前知者特其學之一端爾。嗚呼！邵子內聖外王之學，其於天地萬物之理究極蘊奧，古今治亂興廢之由洞如指

掌。但知其數學之一端，以致穿鑿分離而不得其意者，率由於此。余之追求初義於《正蒙》之後，蓋亦有不得已焉者哉。乾隆丙子八月朔五日，七十二歲濱濱老農王植謹識。

◎例言：

《皇極經世觀物》一書，邵伯子以為共十二卷，一至六則《元會運世》，七至十則《律呂聲音》，十一二則論以上二數之文也，皆為《觀物篇》。趙氏震又分《元會運世》之六卷為三十四篇、《律呂聲音》之四卷為十六篇。《性理大全》則合內篇十二外篇二共為六十四篇，又謂《律呂聲音》十六篇共圖三千八百四十。明嘉興徐氏必達所刻《邵子全書》，細目以元經會分十二會為十二篇，以會經運分二百四十運為十二篇，以運經世分十篇，此三十四篇之次第也。《律呂聲音》則合有字有聲及□○■●之無字無聲者平上去入各九百六十圖，此三千八百四十圖之條目也。蓋每以三十二字為一圖，故其多如此，而總之不過四聲，遞加以四，仍為十六篇而已。今總《元會運世》為三卷、《律呂聲音》為一卷、《內篇》《外篇》各二卷，共為卷者八。

蔡西山《纂圖指要》所疏最為醒暢，較邵伯子之說更優，故各圖說一以西山為主。至補圖、附圖則西山所未收者，然亦此書之綱要，故取他書以足之，或就本書融會其意而指出，以便披閱。

《元會運世》三篇，徐氏所刻《邵子全書》每一甲子占一行或至數行，所書事蹟自數字至數百字不等，約六七萬言。黃氏畿作為圖格，則勢不能盡書，故但約取數語。今史事既有《通鑑綱目》諸編，則《經世》所書即為節取，不害其為全書也。故從黃氏至三篇中配卦，徐氏本無之。今按邵伯子《一元消長圖》即配以卦，所云「以天時而驗人事，以人事而驗天時」正指所配之卦而言。蓋以三百六十卦當一年，以一年推一元之數，乃邵子本會也。朱子以「天開於子地闢於丑人生於寅」為邵子之說，又曰「堯時正是乾之九五」，是朱子深有取於配卦之義矣。故亦從黃氏，並錄其說以備參考。

《律呂聲音》十六篇全書約十二萬數千餘言、為圖至三千八百四十，然大意不過假此以明萬物之數而已。邵子之學至大，非如《說文》《韻譜》《等音》諸書僅以博綜為事者比，故《性理》所錄止取西山《節要》足見其大意矣。今從之，但更於《邵子全書》中約舉一圖以例其餘，學者自可類推而得也。

《內篇》十二，其中觀天地、觀聖人、觀萬物、觀古今總皆謂之觀物。而

經世三篇之理、皇極兩字之義，二聯注其中。且篇雖十二，而前後相為伏應，如江漢河海，萬派一源。邵子每篇中已自下注語，後人鮮能心會之，故散漫而不得要領，即皇極經世四字亦或落旁解而不知其意。今以所自解者解之，且為臆說以疏其節次脈絡，似頗得邵子本旨。

《外篇》一而分上下，或以為《內篇》多言理、《外篇》多言數，是歧理與數而二之，非邵子之學也。竊以謂《內篇》邵子之絕識，外篇則邵子之精言也。黃氏以《外篇》條理棼如，錯雜無序，以類相屬，如《內篇》之數，蓋用草廬吳氏《禮記纂言》之例也，今從之。中有稍為易置者，各注本節之下。至其言之互錯義實相發，所宜特為理會者，亦為之臆說，俟知道者是正焉。王植識。

◎庫書提要：（臣）等謹案：《皇極經世書解》十四卷，國朝王植撰。植有《四書參注》別著錄。案《皇極經世書》邵伯溫以為共十二卷，一至六則《元會運世》，七至十則《律呂聲音》，十一二為《觀物篇》。趙震又分《元會運世》之六卷為三十四篇、《律呂聲音》之四卷為十六篇。《性理大全》則合內篇十二外篇二共為六十四篇，又謂《律呂聲音》十六篇共圖三千八百四十。明嘉興徐必達所刻《邵子全書》，細目復以元經會分十二會為十二篇，《律呂聲音》則合有字有聲及無字無聲平上去入各九百六十圖。植為此書，則並《元會運世》為三卷、《律呂聲音》為一卷、《內篇》《外篇》共為卷者十，而又標蔡元定原纂圖十及所補錄圖五、新附圖三於卷首。其於舊本多所釐正，如午會之六世之巳，書秦奪宣太后權，黃畿注未錄入，此補錄之。聲音篇之配以卦，黃畿以為出於《祝氏鈐》，此一切芟汰之。又廣引諸家之說以相發明，其考究頗為勤摯。邵子之數，朱子以為易外別傳，然有此一家之學，亦不可磨滅於天地之間。植之所說雖未必盡得本旨，而自宋以來注是書者不過數家，存之亦足資考證也。乾隆四十四年九月恭校上。

◎何焯彥《易經遵孔八晳類稿》卷十二《集晳》：王氏植《皇極經世書解》改並《皇極經世》之卷帙，而冠以新舊十八圖，于諸本異同多能釐正，所解亦頗明顯，不過非易旨耳。

◎王植（1681～1766），字懷（槐）三。直隸深澤（今河北深澤）人。康熙四十四年（1705）舉人、六十年（1721）進士。與弟王模、王栻聯科獲儁，有三鳳之名。雍正四年（1726）授廣東和平知縣，後調陽江縣，旋升羅定知州。歷署廣東平選、海豐、新會、香山、德慶州，廣西欽州，山東沾化、鄒

城。又嘗官邳州知州。乾隆十四年（1749），以老病告歸。道光三十年（1850）入祀鄉賢祠。著有《四書參注》二卷、《崇德堂集》八卷、《道學淵源錄》、《嘗試語》、《臆說》六卷、《韻學》，輯《濂關三書》三卷、《正蒙初義》五卷、《皇極經世全書解》十卷、《權衡一書》四十八卷。

王植輯 皇極經世書 八卷 首一卷 存

山東藏乾隆刻本

王忠孝 易經測略 佚

◎王忠孝，字長孺，號愧兩。福建惠安縣仙塘人。崇禎元年進士，授戶部主事，以剛直耿介著。康熙二年與沈銓期、盧若騰等入臺受鄭經厚待四年，不圖宦達，日與流寓諸人肆意詩酒，作方外客。康熙六年病歿。又著有《孝經解》、《四書語錄》《回居錄》，後人輯為《王忠孝全集》十二卷。

王晫 詔卦 一卷 存

康熙三十四年（1695）新安張氏霞舉堂刻檀几叢書本

◎王晫，初名棐，字丹麓，號木庵，自號松溪子。浙江錢塘（今杭州）人。順治四年秀才。旋棄舉業。工於詩文。又著有《今世說》八卷、《遂生集》十二卷、《霞舉堂集》三十五卷、《牆東草堂詞》、《峽流詞》一卷、《龍經》一卷等。

王梓 周易管窺 二卷 佚

◎光緒《嘉定縣志》卷二十四《藝文志》一：《周易玩占／管窺》各二卷（王梓著）。

◎王梓，嘉定（今屬上海）人。著有《周易玩占》二卷、《周易管窺》二卷。

王梓 周易玩占 二卷 佚

◎光緒《嘉定縣志》卷二十四《藝文志》一：《周易玩占／管窺》各二卷（王梓著）。

王祖讓評 通德類情 存

浦城藏道光刻本（存卷一、卷三）

王纘謨 贊侯易經 八卷 佚

◎光緒《同州府續志》卷九：《贊侯易經》八卷（國朝王纘謨撰）。

◎王纘謨，陝西蒲城人。乾隆甲午舉人。

王纘謨 周易纂注 四卷 存

山東藏道光十八年（1838）王氏心美堂刻本

西安西山書局 1924 年排印本

◎以元亨利貞分卷。

◎或著錄八卷。

王作霖 易正宗 佚

◎道光《徽州府志》卷十五《藝文志・婺源》：王作霖《易正宗》。

◎王作霖，安徽婺源（今屬江西）人。著有《易正宗》。

王作肅 敬齋易說 存

鈔本

王祚昌 周易敝書 五卷 存

溫州藏孫氏玉海樓鈔本（缺末二卷）

溫州藏永嘉鄉著會 1937 年鈔本

溫州藏甌海叢書鈔本

◎自序〔註64〕：予幼多病，罔預他事。先子授之《易》，鈍弗解也。萬曆甲寅先子棄世，把遺經不忍讀，久之不忍不讀。乃書《易》作小冊納袖中，隨時便記。自甲寅至癸亥，小冊應風灰敗矣。題曰《敝書》。其友曰：敝而新之，易道也。因更楮而稍為之辭。

◎乾隆《瑞安縣志》卷八《人物志》、乾隆《溫州府志》卷二十《人物》：應順治間歲貢，絕意仕進，閉戶著述。有《周易敝書》《四書唾餘》行世。

◎乾隆《瑞安縣志》卷九《藝文》：《周易敝書》（王祚昌撰）。

◎孫鏘鳴《孫鏘鳴集・補遺・跋珠樹堂集》：先生著有《周易敝書》、《四書唾餘》，並著錄郡邑藝文志。《敝書》尚有遺稿在余家，口口口錄副。

◎王祚昌，字玄翼，一字伯胤，號易庵學人。浙江瑞安人。王明揚子。順

〔註64〕錄自朱彝尊《經義考》卷六十二。

治六年（1649）歲貢。善古文辭，尤長於詩。李維樾、周應期交相推重，周氏嘗聘為塾師。無意仕進，閉戶著述。有《周易敝書》、《四書唾餘》、《園史》、《珠樹堂文集》、《瑞安豐湖王氏藝文編》行世。

王祚隆 易經解 佚

◎同治《常寧志》卷九《藝文·經類·國朝》：王祚隆《易經解》《學庸解》（嘉慶《通志》）。

◎王祚隆（1625～1695），字卜子，號一峰。湖南常寧人。順治廩生。才思敏捷，然竟坎坷不遇以終。嘗以不合於時避居武昌。順治十四年（1657）任嶽麓書院山長。著有《嶽麓詩草》《半山吟》《長沙吟》《易經解》《學庸解》《塵餘集》諸書。

韋敬 易解 佚

◎民國《懷寧縣志》卷十一《文藝》：韋敬《易解》。

◎韋敬，安徽懷寧人。著有《易解》。

衛道凝 周易集註 六卷 佚

◎民國《郫縣志》卷五：載道之書，莫先于《易》，亦莫邃于《易》。自漢以來解易者無慮數十百家，然有因解而明者，亦有雖解而仍不明者，誠以易之理可以心悟難以言詮，落言詮者反多不能盡易也。故馬、陸主象數，荀、王主義理，程朱乃兼二家取之，獨于人事則皆闕而不論。噫！自天子以至於庶人，凡日用動靜語默出處之際，吉凶悔吝於是焉生，即象卦爻於是乎在，易豈遠於人哉？昔人謂以事說易則一爻一事得止三百八十四事，反覺其隘，胡所以不取？不知《易》之為書，原即象以明理，即三百八十四爻皆寓言也，夫以理之難明，而寓言以謂一爻止當一事，固矣。抑又聞之：善言天者必有驗於人，善言理者必有徵諸事，苟三百八十四象可以明爻，即三百八十四事可以明象，非比多之為貴也。凝自讀易以求徧觀諸說，頗苦漫渙，惟一按以人事，而精微之蘊莫不昭然若揭。竊怪古人之棄置弗道也。乾隆乙卯，愚館曲陽，弟子每日執簡請業，摘數事於卦爻之下，以示讀易之法。明年至新城，弟子錄出以求愚序。愚以此乃一時隨意引證，倉猝之際未必盡合，且苦於紙隘，乃更採取眾說，纂為《集註》六卷。越二年書成，遂弁言於首以誌大端云。

◎衛道凝（1762～1823），字煥之，號橙園。四川郫縣人。乾隆五十一年（1786）鄉試解元。五赴京試皆落第，退而講身心性命之學，精於考據。歷主岷江、崇陽、八旗書院，所在皆有著述。嘉慶二十二年（1817）考選一等，補南江縣訓導。年六十二歲。摘錄先聖先賢先儒語錄集為《敬信錄》。著有《補注大常朝踐禮》一卷、《揚子雲蜀都賦注解》、《蜀編年志》、《忠讜遺音》二卷、《橙園草》、《謹獨篇》二卷、《六經精義》、《周易集注》六卷、《春秋傳舉要》、《金川經聞》一卷、《諸子精醇》、《橙園文集》、《橙園詩集》刊行。

衛□□ 仲氏易說 佚

◎魏元樞《與我周旋集》文卷一《衛廣文撰著仲氏易說序》：孔子曰：「《易》之為書也，廣大悉備。」惟廣大，則凡知者所見之知、仁者所見之仁，雖囿一偏，而於易之體必各有當；惟悉備，則即偶指其理之上者下者、精者粗者，與夫數之分者合者、反者對者、那移者錯互者，參之伍之，而要有得於易之無方。昔至聖之門，受業三千，身通六藝七十二人，皆能見聖人之道，何嘗錙銖尺寸、互相比擬而必以彼肖此乃為賢耶？學聖人如此，則學易亦何弗如此也？余家九葉以易傳子孫，歷世間有標註，要皆以《本義》為宗、《程傳》為緯，而旁證諸家之說。至數學之變化則語焉而未及詳。蓋於辭變象占之間，特精研其理，以為修己保世之葉而已。及不佞之身，專攻是經，僥邀科第，平居致力亦不敢踰先儒之範圍。若夫闢蓁叢、探奧窔，獨伸其說，成一家言，非惟日力有所弗及，抑且識見固有所域也。今衛子於仲氏之易獨增刪而批訂之，用力幾三十年，其於反易、對易、移易之法，言之加詳。是蓋善能引伸觸類，且引之逾長、觸之彌廣者，未嘗盡用仲氏原說，而剖析其理，切實精微，確不可易，於廣大悉備之體悉有合焉。吾知四聖復起，亦必有味乎其言也。今日者，衛子行年六十，研極勿倦，每有所得，欣然忘食。使獲與古之通儒大賢賞奇析疑，益商所學，安知不可信今傳後以易名家，與程朱相接踵？乃限於地而薄於命，以明經老，以廣文終。邊塞荒鄙，絕無執經問業者，經師人師，兩俱湮沉，獨不佞於簿書鞅掌之餘，藉讀寡過，間以所得相參考，而衛子猶未必許為知言也。因撮其纂述之畧而歸之。

魏昌期 易經合參 佚

◎光緒《黃州府志》卷三十二《藝文志》：《易經合參》，廣濟魏昌期撰

（《縣志》）。

　　◎魏昌期，湖北廣濟（今武穴）人。著有《易經合參》。

魏朝鑒　易經駢言　佚

　　◎同治《瀘谿縣志》卷九《人物志》上：尤潛心易學，著有《易經駢言》，以寇亂佚其稿。

　　◎魏朝鑒，號柳亭。江西瀘溪人。郡庠生。屢躓鄉闈，以教授生徒終老。

魏而泰　周易纂要　四卷　佚

　　◎同治《廣昌縣志》卷之七《藝文志》：《周易纂要》，魏而泰著。

　　◎同治《建昌府志·藝文志》卷九：《周易纂要》四卷（廣昌魏而泰著）。

　　◎光緒《江西通志》卷九十九《藝文略》一：《周易纂要》，魏而泰撰（《廣昌縣志》）。

　　◎魏而泰，江西撫州廣昌人。

魏閥　焦氏易林解　佚

　　◎同治《漢川縣志》卷十六《列傳志》：精於易，會通理數諸家，於京房、王弼之學靡不研究……著有《周易講義》《元代鑑統》《焦氏易林解》《清風處士詩古文集》。

　　◎同治《漢川縣志》卷十九《藝文志》：《周易講義》四卷、《元代鑑統》、《焦氏易林解》四卷、《清風處士詩古文集》，俱魏閥撰。張清標曰：吾邑前輩魏明閥，明季秀才，鼎革後高臥不起，潛心理學。巡撫張朝珍建清風書院居之，所著《周易講義》、詩文集都未見。

　　◎同治《漢川縣志》卷二十《藝文志》中錄楊世昌《魏明閥先生傳》：所著有《元代鑑統》《焦氏易林解》與《詩古文》諸集，命其子孫世守云。

　　◎同治《漢川縣志》卷二十《藝文志》中錄周鏞《魏閥傳》：學無所不貫，於易尤邃。其詮易以數，而一依於理，一時賢士大夫及喬寓騷人逸士問字者屢滿戶外……所著有《元鑑》、《焦氏易林解》、詩文若干卷，年遠散佚。

　　◎魏閥，字明閥，號慕陶，又號野道人、煙波釣徒、清風處士，人稱易道先生。世居漢川劉家驛。崇禎甲申後，奉親居龍耳崗，學易三十年，足不入城市。又著有《元代鑑統》《清風遺集》。

魏閬 清風易注 四卷 存

光緒十八年（1892）刻湖北叢書本

上海、湖北、南京藏光緒十八年（1892）漢川甋山書院刻本

國圖、上海、湖北、山東光緒十八年（1892）三餘草堂刻本

上海藏鈔本（不分卷）

◎《清風遺集》附邑人楊世昌撰傳：教人以讀六經、宗孔孟為儒者之徒。尤精易理，決休咎不爽。最憚禮法，與人酬酢如不相屬。邑令方伯中丞聞其博學高志，皆禮聘之。著書清風書院中，人咸稱為易道先生。年七十預知逝期，無疾正衣冠，坐而卒。所著有《易注》《元代鑑統》《焦氏易林解》與詩古文詞諸集，命其子孫世守云……崇禎丙子，避寇亂（《明史》崇禎九年獻忠自均州、守應自新野、蝎子塊自唐縣並犯襄陽，湖廣震動。獻忠糾諸賊順流東下，與江北賊合），徙居龍耳岡，築參易臺注易，時年二十有八（先生贈叔外舅高鳴岐壽序有「予鑽研易理，以龍耳岡作」句，漏「公以龍耳岡作南海」等語）。

◎《清風遺集》附邑人周鏞撰傳：所著有《元代鑑統》《焦氏易林解》《清風易注》及詩文若干卷，年遠散佚。

◎《清風遺集》附漢陽關棠（季華）撰傳：所著有《元代鑑統》《焦氏易林解》《清風易注》《清風古文詩詞集》。

◎《清風遺集》附林祥理（燮兩）撰《清風先生贊並序》：先生名閬，自號清風處士，邑之劉家塯人。前明餼於庠，中年遭世亂，徙居龍耳岡，築參易臺，孝事其尊人。歲甲申，明社既屋，乃棄諸生服，歌哭無時。張中丞朝珍禮聘至郡城，建大易閣於清風橋畔居之，先生講經注易其中，論數必極諸理，一時問道者屢常滿戶外。王方伯繼文謂先生棄軒冕似陶靖節，卻徵聘似謝疊山。其卜筮響應如神，時人方之京房、管輅。先生豫知逝期，年七十卒。

贊曰：清風處士，勝國遺民。高懷亮節，學精德純。遭逢國變，性真情真。棄諸生服，老萊奉親。築臺參易，隱居湖濱。中丞禮聘，席上儒珍。開大易閣，亦師亦賓。昌明聖道，英才畢臻。羲文一卷，觸類引伸。數從理出，知幾其神。陶、謝、京、管，合是前身。卓絕忠孝，宇宙全人。

◎《清風遺集》附邑人林寬《寄魏慕陶書》：仰慕情殷，匪一朝夕也。古樂云亡，自恨未精音韻。無雅量亦不善飲，何足與談道？兄善讀易，聖人之道可以前知，易理固如是。邇年好古敏求，必多妙趣。

◎《清風遺集》附湖北巡撫張朝珍《祭魏處士文》：憶余奉命臨楚，知漢

川魏處士箸書深山，託公明、君平之迹，隱姓名於漁市花邨間，足不及城市者三十餘年。余再三延致，乃竹杖芒鞋，手捧《周易》一卷揖余曰：「修齊治平，大要盡是。《易》之為書，不獨卜筮尚其占也。」因得留連近月。偶試以言，受命如嚮。其朝夕陳說，皆陰陽剛柔、仁義道德之旨。余乃知先生理本程、朱，而上溯京、焦、盧、鄭，圖書之秘，固不與諸緯家爭尺寸也。

◎《清風遺集》附湖北布政使王繼文《祭魏先生文》：先生朝夕所奉持不倦者，惟《周易學義》一卷，師羲、文而友楊、鄭，祖程、朱而宗陳、邵，凡三十餘年。其卜筮響應若神，時人方之京房、管輅。

◎《清風遺集》附邑人劉德馨劍芝《書參易臺故址碑陰》：其所注易又皆言理不言數，非若京房、郭璞專以術數斷吉凶事。即曰先生能前知，要亦得力於易，殆所謂彰往察來、知幾其神者與？

◎《清風遺集》附顧景星《輓魏先生》：魏子託黃冠，灌園漢陰里。既明《春秋》義，尤識《周易》理。

◎《清風遺集》附邑人林正紀《懷清風處士》（摘錄）：處士明遺老，清風亮節多。時當天地閉，長嘯發悲歌。注易神占驗，佯狂一老癯。悠悠流俗口，不解是真儒。

◎《清風遺集》附邑人林鍾僑（蕙田）《與友談清風處士遺事》：世變餘歌哭，中丞仰典型。清風書院裏，皓首注羲經。五十知天命，圖書數可推。果然精易道，四午考終期。王郎題七字，墓石目巍峨。高臥祝家嶺，乃真安樂窩。

◎《清風遺集》附邑人吳本源《弔清風先生》：脫卻形骸久，佯狂澤畔吟。築臺參易理，妙解見天心。見說明亡後，先生絕可憐。奉親逃酒國，醉倒每呼天。

◎《清風遺集》附邑人張廷蘭（春梟）《秋日偕友人登參易臺》：商颷紛木葉，秋逼水雲隈。適與尋詩友，同登參易臺。先生存正氣，大亂老奇才。想像清風客，仙靈獨去來。

◎《清風遺集》附邑人林鍾藻《魏清風先生》：
亡國大臣半二臣，諸生獨自念君親。誰知地老天荒日，尚有清風亮節人。四聖精微理數傳，先生解易得真詮。時人祗為知來事，錯認通儒是地仙。

◎《清風遺集》附邑人曾彥齡（菊舫）《漢川竹枝詞》（百首之一）：剖開爻象識鴻濛，一脫青衫萬念空。處士碑前人下拜，果然兩袖盡清風。

◎《清風遺集》附邑人程開鎮（靖侯）《漢川竹枝詞》（十首之一）：月弓橋畔水溶溶，龍耳岡前細草蒙。萬樹梅花千樹月，先生端不愧清風。

◎《清風遺集》附前人《魏清風處士》：嶽嶽芝山雲，渺渺淞湖水。明季有高人，此中留遺址。處士號清風，結廬近芳芷。茆屋兩三閒，種梅當階圮。杯中有醁酊，案上皆經史。講易見天心，京房探妙旨。興來復讀畫，烟水蒼茫裏。泉立與蠶飛，雲烟繞十指。塵甑渾相忘，遑問青與紫。夜半鄰船開，漁歌聞四起。時或附輕帆，一卷手自喜。笑語湖心月，分明易中理。時或發嘯歌，山水清音比。天籟獨自鳴，箏琶難為耳。蜉蝣視天地，冠蓋同敝履。大造若蘧廬，日月供驅使。遙遙三百年，湖山思彼美。安得起先生，重與話桑梓。手拍洪崖肩，滄浪歌孺子。

◎《清風遺集》附邑人林祥理《訪大易閣故址》：

二百餘年幾劫灰，頹垣敗瓦費疑猜。昔時城郭今猶是，枉盼令威化鶴來。

清風橋畔偕枝棲，四顧茫茫廢址迷。土著人稀誰共話，先生夢告閣東西。

◎《清風遺集》附邑人林以鉞（咸旅）《登參易臺五絕四首》（有序）：

魏清風先生，明遺老也。所築參易臺相傳在龍耳岡，久不知其處矣。同治癸酉秋日。鄒君心甫、馬君達三謂臺在鄒高二姓所居適中地，時可購得。爰與二三友人醵金成其事，隨建一碑，大書深刻，恐年久復失也。異日當與邑人士謀建專祠，以祀先生焉。光緒元年春，劉久畬、劍芝二君子各文於石而表揚之。今登此臺，特誌以詩。先生忠孝大節，愈久彌新，風教所關，可忽乎哉？！

岡名龍耳古，故趾幸圖存。緩步尋芳躅，臨風坐樹根。

傷心明社屋，棄卻諸生服。勁節自干霄，猶存千箇竹。

臺空人已邈，獨立不勝情。忽有清風至。如聞讀易聲。

道民參易地，靈爽定來游。已入鄉賢祀，專祠待建修。

◎《清風遺集》附劉洪烈（聘之）《登參易臺有懷魏明閣先生，時伯兄劍芝方與商刻先生易注》：萬柳環臺綠，先生舊隱居。寰中方逐鹿，濠上自觀魚。忠孝千秋節，義周一卷書。傳經吾黨事，栞布敢徐徐？！

◎《清風遺集》附林以鉞《清風歌》：

光緒壬辰三月，《清風集》刻成，喜先生裔孫佑臣、榮田、星褕、雨亭、治廷諸子繼志述事，特歌以寵之，並祝其父詔、兄勉奮然而興起焉。

清風魏文之孫子，漢川鄉賢明處士。少年茂才餼邑庠，兩足不輕踏城市。

奉親避寇龍耳岡,築臺參易進甘旨。甲申國亡不欲生,維時親在何敢死?顛
狂醉酒或頹然,拋卻青衿同敝屣。身世久已兩相忘,無親可養心灰矣。清水
湖邊一葉舟,朝夕歌哭狎烟水。顯顯遼陽張中丞,重道尊師恭敬止。大易閣
啟清風橋,戶外常滿問字履。四聖精義理數窮,先生占驗京房比。流俗衹解
駭前知,那識真儒應若此。高風亮節在人閒,疊山靖節前身是。明德後必有
達人,積厚流光天道理。祝君繩武紹前徽,父詔兄勉世濟美。噫唏吁嗟乎!
熟讀深思《清風集》,從茲人文簪纓奮興起。

　　◎《清風遺集》附邑人林以鐸（徇于）《讀清風先生遺集》:吾愛魏夫子,
超然避市城。其人咸比謝,所學復師京。抱得神仙骨,豪無世俗情。前知原易
道,數自理中明。眾口驚神異,先生豈重茲。詩傳書畫酒,易注卦爻辭。國命
危亡日,親年喜懼時。從來忠孝事,愈久繫人思。

　　◎《清風遺集》附江西舉人舒鴻荃（秄雲）《劉聘之廣文以所刻清風處士
易註詩丈見贈,詩以謝之》:有明一處士,清風魏明閥。國家遭不造,荒山獨
散髮。著述千萬言,註易窮歲月。深明消長機,詎使性靈泪。矢志委槁壤,甘
心採薇蕨。累徵來大府,卻聘書時發。一卷羲爻文,直詣周、程窟。俯仰得真
旨,微言屢探掘。閒築參易臺,紛紛題豐碣。漢川劉學博,先生同里閾。上接
先生傳,擔荷未湮沒。旁搜先生文,懷慨任剖劂。淵源數百年,流風殊未歇。
兼餘遺集存,出處倍昭揭。曲證且旁通,疑似去恍惚。即茲概生平,一一罔差
越。秉鐸房州來,彼此互迎謁。惠我《清風》槁,披睹何敢忽!敬恭鄉前哲,
知君類丰骨。景仰先生操,再拜稽首曰。

　　◎秦本祖《清風遺集跋》:同里魏明閥先生,詩文字畫靡不超絕。幼時父
老傳聞,尤述其知來事甚夥。蓋先生精於易理,而著述但言理不言數,殆數
自理出,非所謂至誠前知者耶?然徒以此測先生,猶其一端而已。當明鼎革
後,侍親隱處湖干。大吏累徵不起,張中丞建大易閣,延聘再四,始允,主講
其中。及身設教,先必訓以忠孝大節。等身著作,三百年來沈沒者多矣。在先
生當日,不但不欲以著作傳,且不欲以姓名著,止期以完節終而已。後起多
以不睹先生著述為憾。予前勸纂邑乘,採訪所得,尺綾寸璧,必加珍衛。得有
魏集一朋,且經劉若愚、林志伊、周序東諸前輩編訂序述者,寶藏待梓久之。
適張少玉學使囑關季華學博選輯楚北古文,予陳魏集,關選其文,復立一傳,
待刊未果。光緒辛卯,學使趙翼之先生選刊《鄂中叢書》,予友劉燮臣廣文由
應城友人借鈔魏氏《易注》。前之歎為久佚者,今竟覓得,幸何如之!命似劍

芝孝廉、聘之明經由歸州、房縣兩學署各措資，李采珊進士復由宜昌學署措資，刊附叢書。邑人士興起解囊勸助，得以竣事。予館鄂城，與其謀。亟函示兒子業光，令在書篋覓出前藏魏集，寄省釐定，因令劉生邦駿繕寫付梓。雖存稿無多，而廬山真面如睹。吉光片羽，已足傳先生。況重以《易解》大箸乎！稿本鈔成，聘之復廣為搜羅，詳加考證，煞費苦辛，視原帙較為賅備，煥然改觀矣。詩文或有藏者，如蒙同志寄到續刊，則更所深願也。香谷秦本祖識。時年七十有七。

◎周鏞《清風遺集原序》：寓鄂時講易清風書院，故又號清風處士。

◎劉洪烈光緒十七年（1891）《清風遺集詩跋》：魏清風先生詩，乾隆年間曾經先高祖若愚公選定。公早年病逝，選本無存。光緒辛卯，余與伯兄劍芝及邑人商刻先生《易註》，并訪求詩文集，秦丈香谷出所藏鈔本相示。

◎劉洪烈光緒十七年（1891）《清風遺集詩又跋》：壬辰三月，《清風易注》及遺集鋟版將成。

◎魏閬《清風遺集·與朱二眉山人》：江漢煙波，洪山泉石，或出或處，豈同而異者耶？某入大易閣，朝夕持易，雖居江漢，守口如瓶。因我墓木久拱，如日暮而郵舍閉，欲了卻師法義、文、周、孔公案，只得洗心退藏於密。若時而言語，令天下從風向化，則煙波逸老安敢望泉石哲人耶？邇所懼者，我輩不宜譽者最多毀者太少。譽者多則必為不善者所惡，毀者少未必盡為善者所好。在得道者，毀譽可以兩忘；在持世者，謂斯民三代。今毀譽忽生，顛倒是非，乃凶咎之媒。始知「可以無大過」一語真盡性至命妙諦。《易》曰：「括囊無咎無譽」，無譽更難於無咎。古非常人固有非常術業，各考其素，不過信庸言、謹庸行耳。怪誕誣奇之事有所不道，假譽者多而復道怪誕誣奇之事。馬方駭又從鞭之，繫方絕又從鎮之，折體墜淵有所不免，豈不惕然？僕乃章句腐儒，其自怨自艾有如此者。山閒鳥性花韻，澗瀑石苔，可吸可飲，可坐可臥。僕不獲與二眉道長往領幽趣，惟日登黃鶴樓頭遙眺羨而已。

魏方振 易象明書 佚

◎勞光泰《蒲圻縣志》卷十《藝文二》：《皇極敷言》《涉園合編》《世史大書》《易象明書》《梅莊草》，魏方振撰。

◎魏方振，字宜爾。湖北蒲圻人。廩生。肆力經史，手不釋卷，讀書白龍寺，多著述。晚年學易，留心性命之理。

魏際瑞 魏禧 魏禮 易義選參 二卷 存

國圖、北大、北師大、中科院、山東、湖北、天津藏光緒二年（1876）寧都魏氏家刻翠微峰易堂刻本

◎邱維屏評選。

◎三魏先生易義選參序：五經莫先於《易》，亦莫精於《易》。《易》之為書，有理有數，理數猶體用也。而其大要無非欲人觀象玩占，察其吉凶悔吝之機，亦深以恐懼修省之學，《易》所以為寡過之書也。漢魏以來，說易者不一家，別戶分門，各守師說。至宋周程張朱諸大儒出，而易始得所折衷，然後知古聖人之設卦觀象為天下萬世人心世道憂者至深遠也。故自來理學名儒未有不精研於易者。即州鄉先輩如邱、林、曾、李、彭、魏九先生，當明季世，得乾之初九，隱居翠微峯，同堂勵學，日取《周易》朝夕講貫，精研理數，互為師資，因名其堂曰「易堂」，紀實也，自是寧都易堂之名滿天下。其最著者邱邦士先生著有《周易勸說》《易數》諸書，高三尺許，晚尤精太西算法，皆不假師授，冥心力索而得之。此桐城方公以智所以聞其名造易堂，與談七晝夜，出而嘆為真神人也。邱為三魏先生姊壻，四人同學久，墳集益多，於同堂度皆各有心得，解悟不無少異，而總求無背於聖人之旨則同也。後之論者謂邱精於數、魏勝於理，不知數精而理即存，理勝而數亦寄焉。蓋兩而化者也。即魏兄弟三人，究心易義，廣覽百家之說，參以己意，擇焉必精，語焉必詳，神明變化，遂各舉所契於心者，筆之於書，彙為一編，經邱手訂，藏之名山，綿綿世守以至於今。今觀其辭論之精、解說之詳，覺無方無體之中自有易知易從之妙，舉所謂居而安者，卦之序；樂而玩者，爻之對，無不旁通曲暢，易豈獨有餘蘊乎？《三魏全集》暨《左傳經世》諸書久已半行而《易義》未梓，迄今二百餘年矣。族孫松園，續學士也，通經好古，慮其日久，篇簡散缺，勉力梓行以公同好，俾後之讀是編者，開卷瞭然，於以觀象玩辭觀變玩占，咸知恐懼修省，由寡過以幾於無過，則茲刻之有功于人心世道豈淺鮮哉？後世僅以《易》為卜筮之書，是第占其吉凶以為趨避之計，不能課諸身心以求義理之歸，亦淺之乎言易矣。光緒二年秋七月下浣，同里後學溫澤謹序。

◎新刻易義選參後序：余幼時即耳有三魏《易義》未梓，搜訪不獲，心焉識之。甲戌館於李君小峰家，君有志易學，與為談及，俱以不見為憾。適有售古書者，得是書，購而讀之，始知經邱邦士先生手選，覺其解說精詳，於易

之參伍錯綜、變化神明之理無不極深研幾而交通焉。惜為蠹簡，字多訛舛。爰同小峰二人日夜尋繹以補之。然亦悉本其所留之殘缺點畫，揣摩而得，竊不敢稍參己意，妄為纂緝，以污先人著作。近因梓工告竣，署敘知是書得是書之始末，以見先人手澤之終不至澌滅云爾。光緒二年季秋月下浣，族孫吉謙謹識。

◎魏際瑞（1620～1677），原名祥，字善伯，人稱伯子先生。自幼好學，善強記。著有《魏伯子文集》十卷、《雜俎》五卷、《偶書》、《四此堂稿》十卷。

◎魏禧（1624～1680），字冰叔（一作凝叔），號裕齋，人稱叔子先生。際瑞弟。尤深於史，舉數千年治亂興衰得失消長之故，窮究而貫通之，而又驗之人情參之物理，本胸中所積而發之於文。著有《左傳經世》十卷、《魏叔子文集》二十二卷《魏叔子日錄》三卷、《魏叔子詩集》八卷。與汪琬、侯方域並稱清初三家。

◎魏禮（1628～1693），字和公，人稱季子先生。魏禧弟。諸生。慷慨重然諾，勇於任難。著有《魏季子詩文集》十六卷。

◎魏際瑞、魏禧、魏禮合稱寧都三魏，著有《寧都三魏文集》《寧都三魏全集》。又與南昌林時益、彭士望，寧都李騰蛟、邱維屏、彭任、曾燦合稱易堂九子，隱居於翠微峰講學。

魏晉 易經繹翼 六卷 佚

◎自序〔註65〕：人即矜智，必甘讓智於聖人，必不敢謂智過於聖人，且遠駕孔子之聖智而上，獨至譚易則不然。易自伏羲畫卦、文周繫辭，而易用大備。有生民未有之孔子出，雅言垂教，不輕以易語人。晚年韋編三絕，乃作十傳羽翼聖經，誠以易之道甚大、易之理甚精、易之數甚神，而究不離乎日用彝倫，為古今貴賤人所不能外，故不惜諄諄訓詁，開示天下後世，俾得觀象玩辭之方而收省身寡過之助。顧歷觀漢魏六朝唐宋元明，諸儒代興，講家林立，為功於易教者固多，而添郄障於易義者亦正不少。往往聖人之所不言而諸家言之，儼若目擊包犧之指畫者然。有聖人之所已言諸家不屑言，而別出臆見言之，儼若親聆文周之口授者然。如則圖畫卦，紛紛然以為析彼數移此數、析此數移彼數也；重卦定爻，鰓鰓然以為由三而生四生五，又由六而

〔註65〕錄自《湖南文徵》卷七十。

七而八而九，以遞至於十二也。卦爻剛柔上下往來，謂反對也，不取互體而云卦變。四德全而性命昭其蘊，九卦舉而學修括其凡，大象立而體用揭其要。辭變象占有聖人之道四也，獨以其倚數衍著，專目為卜筮而作。若夫經文簡奧高古，不得其意旨之所存，則或以為誤或以為衍或以為脫，大儒若程、邵、朱子不免焉，而其他更無論矣。歲在壬子，晉始從事易學。竊意治天者當順天行以求合，治水者當順水性以導流，治經者當順經文以尋義，而莫切於奉孔聖人之傳以通經，雖兼收博采，要皆擇不悖於孔翼者，筆之簡端，去取是非，隨時更定，薫經三易矣。今上二年，因公羈留豫省，於時視學者為盧公容庵，著有《周易經義審》，發坊裝訂，借閱旬餘。喜持論之與愚不謀而符，而見解時有出於前日尋味之所不到者。急命侍者購以歸，暇則取前槀參互，剖記盧書行間。客見而好之，勸其編次以成全書。槀起丁亥臘月既望，迄戊子三月朔乃竣。時年七十矣，艱於楷寫，爰以行書清謄，釐為六卷，命之曰《繹翼》。蓋孔子者神靈天宣之聖，而十翼者讀易學易之準的也。聖譬則力，智譬則巧，射者持弓矢，審固然後可以命中，故射之為言繹也，於十翼亦然，發彼有的，舍矢如破，是在讀易學易者之善繹焉爾矣。時道光八年戊子天中節前一日。

魏荔彤 大易通解 十五卷 卷首一卷 附錄一卷 存

山東藏 1934～1935 年上海商務印書館四庫全書珍本初集影印文淵閣四庫全書本

山東藏 1983 年臺北商務印書館景印文淵閣四庫全書影印國立故官博物院藏本影印

山東藏臺灣新文豐出版公司 1983 年大易類聚初集據文淵閣四庫全書本影印本

◎卷首一卷：易經總論、陰陽扶抑論。附錄一卷：讀啟蒙雜說、書範論。

◎自序：《易通》者，求通乎易理也。未有易，理寓天地氣化中；既有易，理寓易象數中；未有辭傳，理寓於象數；既有辭傳，理著於辭傳。求通易理，非由傳求辭，由辭求卦、爻、象數，無從得津梁焉。古今來著書釋《易》得傳者已不啻數十百家，自有程子《傳》、朱子《本義》，餘俱置之。置之者果皆無足取乎？遵之者果皆深合於四聖人而無可議乎？期於心得之士方有味於此言，耳食者何論乎！科舉家且經文不全誦省矣。余家傳此經，固為開闢後第

一部書。又高曾祖父手澤是存，故自入家塾以來垂五十年，未敢少離几上。且愚鈍不明，常事筮揲，知開物成務前民利用萬變不測而一定不移，大哉易乎！上下千古一理，所貫一氣，所統烏有隆替乎？因是多方探索，幼曾遍閱時解，率為依樣葫蘆，所釋易理不能與心相融會，而得其通者十之七八。乃專意讀宋儒邵周程朱諸子之書，發揮易理未嘗不明，奈不能使宋儒所言與四聖垂示相融會而心得其通者，仍十有四五。則余之愚鈍洵至矣，然終不能去懷抱。適值解組，憂患莫釋。自念放廢之人言不足傳，何妨就心之所明求易理之未明，而專錄其自以為得明者。於是悉屏羣書，獨就四聖卦爻辭傳表其象數、疏其義理，務期義理根於象數、辭傳本乎卦爻。先求前後四聖人同揆之道，後求六十四卦本於八、八本於四、四本於二、二本於一之理，於錯綜之數求卦，於參伍之變求爻，然後於卦爻之變動求其貞悔。參玩於辭傳之言意，求其順逆從違。久似恍然全易之理若通於一也。乃知向所不能心得者，乃余心不通乎易理，非時解之駁雜而宋儒諸說之離合也。易之理原在天地，天地之理原在吾心及萬事萬物之中。以吾心之理通乎天地事物之理，得其至一者則易之為理與吾心必有相通之故矣。卦爻辭傳者，四聖人以天下事物之理著之於易，原使學者以心之理旁通曲喻，盡得天下事物之理；而通之於易，方能遷善改過，知惠迪必吉、從逆必凶也。不於心求有得，奚從學易乎？然則余自名所著曰《易通》，通乎自得其心之所通而已矣，非敢問世，存諸家塾，令子孫守為傳經可也。雖然，易中理數必應求其所謂通者，無方無體中亦有則也，試歷明之：河圖洛書之理數有相通者，一也。先天畫卦定位與河圖之理有相通者，二也。後天立卦定位與河洛之理數有相通者，三也。先後天之卦位其理數有相通者，四也。易有太極，是生兩儀，兩生四，四生八，八生六十四，固矣六十四歸根於八，八歸根於四，四歸於二，二歸於太極，自分剛分柔至歸根乾坤，其理數有相通者，五也。卦有錯如乾坤等卦是也，有綜如屯蒙需訟等卦是也，有內外卦交變如咸恆為損益等卦是也，其理數有相通者，六也。每卦有六爻備三才之道，三才每一爻俱與卦為體用，其理數有相通者，七也。卦因爻變而有貞悔，爻亦因變動而有貞悔，無論一爻動至六爻全動，其貞悔卦爻之理數俱有相通者，八也。彖辭與象辭有合明一義者、有另申一義者，理數皆有相通者，九也。《彖傳》、大小《象傳》與彖辭爻辭有合明一義者、有另申一義者，其理數有相通者，十也。上下《繫傳》雖若孔聖觀玩有得隨時記載，然其中原自貫徹為一，其言其意與卦爻象象有釋明者、有神明者，

理數皆有相通者，十有一也。書不盡言言不盡意，言意不能盡求之於象數，象數不能盡求之於神明，聖人極深研幾，君子知至至之可與幾也，知終終之可與存義也，學易者居則觀象玩辭，動則觀變玩占，易中理數自有相通於心志若四聖人恍然來告者，十二也。至於神而明之之為通，則存乎其人矣。次則引伸觸類，亦相通於無窮，又何可盡為臚列也乎？誠能於此十二則中求其未通者而得其通焉，亦可謂用心於學易者矣。惟彼世儒志在干祿，則固不必盡通乎吾所謂通也。子子孫孫，善藏此書，並勿忘斯言。雍正二年甲辰嘉平月，鄙南魏荔彤念庭氏謹題於京口寓中。

◎摘錄：附錄卷末：先天伏羲則河圖畫卦，後天文王移置卦位而繫之以辭，周公又繫爻辭，孔子作十翼，源流甚明。神禹則洛書敘九功，箕子衍之為九疇，自言本於神禹。授受之真，想有的然。自古及今，未嘗有顯然以九功分屬洛書九數，復以九疇根柢於九功而配合之者。是洛書為聖人所則，未知終始也。余幼聞於先訓如此，奈時已遲暮，又在憂患，恐失其說，故乘暇錄出，以質之通經好古者。

◎四庫提要：其論畫卦，謂「與河圖洛書祇可謂其理相通，不必穿鑿附會」，又以乾一、兌二、離三、辰四、巽五、坎六、艮七、坤八非生卦之次序。其論爻則兼變爻言之，謂「占法二爻變者，以上爻為主；五爻變者，占不變爻；四爻變者，占二不變爻，仍以下爻為主；餘占本爻與象辭」。至論上經首乾、坤，中間變之以泰、否，下經首咸、恒，中間交之以損、益，尤得二篇之樞紐，皆頗有所見。惟不信先儒扶陽抑陰之說，反覆辨論。大意謂：「陰陽之中皆有過、不及，皆有中正和平，德皆有美凶，品皆有邪正，非陽定為君子，陰定為小人，陰陽中皆有君子小人。陽之美德剛健，其凶德則暴戾；陰之美德柔順，其凶德則奸佞。陰陽之君子俱當扶，小人俱當抑。陰陽二者，一理一氣，調濟剛柔、損益、過不及，務期如天地運化均平之時。此四聖人前民之用贊化之心，而易所以作也」云云〔註66〕，其說甚辨。然觀於乾、坤、姤、復之初爻，聖人情見乎詞矣，荔彤究好為異論也。

◎何焯彥《易經遵孔八晳類稿》卷十二《集晳》：魏氏荔彤《大易通解》並附錄，其論畫卦，謂河圖洛書祇可云其理相通，不必穿鑿附會，謂先天圖非生卦之次序；論爻謂當兼變爻；謂泰否損益四卦為上下經之樞紐，皆具有

〔註66〕《庫書提要》「云云」以下作「則未免有意立異。然其他探索微至於易理亦多所發明者焉。」

理解。惟不取扶陽抑陰之說，則未審姤復之初爻矣。

◎魏荔彤，字廥虞，號念庭，一號淡菴。直隸柏鄉（今河北柏鄉）人。大學士裔介之子，官至江蘇常鎮道。與孫奇逢、魏象樞、熊賜履、申涵光、郝浴、張能鱗等有交，名弟子有徐乾學、曹禾。是編乃其罷官所作。嘗自云：「手注九經，道窺一貫」，其自負如此。又著有《金匱本義》、《傷寒論本義》、《懷舫集》三十六卷、《註釋南華／道德／素問》等。

魏荔彤 易通 四卷 存

山西大學藏雍正刻本

魏綸先 易學總目 四十卷 存

常州藏光緒二年（1876）刻本（存一至六、十三）

◎魏綸先，湖南衡陽人。道員，候選布政使銜。

魏茂林 易貫 六卷 佚

◎戴熙《習苦齋古文》卷二《房師魏笛生先生七十壽序》：通籍後遂著《易貫》六卷、《禮因》一卷、《駢雅訓纂》十六卷、《文法一揆》六卷、《廣腋天部》四卷、《三十五科同館詩賦解》十四卷、《重校袁文箋補》，又《帳中編略》若干卷。

◎魏茂林，字賓門，號笛生。福建龍岩人。嘉慶十四年（1809）進士。曾任內閣中書、郎中。道光十二年（1832）外任保定知府、通永河道。後以病請休，僑居泰州。又著有《駢雅訓纂》等書十六卷。

魏樞 東易問 八卷 佚

◎四庫提要：是書用王弼本，列朱子《本義》於前，而以己意附於後。其凡例謂生長遼東，日與東人相問答，故敘其原委而集之，以示初學，名之曰《東易問》，紀其實也。其論卦變曰：「剛柔皆當指卦，不當指爻，如訟之剛來而得中者，坎也。隨之剛來而下柔者，震下於兌也。蠱之剛上而柔下，坎在巽上也。噬嗑、晉、睽、鼎四卦言柔得中而上行者，皆離火也。賁柔來而文剛，離文乎艮之內也。分剛上而文柔，艮文乎離之外也。無妄之剛自外來者，震也。大畜之剛上者，艮也。咸柔上而剛下，兌在艮上也。恒剛上而柔下，巽在震下也，柔以時升者，巽也。是凡言剛者皆陽卦，凡言柔者皆陰卦也。則以剛

來柔來指一爻而言者，固未足以盡其義矣」云云，其論似近理而不盡然。其論來知德錯綜曰：「乾本至健也，以錯言則又可以謂之順。初爻變巽為入，以錯言則又可以謂之動，以綜言則又可以謂之說。二爻變離為明，以錯言則又可以謂之陷。中爻巽，可以謂之入，以錯言則又可以謂之動，以綜言則又可以謂之說。推之三、四、五、上莫不皆然，則亦何所不像哉！是故初以在下變巽而潛，有以為錯震而躁動者，其將何以應之乎？二以在田變離而見，有以為錯坎而隱伏者，其將何以應之乎？」則持論固為明確矣。

◎《皇朝通志》卷九十七：《東易問》八卷（魏樞撰）。

◎《皇朝文獻通考》卷二百十二：《東易問》八卷，魏樞撰。例略曰：樞生長遼東，日與東人相問答，故敘其原委而集之，以示初學，名之曰《東易問》。

◎楊同桂《瀋故》卷二「呈進遺書」：乾隆三十七年令直省督撫學政搜訪遺書，於是開《四庫全書》館，計內務府所藏暨各省所進十六萬八千餘冊，以浙江兩淮所進為最多。奉天府尹採進者祇《東易問》《春秋管見》二種，皆魏樞所撰。樞字又弸，一字慎齋，承德人，雍正庚戌進士，官永平府學教授，乾隆元年薦舉博學鴻詞，未及試而卒。國朝兩次特科，盛京膺薦者祇此一人，《盛京通志》即樞所修。

◎魏樞（？～1736），字又弸，號慎齋。直隸承德（今屬河北）人。魏良臣父。雍正八年（1730）進士，官永平府教授。乾隆元年（1736）薦舉博學鴻詞，未及試而卒。又著有《春秋管見》，纂乾隆《盛京通志》四十八卷首一卷。

魏雙麟 大易翼注直斷 佚

◎《畿輔通志》卷一百三十三《藝文》一：《大易翼注直斷》，國朝魏雙麟撰。

◎魏雙麟，河北獲鹿人。以子壯貴，贈文林郎。

魏文潢 易本義講疏 佚

◎《江西通志》卷九十九《藝文略》經部一：《易本義講疏》，魏文演[註67]撰（《建昌府志》。字卓公，瀘溪人）。

◎同治《建昌府志》卷八《人物志》：著書往往發先儒所未發，其言曰：

〔註67〕周按：原文如此，疑誤，當為文潢。

「易於至變之中有至貞之理。貞也者，知明守固，以人事挽造化之要道也。卦無定向，貞亦無定在；爻無定位，貞亦無定所。游移者非，膠滯者亦非。此義不明，讖緯術數之家竊其緒餘，流於妖妄，適足啟人諉命之志、行險之心，非聖人以道義配禍福之旨。」其說亦本於其父而文潢大倡之，著《易本義講疏》如干卷。生平剛介，疾惡如仇。家貧不問生產，鄉族質成，決以片語，皆推服無怨。康熙甲午舉於鄉。所著《易疏》外尚有《四書講疏》，瀘溪士人皆寶錄之。

◎游錦生主編《資溪縣志》：魏文潢《易疏》。

◎魏文演，字卓公，號澄齋。江西瀘溪人。創澄心書院引掖後進。

魏裔介 易經大全纂要 佚

◎民國《柏鄉縣志》卷第九《著述》：魏裔介著《兼濟堂文集選》二十卷、《鑑語經世編》七十二卷、《聖學知統翼錄》二卷、《希賢錄》四卷、《約言錄》二卷、《周程張朱正脈》四卷、《薛文清讀書錄纂要》二卷、《聖學知統錄》二卷、《論性書》二卷、《易經大全纂要》、《孝經注義》、《四書精義匯解》、《惺心篇捷解》、《京邸集》、《崑林論鈔》《嶼舫詩集》、《唐詩清覽集》、《今詩溯洄集》、《古文分體大觀》、《古文欣賞集》、《燕臺文選》、《卜子夏集》、《今文溯洄集》、《陰符經註解》、《黃石公素書註解》、《太上感應篇註解》、《瓊琚佩語》、《佳言玉屑》、《酒史續編》、《蝶菴憶記》、《尺牘存餘》、《女孝經》、《文論語》、《樗林偶筆》。

◎魏裔介（1616～1686），字石生，一字貞白，號貞庵，又號昆林，別署槐嶺山人、蝶庵山人，諡文毅。直隸柏鄉（今河北柏鄉縣）人。順治三年（1646）進士，選庶吉士。四年任工科給事中，十六年加太子太保，累擢左都御史。康熙三年（1664）拜保和殿大學士。九年主會試。十年以老病乞休，解官回籍。治經宗宋，篤信程朱。著有《四書大全纂要》、《四書朱子全義》、《重刊干祿字書》、《希賢錄》四卷、《約言錄》二卷、《周程張朱正脈》四卷、《薛文清讀書錄纂要》二卷、《聖學知統錄》二卷、《論性書》二卷、《致知格物解》二卷、《兼濟堂詩集》八卷、《兼濟堂文集選》二十卷、《鑑語經世編》七十二卷、《昆林小品集》三卷。

魏玉書 周易象說 佚

◎民國《壽光縣志》卷十四《藝文志》：魏玉書《周易象說》。

◎魏玉書，山東壽光人。

魏元曠　讀易考原校勘記　一卷　存

民國刻胡思敬輯豫章叢書本

◎魏元曠（1856～1935），系名鑲烜，原名煥章，號潛園，又號斯逸、逸叟。江西南昌人。光緒二十二年（1896）進士。歷任刑部主事，民政部署高等審判廳推事。辛亥後歸里，應胡思敬約，校勘《豫章叢書》。曾任《南昌縣志》六十卷總纂首一卷附文徵二十四卷，又編纂《西山志》六卷。又著有《蕉鹿詩話》、《詩徵》五卷、《潛園全集》，括：《類編》二十四卷、《述古錄》、《易獨斷》一卷、《春秋通議》一卷、《離騷逆志》一卷、《史記達昌》一卷、《酌酌古論》四卷、《潛書》四卷、《膡言》一卷、《書法》一卷、《學說》一卷、《或說》一卷、《書牘》七卷、《雜編》二十二卷、《堅冰志》一卷、《光宣僉載》一卷、《三臣傳》一卷、《匪日記》一卷、《黨日》一卷、《南宮舊事》一卷、《西曹舊事》一卷、《都門懷舊記》一卷、《都門瑣記》一卷、《居東記》一卷、《蕉庵隨筆》六卷、《審判稿》一卷。

魏元曠　券易苞校勘記　一卷　存

民國刻胡思敬輯豫章叢書・券易苞十二卷附本

◎明章世純原撰。

◎跋：是書得之舊鈔本，為紀慎齋先生墨筆精校。旁註硃圈，間有塗乙。其誤會處，先生並校正之。書中圖說有顯然錯謬之處，亦均有按語於端，率仍原書之舊。河圖洛書為天地之秘、氣化之原，不獨易之所從出也。凡推演陰陽之奧，不能不根於是，顧從未有見及而發揮之者。得是書可以知河洛之符不得目為道家之杜撰。諸所推演皆標舉精理，絕無牽強附會。其以「券易」名者，河洛之演，易義為尊。易家之書多廣衍汗漫，此獨簡鍊，精而當理，殆不僅如紀氏所云「兼有《正蒙》《觀物》之蘊」。幸數百年後卒得出見於世，付之剖劂，蓋精英終不可沒也。予向言：「觀古神聖所作，窮源返本，不越河圖洛書」，今得是書益信。己未二月，南昌魏元曠跋並校。

魏元曠　易獨斷　一卷　存

1933 年刻魏氏全書本

民國刻潛園二十四種本

魏元曠 易學變通校勘記 一卷 存

民國刻胡思敬輯豫章叢書本

魏元曠 易言隨錄 一卷 存

1933 年刻魏氏全書本

臺灣文聽閣圖書有限公司 2013 年林慶彰主編民國時期經學叢書本

魏元曠 易纂言外翼校勘記 一卷 存

民國刻胡思敬輯豫章叢書本

◎跋：書中案語及小注均屬原鈔本，惟《易原》標目並附註河圖卷四內方圖闕三字，乃盡刻校補。據案語，《易流》標目原本亦脫去。又先天方圖不著篇名，疑圓圖及圖說脫去，僅存方圖，援序中「羲皇心契天地自然之易」語定為《易原》，附諸總論河圖洛書之後。顧序言羲皇「將畫八卦，而有龍馬負圖出於河，此易之原。洛書後出，神禹因之敘九疇，其河圖之配」，但言河圖洛書為易之原，而羲畫禹疇自為一例。吳氏固未指先天圖為易原，其序《易流》，雖並及揚、馬、蔡之作，然謂邵子從容乎羲畫之內，三家則奔迸乎羲畫之外。《易流》或專取邵子一書，未可知也。元會運世歲月日辰之數，以乾兌離震巽坎艮坤為次，八八相乘，互為根始，與方圖合。竊疑獨載方圖者，為邵子所從出，故不及圓圖，似非脫失。其曰邵子著書立言無一不本於羲皇之卦，故以此明之。餘見校勘記。丁巳二月，南昌魏元曠跋。

魏源 易象微 六卷 佚

◎《邵陽魏氏族譜·魏源傳》：有《海國圖志》、《聖武記》、《元史新編》、《皇朝經世文編》、《易象微》六卷、《書古微》八卷。《詩古微》八卷、《春秋公羊古微》六卷、《大戴禮微》五卷、《兩漢經師今古文家法考》四卷、《明代食兵二政錄》八十卷、《古微堂文稿》十四卷、《古微堂四書》、《清夜齋詩文》、《孔子年表》、《孟子年表》、《高子學譜》、《論學文選》、《老子／墨子／春秋繁露／說宛／六韜／孫子／吳子注》、《地理綱目》、《支隴承氣論》各若干卷。

◎《清史列傳·魏源》：源經術湛深，讀書淵博。初崇尚宋儒理學，後發明西漢人之誼。於書則專伸《史記》伏生大傳及《漢書》所載歐陽、夏侯、劉向遺說以難馬、鄭，撰《書古微》十二卷。於《詩》則謂《毛詩》晚出，顧炎

武、閻若璩、胡渭、戴震皆致疑於毛學，而尚知據三家古義以證其源，因表章魯、韓墜緒以匡傳箋，撰《詩古微》二十二卷。於《春秋》則謂《漢書‧儒林傳》言董生與胡母生同業治《春秋》，而何休注但依胡母生條例，於董生無一言及；近日曲阜孔廣森、武進劉逢祿皆《公羊》專家，亦止為何氏拾遺補缺，而董生之書未之詳焉。若謂董生疏通大義不列經文，不足頡頏何氏，則其書三科九旨燦然大備，且宏通精渺，內聖而外王，蟠天際地，遠在胡母生、何休章句之上，撰《董子春秋發微》七卷。他所著有《庸易通義》《說文疀雅》《兩漢經師今古文家法考》《論語孟子類篇》《孟子小記》《小學古經》《大學古本》《孝經集傳》《曾子章句》《明代食兵二政錄》《老子本義》《孫子集注》《元史新編》，多未成，其例目見集中。

◎《碑傳集補‧魏默深先生傳》：年十五補諸生，乃究心王陽明氏學，尤好讀史。嘉慶十九年以拔貢入都，復從胡先生承珙問漢儒學、姚先生學塽問宋儒學，又別受《公羊》學於劉先生逢祿，詩古文詞則與董君桂敷、龔君自珍相切劘。蕭山湯公金釗雅重之，嘗造其寓。先生出迓，鬡髮如蓬，湯公盰眙。既知訂《大學古本》，歎曰：「吾子深造乃若是邪！」尋兩中副榜，道光二年舉順天鄉試。此外尚有《書古微》《詩古微》《公羊古微》《曾子發微》《子思子發微》《高子學譜》《孟子年表》《小學古經》《大學古本》《兩漢今古文家法考》《明代食兵二政錄》《春秋繁露》《老子／墨子／說苑／六韜／孫子／吳子注》及詩文集各若干卷，或行於世，或藏於家。

◎《國朝先正事略‧魏源》：所著有《曾子章句》二卷、《聖武記》十四卷、《海國圖志》六十卷、《詩古微》二十卷、《書古微》十卷、《公羊微》十卷、《春秋繁露注》十二卷、《清夜齋文集》二十卷，選《皇朝經世文編》及《論學文選》如干卷。

◎光緒《邵陽縣志》卷九《人物上‧政學》：所著有《聖武記》十六卷、《海國圖志》三十二卷、《淮南鹽法輕本敵私議》一卷、《明代兵食錄》八十卷、《曾子章句》一卷、《易象微》六卷、《書古微》八卷、《詩古微》八卷、《公羊春秋微》六卷、《大戴記微》五卷、《清夜齋史集》二十卷、《春秋繁露注》十二卷、《兩漢經師今古文考》四卷、《古微堂初稿／二稿／三稿》、《古微堂詩選》《皇朝經世文編》及《論文學選》〔註68〕各若干卷。

◎道光《寶慶府志》卷第百一《藝文略》二：《易象微》六卷（邵陽魏源撰）。

〔註68〕周按：疑當作《論學文選》。

◎《盋山文錄・邵陽魏先生傳》：所著《聖武記》《海國圖志》《明代兵食二政錄》《皇朝經世文編》《書古微》《詩古微》《公羊古微》《曾子發微》《子思子發微》《高子學譜》《孝經集傳》《孔子年表》《孟子年表》《小學古經》《大學發微》《兩漢經師今古文家法考》《論學文選》《元史新編》《古微堂內外集》及《春秋繁露／老子／墨子／說苑／六韜／孫子／吳子注》各如干卷。

◎同治《續纂揚州府志》卷八《宦迹・魏源》：著書十數種，羣經皆有發微。至《聖武記》《海國圖志》尤經世之大者。

◎光緒《續纂高郵州府志》卷三《秩官志・魏源》：著書十數種，發明羣經，有《詩古微》《書古微》《公羊古微》等書。又纂《聖武記》《海國圖志》，皆專心經世大略，而於一州一邑若不屑屑為之者，然卒不至於病民。

◎《射鷹樓詩話・古微堂詩鈔》：默深經術湛深，讀書淵博，精於國朝掌故。海內利病瞭如指掌。著有《書古微》《詩古微》《春秋公羊古微》，專闡西漢今文之學，博而能精。

◎《清代樸學大師列傳・魏源》：其學最精史地，故推《聖武記》《海國圖志》稱佳構。治經好求微言大義，於《書》專申《史記》伏生大傳及《漢書》所載歐陽、夏侯、劉向遺說以難馬、鄭，作《書古微》十七卷。於《詩》表章魯、韓墜緒以匡傳箋，撰《詩古微》二十二卷。其餘尚有《公羊古微》《春秋繁露注》《曾子／子思子章句》等十餘種，多不傳。後之論者詆其空疏少實，蓋考據非其所擅，而新理解則時出也。雜文自編為《古微堂內外集》十卷。

◎《清代學者象傳・魏源》：所著有詩文集、《聖武記》《海國圖志》《書古微》《詩古微》《公羊古微》《曾子發微》《子思子發微》《高子學譜》《孝經集傳》《孔子年表》《孟子年表》《小學古經》《大學發微》《兩漢今古文家法考》《皇朝經世文編》《論學文選》《明代食兵二政錄》及《春秋繁露》、《老子／墨子／說苑／六韜／孫子／吳子注》各若干卷。

◎魏源（1794～1857），譜名遠達，字漢士，一字良圖，號默深。湖南邵陽金潭（今屬隆回）人。與龔自珍友善。曾入江蘇布政使賀長齡幕，代輯《皇朝經世文編》一百二十卷，又入江蘇巡撫陶澍、兩江總督裕謙幕。嘉慶十八年拔貢，二十四年順天副榜。道光五年（1825）遵例捐授內閣中書。道光二十四年（1844）進士，以知州即用，分發江蘇，知興化、東臺，署理海州通判，議敘補缺後，以同知直隸州即用。咸豐元年（1851）授高郵知州。同治七年

（1868）奉旨祀江南名宦祠，光緒十三年（1887）奉旨祀湖南鄉賢祠。又著有
《書古微》十二卷（一本八卷）、《詩古微》二十卷（一本八卷）、《公羊春秋
微》六卷、《大戴禮微》五卷、《兩漢經師今古文家法考》四卷、《明代食兵二
政錄》八十卷、《古微堂文稿》十四卷、《古微堂四書》（含《大學古本發微》、
《孝經集注》、《曾子發微》、《小學古經》）、《清夜齋詩文》、《孔子年表》、《孟
子年表》、《高子學譜》、《論學文選》、《地理綱目》、《支隴承氣論》、《道光洋艘
征撫記》一卷、《禹貢說》二卷、《海國圖志》一百卷（一本六十卷，又一本五
十卷）、《湖南苗防錄》、《漢碑跋》、《曾子章句》一卷、《孫子集注》、《蠶桑圖
說合編》一卷、《大學古本》二卷、《老子本義》二卷、《籌漕篇》、《籌鹾篇》、
《淮北票鹽志略》十四卷、《元史新編》九十五卷、《聖武記》十四卷及《墨
子》、《春秋繁露》、《說苑》、《六韜》、《吳子》各書注。

魏知簡 易經翼注刪補直斷 四卷 存

國圖藏清鈔本（附圖）

◎魏知簡，字敬甫。河北獲鹿石邑降璧村人。兄知節、弟知策。誥封中
憲大夫，卒年八十四。

魏周琬 大易餘論 一卷 存

康熙刻充射堂集本

鳳凰出版社 2015 年盧佩民主編泰州文獻第四輯（泰州文存）本

◎一名《充射堂大易餘論》。

◎魏周琬，原名周琬，字旭棠。江蘇興化人，寄籍江都。雍正元年（1723）
進士，榜名即周琬，授善化知縣，官至湖北巡撫。工詩。又著有《春秋餘論》
《充射堂集》。

溫璜 易解 一卷 佚

◎自序〔註69〕：古今之理匯於經，六經之義苞於《易》。《易》統於極，
竅於畫。畫者竅也，天下之變竅於此，非往以竅天下之變也。是故讀易之法
當原易之所竅，先河洛圖，次著龜，次六十四卦圖也，而辭不存焉，故讀易者
必於無字句處理會。夫無字句處不獨《易》也。天下之理正須於所統會之地，

〔註69〕錄自張儁《古今經傳序略》，張氏按云：先生殉難後，卷帙散亡，其刻集止十
　　　之四耳。如此文乃不見集中，余從其從子始乾兄錄得之。

間評間論，旁尋旁討，故一觸而百通之。譬如問耳目，當先究世間竅何以能聲、虛何以受明，而離坎類是；問天地，當先究世間方何以靜處、圓何以動活，而陰陽類是；問性命，當先曉天不能生人、水不能生魚、肌不能生虱，而太極類是。此讀書之大凡也。故易用河而不用洛、世之易用後天而不用先天，兩者皆謬。河序生，洛序克，無克不生，當以洛為主而河摩之。先天體靜，後天體動，無靜不動，當以先天為主而後天蕩之，兩者合而易生焉。文之震離坎兌，人知從河位也，不知四隅四正昉洛位也；文之震正伏之離，人知木能生火，不知火蘊為木體也；文之離正伏之乾，人知南方向明，不知日得天久照也；文之兌正伏之坎，文之坎正伏之坤，人知金生水、土克水，不知津液之凝結處即是金、發膚之溢膏處即是水，四隅可以類推矣。河左旋洛右旋，河重重環衛如帝居，而采甸藩宣裏繞之；洛分一二三四，填補四隅，勾連密匝，而井田兵法垂焉。約其旨，不過五行之生克而已矣。圖書在天地未生以前，則五行亦居天地未剖之始，世所謂金克如鋸解、火克如爐鎔，皆有形不可以相譬。我所謂克，制也，伏也，錯也，逆也，從太極中自調自和，故金克木，木亦可胎金；水克火，火亦可以胎水。且世所謂火者焰也，所謂水者波也。試取一物，摩之則熱，熱處真火；噓之則潤，潤處真水。金木土亦復如是。且夫土者，虛靈之物，非塊也。虛則居中，靈則寄旺於四正、連洛於四隅，並無所謂中。故中者，理之所自出，數之所自起。數者，自一至十之數也，河洛起於中五，五起於中一。一也者，奇也、零也。洛有九而無十，此去十而為奇零也；河五十有五，此餘五而為奇零也；蓍四十有九，此去一而為奇零也。然易皆取生數而不取成數，故蓍之分卦揲，歸止用一二三四五也。繇此觀之，約其旨，理不過木火土金水、數不過一二三四五，盡之矣。且天地有兩，是天地從二生；時有四，是時從四生，蓍與三才四時皆從數生，皆從太極生，龜亦如是。卦之陰陽，卦之奇偶也。數既妙於奇，何復於偶？蓋理必合偶而後為奇。奇與偶原非對待，天地男女只當得一個囫圇物事。武王三千人，當一偶三千人，惟一心當一奇，耳目手足兩無兩用，文之排比是隅，兩比一氣則奇矣。卦始於一、加於三、極於六，六者兼三為兩，正可得兼兩為之妙，攝六十四卦於一乾，攝三百八十四爻於一奇，是可還之河洛之中矣。然則文設卦而後象生，周設卦而後爻生，孔設卦而後彖象生，豈有辭外贅辭者哉？一卦之中，先卦名，次內外本之之變，次剛柔中正之德，次承乘比應之位，只從無字句處間評間論，旁尋旁討，此看卦之大凡也，且夫彖象君相也，爻象則部曹也；彖象

心志也，爻象則官骸也。彖頭當一位焉、《彖傳》當一位焉、《大象》當一位焉、六爻六位焉、六象六位焉，則有十五事，人則有十五人。人皆洗心退藏中人，故卦無絕人；事皆變通趨時中事，故卦無死事。然則吉凶悔吝利咎之詞皆活法也，善讀易者於詞無與也。

◎杭世駿乾隆《烏程縣志》卷十四《經籍》：溫璜《貞石堂集》、《易解》一卷、《貞石堂母訓》。

◎溫璜（1585～1645），初名以介，字于石，號石公，後更名璜，字寶忠。浙江烏程（今湖州）人。與震澤孫志儒最善。崇禎十六年（1643）進士，官徽州府推官。順治二年（1645）起兵抗清，城破，手刃妻女後自剄死。乾隆四十一年（1776）謚忠烈。又著有《貞石堂集》十二卷、《溫寶忠先生遺稿》。

溫鼉 易繫辭解 一卷 存

咸豐元年（1851）陳旦刻溫氏家集本

◎光緒《德慶州志・人物志》第一：其成書，《易繫辭解》一卷、《古本大學解》二卷、《書序辨》一卷、《秦楚之際月表辨》一卷、《宜善堂集》六卷，未成書者尚多（彭泰來撰《墓碣》）。陳旦梓其遺書，冠以承恭所著，題曰《溫氏家集》（彭泰來《溫氏家集序》）。

◎光緒《德慶州志》卷十三《藝文志》第一著錄溫承恭《蜀游詩草》一卷：高要陳旦咸豐初元梓其師溫鼉遺書，冠以承恭所著，題曰《溫氏家集》。承恭《蜀游詩草》一卷、《蜀游賦草》一卷、《莊亭文存》一卷，鼉《宜善堂詩鈔》三卷《文鈔》一卷、《繫辭說》一卷、《書序辨》一卷、《古本大學解》二卷、《經義》一卷。

◎陳璞《尺岡草堂遺集》卷四《擬廣東文苑傳》：於學至精篤，雖疾病未嘗釋卷。尤嗜研經，出入漢宋，平心以求其安。至列史百家之言，皆務旁羅貫通、探賾舉要（彭泰來撰《墓碣》）。再上春官，卒於京師（《古本大學跋》），年四十。著《易繫辭解》一卷、《古本大學解》二卷、《書序辨》一卷、《秦楚之際月表辨》一卷、《善宜堂集》六卷（《墓碣》）。

◎溫鼉，字仲道，號陶舟。德慶州人。承恭〔註70〕子。嘉慶二十三年（1814）舉人。四就禮部試不第。道光十三年卒於京師。其學至精篤，務旁

〔註70〕字靖聞，號莊亭。嘉慶十三年歲貢。著有《補迂集》六卷、《雜論偶記》一卷、《莊亭詩文集》二卷、《松潘志》三卷、《松潘防守議》。

羅貫通，探賾舉要，嘗言非深信古人不能深疑古人。

文安之 易傭 十四卷 附諸儒傳略一卷 諸儒著述一卷 存

上海藏崇禎十二年（1639）刻本

上海藏光緒十九年（1893）會稽余氏寫樣待刻本（六卷）

◎文安之（1592～1659），字汝止，號鐵庵。湖北夷陵新場村人。天啟二年（1622）進士，由翰林院庶吉升檢討官，天啟五年（1625）辭官歸里。崇禎任南京師業，後升國子監任祭酒。明亡後多方謀恢復，不果，鬱鬱卒。葬巴東平陽壩。又著有《舉業瑤函》、《鐵庵稿》。

文人合 易經講義 佚

◎同治《長沙縣志》卷三十五《藝文》：《易經講義》（文人合著。有傳）。

◎同治《長沙縣志》卷十九《人物》：涉獵百家，尤精天文。癸巳中副車，閉門著述，與名宿詩歌唱和。年八十預書歸去來兮於門。是秋卒。有《易經講義隨鳴錄》。

◎文人合，字介菴。湖南長沙人。著有《易經講義》。

文天駿 周易或問 六卷 存

國圖、上海、南京、山東、湖北、四川、貴州、貴州師大藏光緒十一年（1885）黔南文氏四川瀘縣家刻本

◎自序：幼讀《論語》至「學易無大過」章，即心愛慕之，而未知其所以然。問之師，師曰：「此非孺子所知也，後日自知之。」少頃曰：「無咎者，善補過者也。謹記此，庶可以寡過矣！」曾幾何時而年逾大衍，齒髮頓異，回思提命，邈若山河，不禁潸然涕下。細思此四十年中，抱質空遊，德不加修，累予俗學，與道日遠，咎戾之積，奚啻丘山，反不如垂髫問字時天真未漓猶能之。往訓之不我欺，師言之大可味，清夜撫躬，愧恨何如！當光緒丙子歲，禮闈報罷，溯自同治戊辰，觀光北上，留滯京邸九年矣！因自嘆曰：九年光陰既虛擲於干祿文字，如再夢夢，此生不可惜哉！於是乃取御纂《周易折中》反復潛玩，年餘略窺其似。旋奉調入川，禹笈侘傺，未獲卒業。泊壬年冬間，幸多清暇，乃復檢篋中易本，并購數家及所借合十有七部，朝稽夕研，無間寒暑。時戚友子弟有來從遊者，公餘嘗為講說《程傳》，遇疑難處，則旁及諸家以通其意，并設有問答，筆之於簡，以備遺忘，偶有所見，亦附其中。久之

遂積稿六卷。竊謂聖人作易，原以寡民之過，興民之行，使民日遷善而不知，故曰「憂悔吝者存乎介，震無咎者存乎悔」、曰「又明於憂患與故，無有師保，如臨父母」、曰「懼以終始，其要無咎」。然則《易》非神奇幻渺之書，乃日用飲食之書也。余賦質庸愚，兢兢以多過為慮，是以立言不敢遠企高深，一以循理順道為主，間於舊說之畸僻者，辨析之以歸於正，非與昔人為難也。誠恐子弟豔於其說，而視程朱大儒傳注以為平淡無奇而置之，則學易反以滋疚耳。書既竣，諸生請命名，即名之曰《周易或問》云。

　　◎夏時序：《魯論》記孔子雅言《詩》《書》執《禮》，未及于《易》。惟孔子自言「五十以學易，可無大過」，或遂疑聖人于易祇以自學，而未嘗以教人也。夫聖人之道無一不可以教人者，豈于易獨吝之？意以易道幽渺，非其人莫可與言，即言亦不能窮其奧，故秘而不發與？若然，是誣易且誣孔子矣。孔子仕止久速，無非易所流露；子臣弟友，無非易所措施。隨處見孔子，即隨處見易，在學者深體而默會之耳。端木氏有言：「夫子之文章可得而聞，性與天道不可得而聞。」蓋從既聞後而始親切有味言之也。後世言易者，如漢之孟喜、京房專主象數，魏王弼始黜象數而言義理，然亦語涉老、莊。兩家宗派，遞衍其傳。至程子《易傳》、朱子《本義》，乃得折衷至當，易道復大彰明於天下，即孔子之教亦藉是得以長存。我朝御纂《周易折衷》，本程朱以為根據，而爰引宏富，實合漢宋而集其成。淺者不察，妄為黜宋而崇漢，至穿鑿附會令人莫解其用意之何歸。蓋不過藉漢為名以趨風氣，本不可以為學，又何以為教？余甚惑焉。歲丁丑，余與文先生雲衢比部訂交，旋共磋務，洎今八載。見於出處進退有節，而於人倫日用肫然其可親、肅然其可敬，公餘持以道誼相講求。竊嘆經師人師，非先生莫屬。上年曾命小子壽田從之遊，與其哲嗣壽崧為友，朝夕講解四子《性理精義》《近思錄》《二曲集》《人譜》諸書，并督其溫習《詩》《書》《禮》及《左氏春秋》，循環殆遍，嗣乃復講《周易》。其說崇尚程朱，一以循禮順道為主，而於舊學之畸僻剖析維嚴，爰設為問答，筆之於書，顏曰《周易或問》。余受而莊誦，乃知余平日所敬佩之先生即皆于易見之，而余平日所未研究之易亦皆于先生聞之也。昔孟僖子恥不知禮，而命其子從孔子學禮，今余不善易，而喜小子得從先生學易。先生年甫五十，易之學未厭，易之教其庸有倦乎？是為序。

　　◎黃詩聘序：天地間何者非易？吾人一身亦何者非易？昔者孟子生平不言易，而尹氏和靖謂其踐履處皆是《易》。蓋易在天地亦在吾身，泥卦畫言辭

以求，非知易者也。道在反諸身心而已矣。孔子曰：「默而成之，存乎德行。」後生末學，何敢贊一辭焉？雖然，易固不可輕言也，而一任諸家之穿鑿傅會莫可究詰，致使矜奇炫異之流援易以飾他術，而易之本義愈晦。不則顧貽駭愕，幾以易為荒渺難測之書而不敢過問。將四聖人迪牖萬世，示人而遷善改過之方者，苦心不其泯沒乎？然則易又何可不言也。十餘年來，敬讀御纂《周易折中》，雖南北賓士手抄本未嘗一日離，間與及門講習，亦宗此編，而他說概置之不辨，蓋辨之不勝辨也。老友文雲衢部郎，近與學者講易，著為《周易或問》六卷。其大旨謹遵《折中》，審定《傳》《義》，旁采眾論，間參己說。不敢改易經文，穿鑿傅會，而取其切於人偷日用。其於爻辰、卦氣、納甲、逸象一切紛紜之說，辨析之不稍假借，其用力亦勤矣。夫不苟同不苟異，平心觀理，惟是之從，雲衢晚年深造，確有可信。其餘著述，豈好於辨駁以求勝於人哉！比嘗受而讀之，反復玩味，帀月迺畢。竊嘆雲衢此書，蓋甚慮夫聰明自用者求易太深而去易益遠，其初學而不得其門者又或視易過高而去易之切於身心者不見，作為此書以貽後學，殆以是為淄澠之辨，俾欲學易寡過者，知奉《折中》為準繩，而不迷于孟、虞、荀、姚諸家之說，庶四聖人之大義微言，或可徐窺其蘊也。敢以質之當世君子，其許為知言否乎？

　　◎民國《貴州通志・人物志》：著有《周易或問》并詩文若干卷。

　　◎周按：元黃超然亦有《周易或問》三卷。

　　◎文天駿，字雲衢，一字步雲。貴州貴陽清鎮人。文學優贍，二十餘歲以清鎮籍遊泮。同治六年（1867）舉人，後連試皆罷，遂決意求會通漢宋兩學。佐都勻府吳乃安幕，積勞得教職。黎培敬督學，補行歷屆考試，天駿攝三教官，一歲送考十七次，以資得部郎。丁卯舉於鄉入京供職刑部，丁寶楨督四川，奏調幫辦官運局，成績卓著，官至四川候補道員，病歿於局。又著有《省齋詩鈔》六卷。

文信企　易象詳解　二卷　存

　　四川藏光緒十四年（1888）文信企鈔本

　　◎文信企，生平不詳。著有《易象詳解》。

文映朝　周易宗印　不分卷　存

　　山東藏康熙八年（1669）刻本

◎文映朝，廣西全州人。崇禎十二年（1639）進士。官寧海知州，後陞戶部員外郎。

聞惟垿 太極圖解 佚

◎民國《當塗縣志‧民政志》：著有《太極圖解》《易通類釋》《東西銘集註》《讀朱要領》《讀朱劄記》及《松牘鈔存》《三魚堂日記》諸書（《安徽通志》）。

◎聞惟垿，字少谷。江蘇鎮洋縣人。舉人。道光六年官當塗教諭。嘗長翠螺書院。咸豐二年冬歸，選授松江府教授，卒官，年八十一。

聞惟垿 易通類釋 佚

◎民國《當塗縣志‧民政志》：著有《太極圖解》《易通類釋》《東西銘集註》《讀朱要領》《讀朱劄記》及《松牘鈔存》《三魚堂日記》諸書（《安徽通志》）。

聞一多 周易義證類纂 不分卷 存

開明書店 1941 年排印本

聞一多全集本

◎目錄：

一、有關經濟事類：甲器用、乙服飾、丙車駕、丁田獵、戊牧畜、己農業（雨量附）、庚行旅。

二、有關社會事類：甲婚姻、乙家庭、丙宗族、丁封建、戊聘問、己爭訟、庚刑法、辛征伐（方國附）、壬遷邑。

三、有關心靈事類：甲妖祥、乙占候、丙祭祀、丁樂舞、戊道德觀念。

四、餘錄。

◎序：以鉤稽古代社會史料之目的解《周易》，不主象數，不涉義理，計可補苴舊注者百數十事。刪汰蕪雜，僅得九十。即依社會史料性質，分類錄出，幸並世通人匡其不逮云。民國三十年四月，昆明。

◎郭沫若：一多對於文化遺產的整理工作，內容很廣泛，但他所致力的對象是秦以前和唐代的詩與詩人。關於秦以前的東西除掉一部分的神話傳說的再建之外，他對於《周易》、《詩經》、《莊子》、《楚辭》這四種古籍，實實在在下了驚人的很大功夫，就他所已有成就而言，我自己是這樣感覺著，他那

眼光犀利，考索的淵博，立說的新穎而翔實，不僅是前無古人，恐怕還要後無來者的。

◎聞一多（1889～1946），本名家驊，字友三。湖北浠水人。曾任教中央大學、武漢大學、青島大學、清華大學、燕京大學、西南聯大。著有《聞一多全集》。

汶東逸叟 周易述解 八卷 存

安丘博物館藏嘉慶五年至七年（1800～1802）鈔本

翁方綱 易附記 十六卷 殘

翁方綱經學手稿五種影印柏克萊加州大學東亞圖書館藏手稿〔註71〕本

天津藏稿本（□□卷）

◎翁方綱《翁氏家事略記》：專心將數十年來溫肄諸經所記，條件分卷寫稿，共得《易附記》十六卷、《書附記》十四卷、《詩附記》十卷、《春秋附記》十五卷、《禮記附記》十卷、《大戴禮附記》一卷、《儀禮附記》一卷、《周官禮附記》一卷、《論語附記》二卷、《孟子附記》二卷、《孝經附記》一卷、《爾雅附記》一卷。

◎翁方綱《復初齋文集》卷十七《答趙寅永》〔註72〕：易有聖人之道四焉，雖分四層說，其實仍一理而已。辭與變雖分，然變即辭之變也。象與占雖分，然占即象之占也。蓋抽出詳言，不得不申析為四，而實出一源耳。易固為卜筮而作，辭、象、變、占亦皆卜筮之用。而天地間理氣事物無不該貫其中。其實易固無所謂例也。自學者仰測之，則若有例可揣尋者耳，即如易有太極，太極生兩儀、四象、八卦雖若有分合先後次第而其實亦只一理也。太極是從兩儀未判之初，原自渾淪無迹象可求，則毛西河謂太極無所謂圖者，又何嘗不是乎？自濂溪周子作太極圖說，亦就其理，指其原始。既有先儒如此次第仰測，為之擬諸形容，亦不必別援陳希夷之說疑為別傳，此皆後人好生議論轉若致生岐說者，非平心說經之正也。今日讀易惟應翫辭，精究傳注，研審指歸，以求聖人教人寡過之旨。至於利用崇德窮神知化，聖人尚謂過此以往未之或知，後之學者焉得而仰窺之？今之學者嗜異驚博，旁究荀、虞，又或

〔註71〕子目：《易附記》、《書附記》、《詩附記》、《禮記附記》、《春秋附記》。

〔註72〕朝鮮學者。

旁及種放、劉牧諸家，不過欲與程朱立異耳。善學者於經義應研究處不知逐條審訂，而轉斷斷惟此等圖說之是辨，甚無謂也。是以因來書而附及之。

◎周一良《翁方綱羣經附記殘稿跋》〔註73〕：《附記》雖始作於嘉慶初年，而中間屢加修改。《易附記》《春秋附記》前題凡復核三次……《易附記》存自噬嗑至旅之未濟，為卷三至卷七，不完。

◎翁方綱（1733～1818），字正三，號覃溪，因景仰蘇軾，晚自號蘇齋。直隸順天大興（今屬北京）人。乾隆十七年（1752）進士，翰林院編修。歷任江西、湖北、江南、順天鄉試副考官，廣東、江西、山東學政，造就甚多。累官至詹事府少詹事、內閣學士。以朱珪、紀昀等為友，劉臺拱、凌廷湛、孔廣森、王聘珍等皆出其門。學問瞻博，精考訂，謂考訂之學以衷於義理為主。通金石，善書法，工詩文。又著有《兩漢金石考》、《經義考補正》、《復初齋詩文集》等。

翁方綱　周易劄記　五卷　存

傳鈔本

鄔寶珍　吉祥錄　一卷　存

山西藏 1920 年鄔慶時編刻半帆樓叢書〔註74〕本

◎鄔慶時《鄔道源先生家傳》：所著文辭、詩歌，歿後皆散佚，惟存《智因閣詩集》一卷，其《吉祥錄》一卷則薈輯易說以為立身處世之模則者也〔註75〕，《明珠》一卷則匯取明儒諸學說以成之。

◎鄔寶珍，一名寶玞，字宏根，一字道源。廣東番禺人。少遊陳澧之門，澧每稱許以為遠大之器，能振拔於流俗以不懈於學。光緒間考取謄錄，籤分國史館，議敘鹽大使。

無極呂子　壽山堂易說　三卷　圖解　一卷　存

北大、南圖康熙九年（1670）揚州許承宣等刻本

國圖、北大、上圖藏乾隆蔣士銓京師刻嘉慶四年（1799）郭晉印本

南京、山東、中科院藏咸豐同治汪南金刻同治五年（1866）長白小農崇

〔註73〕《近代著名圖書館館刊薈萃》第 4 冊《燕京大學圖書館報》。
〔註74〕一名《鄔氏叢書》、《鄔氏家乘》。
〔註75〕周按：計錄易象六十四條。

芳等濟南補刻本

　　國圖、南京藏光緒十七年（1891）蘇州瑪璃經房刻本

　　山東藏 1924 年北京悟善總社刻本

　　◎易說序：《易》，聖人之書也。聖人之書，惟聖人可以解之，下此者不能解也。夫既不能解聖人之書，而又以聖人之書不可不解，於是穿鑿附會，各以己意求聖人，而聖人作書之旨益晦，何也？文章莫大於六經，《尚書》者史官之所紀也，《詩》采之武夫游女，《禮》為漢儒所補綴，《春秋》雖經聖人筆削，而大半因其舊文。惟《易》則經伏羲、文王、周公、孔子數聖人而成之者也、夫聖如伏羲、文王、周公、孔子，可以正矣。以伏羲、文王、周公、孔子為一書，其書固蔑以加矣。後之人萬萬不能至于伏羲、文王、周公、孔子之域，而徒欲解伏羲、文王、周公、孔子之書，多見其不知量而已。然則伏羲、文王、周公、孔子而後遂無可解易者乎？曰：有以聖人之人解聖人之言，則易何不可解？而必於伏羲、文王、周公、孔子哉？今讀《易說》，為大仙偓宗呂先生所著。其言發前人所未發，而又明白洞達，如日月之揭中天而無不可曉然共見。然後知先生真聖人也，其能解聖人之書者也。向使伏羲、文王、周公、孔子互為解說，亦無以過，則雖謂《易說》一書仍以伏羲、文王、周公、孔子解伏羲、文王、周公、孔子之易，可矣。抑聞之，《易說》藏於虞山之玉松，已久歷年所矣。今庚戌冬，廣陵虛淨同人乃梓而行之。豈書之行也有其時有其地，亦有其人歟？！然易經數聖人而成，自伏羲迄孔子凡幾千年，而《易說》成於先生一人之手，且藏諸虞山，至今而始出，則其事固奇，而其書亦與易為不朽矣。後學許承宣謹識。

　　◎壽山堂易說序：聖賢之學豈有高遠難幾者哉？亦曰明乎天道，以人合之而已矣。夫以人合天，抑豈有他哉？亦曰與時偕行而已矣。時未至則有靜默之守，時既至則有滿盈之戒，察乎陰陽之消長，於以識吉凶悔吝之幾。故聖賢用顯用晦，變化無方，而進退咸宜焉。由此觀之，與時偕行，非即聖賢之學哉？第小儒曲學，昧於從違，往往宜晦而顯，宜退而進，靜默不知守，滿盈不知戒，或失之躁，或失之亢，幾萌不惕，變至不審，日趨於凶咎悔吝之途，而人道淪沒。聖人於是作易，以明天道於六爻之中，著陰陽之變化，盈虛消息、進退存亡皆寓於其內，其示人以趨避也至矣。然其義顯矣而又甚隱，其辭明矣而又甚微，淺者或以為占筮之書，深者或以為天機之秘。京房、輔嗣、焦生、子雲之流，所見尚如是，矧下焉者乎？孰知大而邦國之治亂，小而身

家之盛衰，與夫持躬涉世、處人接物，均不越乎易焉。大哉易乎！利用安身之道，達天知命之學，舍易何適哉。夫聖人往而微言絕，易道不明，天人學晦，疇為憂盛危明永得無失者乎？孔子曰：「加我數年，五十以學易，可以無大過矣。」寡過之學誠莫如易，易其可不學乎哉？故予有世道人心之憂焉。乃取六十四卦詳為說辭，明為剖晰。後之學者，觀象玩占於陰陽消長，辨吉凶於幾先，進退顯晦，不失其道，庶幾治國守家保身理物皆有賴焉。余之說易，未敢云有功於易，然以人合天之理，啟迪來學，使利貞常獲，無蹈危機，是余之志也夫！黃鶴山人呂子題於空秀閣。

◎崇芳序：同治丙寅，因公寓濟南趵突泉道院，暇日偕張石渠觀察登樓瞻眺，見樓簷下庋板片許多，諦視為呂子《易說》。詢之主者，知為前任東阿縣汪君南金所寄存。查閱，缺一頁。時張君攜有原書，因照抄補刻完好。同事諸君子如濟南府太守蕭君質齋，萊州府太守書君佩如、成君芝亭、夏君潤甫、惠君愛軒、任君靜波、奎君遠亭、章君師舟、德君暢亭，諸太守暨濟南司馬榮君桐卿，需次別駕王君子良，均以此書體裁明整，理解精深，為窮經者不可少之書。原版藏虞山之玉松，兵燹後有無不可知，續刻之汪君業已謝世，不有以表章之，恐遂湮滅。乃醵金集腋，刷印若干部以廣其傳。並囑趵突泉道友，俾護持謹藏，勿令殘缺失次云。長白小農崇芳謹識。

吳鰲　易經解義　佚

◎道光《徽州府志》卷十一之四《人物志・文苑》：著有《養心錄》《隨筆錄》《易經解義》。

◎吳鰲，字抃山。安徽婺源（今屬江西）中雲人。吳日藻子。增生。

吳邦選　讀易瑣記　三卷　存

浙江藏嘉慶二十四年（1819）弗措齋刻本

◎是書成於嘉慶二十一年（1816）。首有李堯棟序。

◎潘雨廷《讀易提要》卷八：夫吳氏於易似未深究，曰「瑣記」者，蓋讀各家易著，於某卦某爻繫辭以下之某句，凡某家之注有得於心，即錄之，每卦僅錄三、四句而已。所采及之易著，則有六七十家，以宋易為主。雖及李氏《集解》，然未詳讀。

◎吳邦選，字客山。江蘇長洲（今蘇州）人。嘉慶六年（1801）舉人。性渾厚，學問深邃。掌教青陽書院。

吳保泰 易經解 佚

◎同治《通城縣志》卷十五《人物》上：集有《學庸銘義》、《四書銘義》、《周易觀光》、《易經解》、《春秋經義聯珠》、《玩齋詩文稿》。

◎吳保泰，字際來。湖北通城在坊里人。乾隆五十四年（1789）舉人。揀選知縣，改就教職，任鄖西縣教諭，學問深邃，掌教青陽書院。

吳保泰 周易觀光 佚

◎同治《通城縣志》卷十五《人物》上著錄。

吳秉心 易理精研 佚

◎同治《樂平縣志》卷七《選舉志》：晚年尤精易，多所發明，書存於家。

◎同治《樂平縣志》卷九《藝文志》：《易理精研》（吳秉心撰）。

◎光緒《江西通志》卷九十九《藝文略》一《國朝》：《易理精研》，吳秉心撰（《樂平縣志》）。

◎吳秉心，字復（伏）元。江西樂平人。生平潛心力學，捐棄紛華，敦品植行。

吳昌齡 讀易圖經 佚

◎道光《徽州府志》卷十一之四《人物志・文苑》：著有《讀易圖經》《文選增註》《梅村詩箋》藏於家。

◎道光《休寧縣志》卷十四《人物志・續學》：著有《讀易圖經》《文選增註》《梅村詩箋》藏於家。

◎吳昌齡，字京少。安徽休寧大斐然。歲貢生。學有根柢，與堂兄鶴齡、弟錫齡有三吳之目。居家講授。

吳承仕 周易舊音辨證 一卷 存

1923 年鉛印經籍舊音辨證本

山東藏臺北成文出版社 1976 年無求備齋易經集成影印 1923 年鉛印本

◎吳承仕（1884～1939），字檢（線）齋。安徽歙縣人。光緒二十八年（1902）舉人。三十三年（1907）保和殿舉貢會考一等第一名，授大理院主事，掌管典籍簿冊。師章炳麟。歷任北京大學、北師大、北京女子師範大學等校教授，創辦《文史》、《盍旦》雜誌。又著有《檢齋讀書提要》《與章太炎先

生論易書》《經籍舊音辨證》《經學通論》《國故概要》《尚書三考》《三禮名物略例》等。

吳從周 易經明訓 佚

◎道光《徽州府志》卷十五《藝文志・婺源》：吳從周《易經明訓》。

◎吳從周，安徽婺源（今屬江西）人。著有《易經明訓》。

吳大昌 周易纂詁 四卷 佚

◎道光《涇縣續志》卷三《文苑》：所著有《四書通詁》十卷、《周易纂詁》四卷、《北羅詩草》一卷、《北羅賦存》一卷、《歷陽集》一卷、《老蠹叢談》二十餘卷（《採訪冊》）。

◎吳大昌，字世其。安徽涇縣茂林都人。由廩貢生入國子監肄業。試用訓導，署和州學正。年五十四卒。

吳大廷 讀易隨筆 三卷 存

國圖、復旦、南京、浙江、山東藏同治十二年（1873）金陵刻本

◎吳大廷《小酉腴山館主人自著年譜》卷一：（同治）三年甲子四十一歲（是年到浙。冬十有二月，《讀易隨筆》成）。

◎吳大廷《小酉腴山館主人自著年譜》卷一：二十八日《讀易隨筆》成，嗣後擬治《孝經》。

◎劉聲木《桐城文學撰述考》卷一「吳大廷撰述」：《讀易隨筆》三卷。

◎曾國藩《曾國藩全集》第十二卷《日記》同治九年：七月初八日吳彤雲送所著《讀易隨筆》，偶一翻閱。七月初九日略閱吳彤雲所著《易說》。

◎尚秉和《尚氏易學存稿校理・易說評議》：其《讀易隨筆》，章解句釋，祇就卦義爻義觀玩吉凶，而尤重易時易位。謂自官京師以及奉檄從軍，交遊半皆賢俊，而守正理以與周旋，每柄鑿不相入。及讀易既久，乃大悟向之所如不合者，理非不正、守非不堅，時與位俱失故也。乃益就《程傳》《本義》讀之，而貫穿以夏峰之說，條記其大旨，以為省身寡過之助。又云意在推尋卦畫，闡明人事，即象數以明其理。今觀其說，大抵以程朱為宗，以義理為主。其彖辭卦辭概不詮解，昆侖敷演，雖未若楊誠齋之明以史事為證，然其所言皆有所指：如是則亂生，如是則免禍。固程朱之嫡系也，純為義理之學。至所謂易理者，篇內概未之及。尤異者，自言即象數以明其理，乃六十四卦

之論說無一語及於象數者。蓋自王弼掃象以後，以空理說易，盛於唐，極於宋，已不知象數為何物。迄於明清，八比盛興，凡以義理說易者，無不以八比之法聯絡經義。學者知有象數之名耳，至何者為象數，已不能知。乾嘉以來講宋易者，其自序無不云兼重象數，實無一言象數者，固不祇此書，蓋《程傳》《本義》之流弊至斯又極。觀夫大廷自序云：「若欲矜奇表異，以炫惑學者，則非讕劣所能」，伊所謂矜奇表異蓋即言象數、言易理，而不專言義理者。其宗旨從可識矣。

　　◎吳大廷（1825～1877），字桐（彤）雲。湖南沅陵人。咸豐五年（1855）舉人。任內閣中書，後官至臺灣兵備道、船政提調。又著有《孝經古今文傳注輯論》一卷、《讀書隨筆》四卷、《福建票鹽志略》一卷、《桐雲六種》、《小酉腴山館文集》十二卷《詩集》八卷、《自著年譜》二卷。

吳道坦　周易圖說　佚

　　◎道光《續修桐城縣志》卷二十一《藝文志》：《周易圖說》（吳道坦撰）。
　　◎吳道坦，安徽桐城人。

吳德信　周易象義合參　十二卷　首一卷　存

　　國圖藏康熙四十五年（1706）餘慶堂刻本
　　北大、齊齊哈爾藏康熙五十三年（1714）俞卿刻本
　　家刻本
　　四庫存目叢書影印康熙五十三年（1714）俞卿刻本
　　◎各卷前題：江州吳德信誠友輯解，高安朱軾可亭、古滇俞卿恕庵裁定，竟陵王遠帶存、同里郭光文豹章參訂，男遠猷校字。
　　◎目錄：首卷讀易須知河圖（《啟蒙》）、古河圖（《啟蒙》）、古洛書（《啟蒙》）、朱子河圖（《本義》）、朱子洛書（《本義》）、河圖配五行（《啟蒙》）、陰陽老少法河圖（附管見）、圖書相為表裏（《啟蒙》）、伏羲法河圖畫卦（附管見）、伏羲八卦次序（《本義》）、伏羲八卦方位（《本義》）、伏羲六十四卦次序（《本義》）、伏羲六十四卦方位（《本義》）、易道逆數論（附管見）、先後天卦氣異同（附管見）、大極自然圖（相傳）、朱子大極圖（《啟蒙》）、易有大極圖（管見）、陰陽消長論（管見）、辨五位相得（管見）、朱子配先天卦氣圖（《啟蒙》）、解朱子作圖之意（附管見）、朱子提出方圖（《啟蒙》）、方圓說（管見）、文王八卦次序（《本義》）、文王八卦方位（《本義》）、後天卦位法河圖五行（附管見）、《本義》解易取卦變

之由（《啟蒙》）、卦變圖（《本義》）、剛柔往來十九卦（經傳）、辨剛柔往來為反
對（附管見）、易說綱領（《啟蒙》）、周易五贊（《啟蒙》）、筮短龜長（《左傳》）、
易學源流（陸氏）、筮儀（《本義》）、占變例（《啟蒙》）、卦變圖捷要（附管見）、
上下經序卦歌（後人所編）、八卦取象歌（《火珠易》）、分宮卦象次序（《火珠易》）、
附論。一卷十卦：乾坤屯蒙需訟師比小畜履。二卷十卦：泰否同人大有謙豫
隨蠱臨觀。三卷十卦：噬嗑賁剝復無妄大畜頤大過坎離。四卷十卦：咸恒遁
大壯晉明夷家人睽蹇解。五卷十二卦：損益夬姤萃升困井革鼎震艮。六卷十
二卦：漸歸妹豐旅巽兌渙節中孚小過既濟未濟。七卷：繫辭上傳，凡十二章。
八卷：繫辭下傳，凡十二章。九卷：文言傳。十卷：說卦傳。十一卷：序卦
傳。十二卷：雜卦傳。

◎凡例：

一、《周易》上下經二篇、孔子傳十篇，各自為卷，共十有二篇，此古易
之序，朱子作《本義》，從之。漢費直初以《彖傳》《象傳》皆所以釋經，總附
卦爻辭之後。鄭玄康成、王弼輔嗣又分附卦爻辭之下，增入乾坤《文言》，程
子《易傳》從之。蓋取經傳並見，俾學者交互參考也。但《文言傳》申乾坤二
卦之蘊，而餘卦之說可以倒推，與《繫辭傳》同意，當遵《本義》古易之序，
其餘悉從《程傳》。故上經一篇附《彖上傳》《象上傳》；下經一篇附《彖下傳》
《象下傳》，釐為六卷，以符兩經四傳之數。雖非各自為卷，猶存古易篇名。
其《繫辭上傳》《繫辭下傳》《文言傳》《說卦傳》《序卦傳》《雜卦傳》，悉如其
舊，仍不失經傳十二篇之義云。

一、《本義》凡八卦中卦德、卦象、性情之類，備言於上經首見之卦，後
不再述，如孔子統繫八卦、象義、性情於《大傳》之意也。但學者未能融會貫
通，故卦中凡以卦德、卦象及性情為辭者，仍補申之，以便開卷即得。

一、經傳中所註，多採前說。恐卷帙太繁，或取一句而截去上下，或取
一節而增損潤色，不能分著姓氏，非冒襲也。

一、經傳下圈裏大字盡屬《本義》，凡信所註釋，別以雙行小字，《本義》
渾合者分斷之，《本義》簡約者補明之，未言象者引而伸之，俾辭變象占皆有
所據。

一、經傳下圈外雙行小字乃信依文順辭，解經傳之意，期於明白曉暢，
不用繁文。

一、經傳中言剛柔往來凡十有九卦，已作反對註釋矣。但所取反對之由，

經傳下未便重複，故統辨首卷，併列其目。

一、註中間有與《本義》微不同者，如坤卦安貞吉之類，或體貼經文，或本諸《大傳》，或比類他卦，或出自河圖，或依後天八卦方位，及反對之象，必確有所指然後更定。究之，所解經文傳義則一。

一、遵朱子《啟蒙》，凡卦下只言大略，見文王本意。傳下方言卦體卦德，見孔子之意。與《本義》所註先後參差，蓋《本義》成於前，《啟蒙》作於後，故朱子曰「欲改正而未暇整頓」者也。

一、大極生兩儀、生四象，程子、朱子論之詳矣。惟四象生八卦，只解得生卦之義，其所以法河圖畫卦之處，諸說未愜。偶有一得，詳見卷首。

一、《本義》卷首只有九圖，河圖一、洛書二、伏羲八卦次序圖三、方位圖四、伏羲六十四卦圖五、方位圖六、文王八卦次序圖七、方位圖八、卦變圖九，及筮儀而已。其餘諸圖說，或出自《啟蒙》，或見諸《大傳》，或由他本所傳，或出自管見，併入首卷，分別註明備考。

一、每卦初爻下首列雙行小註，通論六爻大旨，以便開卷即得，非專解初爻，故在《本義》之前。

一、諸家解易各有總論居卦首，然傳曰「其初難知，其上易知，本末也」。一卦之事物雜賾，必待六爻讀完而眾理乃會，故信之總論悉附諸卦之末。

◎敘：六經垂教，莫先於《易》，亦莫精於《易》。蓋他經據事敷陳，其義顯；《易》則假象寓意，其義微。孔子晚而喜易，取羲、文、周三聖人之書作十翼以贊之，則潔靜精微何獨至也。後之講易者，支分派別，異同錯見，或遺理言象而涉於麄踈，或略象言理而入於虛無。林氏、來氏於象義未嘗無所發明，而揆之數聖人作經之旨，求其脗合無間，難矣。余友吳子誠爻，好學不倦，崇精易義，臥而思，坐而筆，垂三十年勒成一書，命曰《象義合參》。蓋源本紫陽而參酌諸家，義因象著，象以義明，炳炳烺烺，闡發殆無餘蘊矣。至若合太極於河圖、定五位之相得、辨卦氣於先天、審氣序之逆數，且以陰易進退正八卦相錯之義、以兩卦反對明剛柔往來之機，皆闡前人未發之蘊。而細按義理，固宜作如是觀，非私智穿鑿者比也。余學媿崇經，心求寡過，幸獲斯解，庶得觀象玩辭，俛焉日有孳孳，其或不負吳子啟余之意也夫！康熙壬午，孟陽里弟朱軾撰。

◎序：六經皆聖人之書也，《易》則六經之首出也。余曰：是即天地之書爾，他經天地之副本，《易》天地之原本也。何言之？《書》也者天地之功業

也，《詩》也者天地之性情也，《禮》者天地之文章，《樂》者天地之音律，《春秋》者天地之法度也，至於《易》則天地之心也者、功業之所出也、性情之所統也、文章音律法度之所生也，故曰天地之原本也。且夫天地之心天地知之，非天地不知也。然而天地非欲獨天地知之，實俾天下萬世無不知之。而天下萬世無有知之者，天地之心戚矣。於此得一先知之聖人知之，天地之心慰，而此先知天地之人之心尤慰矣。雖然，龍一現而即隱，圖雖出而未著，當此之際，知之者蓋其難哉。孟子敘群聖之統而斷以見知聞知。吾以為易也者，若伏羲則見而知之，若文王則聞而知之，若周公則見而知之，若孔子則聞而知之，夫此數聖人既已知之矣，而天下萬世無有如數聖人之知之者也。天地之心隱隱欲告也，數聖人之心隱隱欲告也，然則何以告之？亦曰以象而已矣。天地非象無以教聖人，聖人非象無以教天下萬世。離象而言易，則空虛無用之學耳。由今思之，天地未分，渾渾淪淪，思何象乎？天地既分，陰陽流行，思何象乎？陰陽既判，五行燦列，斯何象乎？伏羲大聖人也，以合天之心，舉如天之眼、運開天之手、提代天之筆，故能於一物未有、一理不形中，出大聰明大學問大力量，大書一畫一曰奇，奇一非陽之象乎？即此一奇一，天下之理定矣。聖人未已也，既書而坐，坐而思，思而諦，諦而審，又大書一畫--曰耦，耦--非陰之象乎？即此一奇一一耦--，天下之數生矣。一奇一重之再奇二，一耦重之再耦==；再奇二重之三奇三，再耦==重之三耦☷。何也？物有始也，必有中也；物有中也，必有終也，不至於三不備也。奇一至於三，三卦成矣；耦--至於三，☷卦成矣。聖人曰：「此三奇三也者，其天下之至健乎？非乾不足以當之，卦曰乾；此三☷也者，其天下之至順乎？非坤不足以當之，卦曰坤。乾坤者，萬物之父母也。乾坤不交，萬物何由而生？乾三之初交於坤為☳，非至動者乎？卦曰震。坤☷之初交於乾為☴，非善入者乎？卦曰巽。乾之中交於坤為☵，至險也，坤之中交於乾為☲，至明也，卦曰坎、曰離。乾之三交於坤為☶，善止也，坤之三交於乾為☱，和說也，卦曰艮、曰兌。乾坤也，震巽也，坎離也，艮兌也，八卦成矣。聖人曰：「孰可以象之？」象之者天地也，水火也，雷風也，山澤也。故天地之交不能無水火，水火之交不能無雷風，雷風之交不能無山澤，一以象之，一以貫之者也。又必重之以六者，何也？一至三，生數也；四至六，成數也。由生而成則變，由成而生則化，不變不化，則生成之機息矣。夫奇三耦☷各三畫耳，一變而成八卦六十四爻；三奇三三耦☷各六畫耳，遞變而至六十四卦三百八十四爻，變化之道

曷有紀極？是故太極象也，兩儀象也，四象象也，八卦象也，六十四卦三百八十四爻皆象也，故曰八卦即五行也，五行即陰陽也，陰陽即太極也。君子之於易也，語大天下莫能載，語小天下莫能破，無非太極也，無非陰陽也，無非卦也，無非爻也，無非象也，通五經四子而論，皆實而有據者也。彼二氏之流，烏能混我於虛空六合之外哉？余少未習易，精微未悉也，諸家未覽也，讀《程傳》《朱義》，僅識膚皮。及讀明孝廉來瞿塘先生註，深得錯綜變化之妙，精於言易者也。余乃恍然於易不可不讀。孔子曰：「作易者其有憂患乎」，又曰：「樂天知命故不憂」，蓋無憂者，聖人之心體也。所謂不怨不尤者、有憂患者，聖人為世之心也，所謂悲天憫人者也。象也者，吉凶之先見者，見乎蓍龜，動乎四體，遠取諸物，近取諸身也。知象則知吉凶，知吉凶則知善惡，知善惡則知趨避。乾之辭曰「君子終日乾乾，夕惕若」，坤之辭曰「積善之家必有餘慶」，又曰「履霜堅冰至」，此可知易教天下萬世之深心矣。故曰聖人之憂患也。以之卜筮者何？曰：易為君子謀也。禍福將至，見之必明；禍福既至，處之必當。故卜筮者，於此觀象焉。使羲、文、周、孔四聖人僅以卜筮作易，不亦淺之乎論易哉？江州誠友吳先生，宿儒也，生平遊覽，多歷風塵之表，而沉潛於易者垂三十年，其中涵靜悟，必有大過人者。癸巳秋，遇余於蘭亭之沼。得與談心，共晨夕焉。出其《象義合參》一卷示余。余讀而知象之有義，為不爽、不倍先儒，不汩異論，原分委晰，獨成一家言，有功後學不在朱子下。章句之間，稍與論訂，集成，因樂取而付諸梓。其大義微言，有識者開卷自能了然，似不待余言之贅矣。古滇俞卿書於越州公署之學古堂。

◎王遠引：曩予與吳子同客潛陽，疏雨青燈，數晨夕者二載有奇。吳子手《周易》一卷，朱墨詮次，漏三下不休。嘗謂予曰：「古今注易者無慮數百家，或專言理或專主象，竊以為各得其偏。予欲求象義合一之旨，庶不謬於聖人。」予笑曰：「我求作一讀書識字人不可得。子乃極深研幾，與羲、文、周、孔上下其論，何其志大宇宙、勇邁終古也。」相視而笑。吳子每舉所得以相告，予為心折。予間有妄議，吳子即取而改易之。其虛懷如此。自是別去十餘載，中幾離幾合，每晤輒出其書以相示。向之所謂有得者，又改去其半矣。頃復相值，則已脫稿。滇南俞忩庵先生，精於易者也，見而歎賞，捐貲授梓。予既嘉吳子好學深思，又歎俞公樂成人之美也，故喜而書之。至其晰理之精、取象之切，非予淺學所能測也。閼逢敦牂孟春月，柘水弟王遠引。

◎郭光文引：漢唐以來注易者甚夥，惟王弼易註、韓康伯《繫辭》註孔

穎達合而為《正義》，曾經進覽。宋歐陽公又請刪所載《易緯乾鑿度》之類，則孔疏猶未有盡取也。迨程子作《傳》，朱子著《本義》，而理與象昭揭千古，洵易道昌明之會哉。嗣後疏解紛錯，帖括罕窮，其理卜筮，若名其象，而易道復幾於晦。吳子誠友與余居同里閈，其滴露研硃、留心易學已數十易寒暑。每遇學堂會講輒舉所得共相欣賞。如河圖配太極，以解二氣之消長，申五位相得而各有合也；以方圓配四時，舉八卦之相錯，明經緯貫統而各目由也；法河圖奇耦以明畫卦之次第也，法後天方位以申繫蠱巽之甲庚也。他如剛柔往來上下，依文王序卦反對，皆闡往聖之奧旨，理先儒之緒言，非好學深思心知其意，烏能觀象玩辭觀變玩占，袞然成集若此？斯真可度越漢唐之儒，而接踵於程朱者矣。宜亟付梓以餉後賢之學易者。時康熙丙戌孟春，蒲亭弟郭光文引。

　　◎自序：《易》之為書，理假象著，象本理推，大而天地化育，小而日用尋常，遠而元會運世，近而几席晨昏，萬事萬物无不範圍其中，誠生民不可越之書也。孔子作傳贊易以明其理，八卦之象止於《大傳》中申之，非畧象也。聖人之學得意忘象，不必逐節推求，而六十四卦三百八十四爻以《大傳》所言之象觸類旁通，已无遺蘊矣。後之講易者舍理言象，固未免傷于支離；然舍象言理，又未免失于迂闊，幾昧羲、文諸聖人假象著理之旨。程子作傳，其論理也該體用、合顯微，可謂精且密。而朱子尚以專理遺象微有不足，故其言理也必依乎象，言象也悉本乎理。探數聖之洞微，破漢儒之謬妄，惟《本義》一書乎！信少而有志學易，淺見寡聞，莫窺門戶，乃取諸家之易互相考究，乍信復疑，乍得復失，如是者有年。究于河圖奇耦畫卦之故茫無所據。一日淮安舟次中宵假寐，忽因剛柔相摩句恍悟河圖本有八卦，特假伏羲畫出，皆天地自然之妙，不待人事安排耳。從此殫力研究又二十餘載，改竄校讐，三易其稿，乃粗成卷。凡所發明，要皆一遵《本義》，務使理與象胳合無間。有異處皆考諸經傳以及河圖卦位本有之象，不敢妄出臆見也。噫嘻！信何人斯，敢云註易？頭白鑽研，不出故紙，然寸知半解，得之匪易，願就正高明之士，當必有針砭其失者。是信之所厚望也。時康熙丙戌孟春，石鐘吳德信識。

　　◎四庫提要：是書以《繫辭》、《文言》〔註76〕、《說卦》、《序卦》、《雜卦》各自為篇，而以《彖傳》、《象傳》仍散附經文之內，蓋用宋人所傳鄭氏之本。

〔註76〕《庫書提要》「《繫辭》、《文言》」作「《文言》與《繫辭》」。

其例以《本義》大書，而發明《本義》者夾註句下，每節之末〔註77〕又隨文
衍說，如舉業家之講章。前有康熙丙戌自序稱「淮安舟次中宵假寐，忽因『剛
柔相摩』句恍悟河圖本有八卦，特假伏羲畫出」云云，是其學本從圖書而入，
真以為先有此五十五點黑白之圖，伏羲乃因之作易。又卷首《伏羲八卦次序
圖》後附注云：「按《說卦傳》「是故易逆數也」在『天地定位』章末，似承上
文通解圓圖之辭」云云，是又真以為方圓二圖為在孔子之前，孔子作傳以解
之。故根本先已輘轕，枝葉從而曼衍。卷首所列新舊圖說至於四十有二，其
河洛二圖各有本文各有朱子之本，其奇偶、陰陽、方位並同，惟朱子本則作
黑白圈，本文則河圖作旋毛、洛書作坼裂之狀。考河圖始見於《書》，古注不
言其質，似不應以馬革一片從伏羲流傳至周久而不腐，如以此五十五圈畫於
尺簡之上，即傳為重寶，似又於事理不然。至於龜文之說僅見後周盧辨《大
戴禮注》，為經典之所不載。果有其物，不應周人棄之，專寶河圖；果無其物，
則古書別無繪象，何由睹其文理？朱謀㙔等摭拾吳澄偽作，造為宣和內府秘
本之說，鑿空無證，德信乃摹而傳之。至所列《太極自然圖》，如今工匠刻鏤
器物所畫，蓋即來知德所作，德信不能言其授受，但以「相傳」二字注於其
下，足知其罕所考證〔註78〕矣。

　　◎光緒《江西通志》卷九十九《藝文略》一《國朝》：《周易象義合參》十
二卷，吳德信撰（《四庫全書存目提要》）。

　　◎吳德信，字成（誠）友。江西九江人。

吳德旋 周易本義參疑 六卷 存

　　國圖藏清初月樓刻本
　　國圖藏道光十二年（1832）刻二酉堂印本（四卷）
　　◎劉聲木《桐城文學撰述考》卷「撰述」：《易本義參疑》□卷。
　　◎吳德旋（1767～1840），字仲倫。江蘇宜興閘口歸美橋人。幼有神童之
稱，少以廩貢生三試不售，遂無意仕宦，專力古文。初從惲敬、張惠言學古
文，後與姚鼐交善，宗法桐城。善書法。又著有《詩經集傳拾遺》二卷、《初
月樓文鈔》十卷《續鈔》八卷、《初月樓詩鈔》四卷、《初月樓古文緒論》一
卷、《初月樓論書隨筆》一卷、《初月樓聞見錄》十卷《續錄》十卷、《文評三

〔註77〕《庫書提要》「末」作「下」。
〔註78〕《庫書提要》「足知其罕所考證」作「尤失於考證」。

種》、《評點孟子》、《瑣窗雜誌》二卷、《宜興荊溪碑刻志》不分卷。

吳鼎 十家易象集說 九十卷 佚

◎四庫提要：是編采宋俞琰、元龍仁夫、吳澄、胡一桂、明來知德、錢一本、唐鶴徵、高攀龍、郝敬、何楷十家之說。其論辨去取別為《附錄》十卷，蓋以漢唐舊說略備於李鼎祚《周易集解》、宋儒新義略備於董楷《周易會通》，惟元明諸解則未有專匯一書者，因裒此十家以繼二書之後。大旨主於明象，其論六十四卦之對體覆體、《雜卦傳》非錯簡，出於來易者為多云。

◎光緒《無錫金匱縣志》卷三十九《著述》：《十家易說》，吳鼎。

◎楊鐘羲《雪橋詩話續集》卷第五：撰有《易例舉要》《十家易象集說》及《東莞學案》。

◎吳鼎（1700～1768），字尊彝，號儉素，又號易堂，人稱易堂先生。江蘇金匱（今無錫）人。吳鼐弟。乾隆九年（1744）薦舉經學，以舉人授國子監司業，官至翰林院侍講學士，後降左春坊左贊善，遷翰林院侍講，旋休致。又著有《東莞學案》無卷數。

吳鼎 易經問目 一卷 存

山東藏乾隆三十七年（1772）刻本

吳鼎 易例舉要 二卷 佚

◎四庫提要：易有義例，《繫辭傳》、《說卦傳》已括其要，是書仿御纂《周易折中》卷首義例而益加推衍，上卷多輯先儒之說，下卷多出己意，凡一百四十八條。書中惟不及互卦、卦變二義，其自序云「已詳《中爻考》、《卦變考》中」，今書中不載《中爻》、《卦變》二考，或別有成書歟？

◎《皇朝文獻通考》卷二百十二：《舉要》二卷，遵御纂《周易折中》之例而述之，凡一百四十八條。又因漢唐宋儒舊說已略備於李鼎祚《周易集解》及董楷《周易會通》，惟元明未有專書，因采元俞琰、龍仁夫、吳澄、胡一桂，明來知德、錢一本、唐鶴徵、高攀龍、郝敬、何楷十家之說，彙為一書，以繼李、董二書之後云。

◎李元度《國朝先正事略》：所著有《易例舉要》二卷、《十家易象集說》九十卷。裒宋俞琰、元龍仁夫、明來知德等十家易說以繼李鼎祚董楷之後。其《東莞學業》則專攻陳建《學蔀通釋》作也。其兄鼐亦通經術，深於易、

三禮。

◎錢泰吉《曝書雜記》：金匱吳先生深於易學，其所著《易例舉要》九卷、《十家易說》九十卷亦未見。

◎光緒《無錫金匱縣志》卷三十九《著述》：《易例舉要》，吳鼎。

吳鼎 易堂問目 不分卷 存

山東藏乾隆三十七年（1772）刻本

◎光緒《無錫金匱縣志》卷三十九《著述》：《易堂問目》四卷，吳鼎。

吳鼎 易問 附中爻考 卦變考 無卷數 存

鄒氏延喜樓鈔本

◎是書就上下經及《繫辭》《說卦》二傳設為問答，先列馬、鄭及諸儒之說，推衍其義，復折衷己意為解。

吳鼎 易象集說附錄 十卷 存

乾隆武英殿寫本

◎序：鼎既為《易象集說》九十卷，凡其盤根錯節之處，同異並存，不欲以一說示隘，仍以己意為之論次，不敢攙入正書與諸儒並列，別為附錄六卷以附於後。易曰：「麗澤，兌，君子以朋友講習。」習從羽從白，為鳥數飛之義。羽，水音；白，水色，亦水流不止之義，故八重卦惟坎曰習坎。兌本止水，能習則流；坎本流水，不習亦止。涓滴而流為滄溟，汪洋而止為斷港，習與不習之異耳。愚為此編以就正有道，使名師益友得有所據以發其蒙而撒其蔀，將濯其汙而進之以白，翼其飛而傳之以羽，謂非講習之一助耶？乾隆四年歲在己未仲冬之月，梁溪吳鼎。

吳定 周易集注 八卷 存

國圖、湖北藏嘉慶九年（1804）刻本

◎周易集註自序〔註79〕：昔之聖人欲明道以寡烝民之過，實言之則不克周萬情以濟民用也，易由是興焉。易之初，象而已。辭明象，象明意也。意者何？道也，故曰聖人立象以盡意。漢之傳易者玩象而為之註，當矣。然而其

〔註79〕錄自吳定《紫石泉山房文集》卷六。文末原附王濱麓評：《周易》《大學》《中庸》三序，羽翼聖教，皆韓子所謂醇乎醇者也，然是南宋大儒之文。

失也，或嫌於鑿，或病於膚，或涉於雷同，或傷於破碎，其故何哉？蓋索象而遺意，則雖天地雷風水火山澤肆所鋪陳，而於聖人立卦生爻之原究茫乎如在闇室焉，毋怪乎終日言象而去道愈遙也。魏晉以降又苦象之煩而掃之，而索聖人之意於冥冥太空之境，是猶不綱罟而佃漁也，抑又難矣。以故二千年來釋易之書不啻千百，而易道卒明而不明，可勝悼哉！定生也晚，自羞駑鈍，又乏師資，少嘗泛濫於六經諸史百家，年三十八始慨然畢志殫精於易。玩辭以尋象，緣象以窮意。象以生爻，而或歧而二之；爻有主有從，而或歧而六之。則脈絡為之隔塞，意無由通貫矣。文周之繫象繫爻，繫羲象也；孔子之傳象傳文，傳文周之辭也。歧四聖之易而三之，亦烏知經傳同條而因以得卦爻之意所託乎？始定之學易也，有一言一義之盲於心，每捐寢食求之，不可得則筮之，必意與聖通而後慊，苟意明則道明矣。吾聞怯者積學生勇，闇者積思生明，如是者久之，恍然悟六爻猶一爻焉，六十四卦猶一卦焉，乃嘆夫子所贊易簡者其在斯乎？不自量度，懼易道之湮，輒敢排纂眾論而棄取之，筆諸書以貽諸二三子，若曰此古人之遺訓云耳。然其間私見臆說覆罪古人者，蓋幾半焉。嗚呼！漢魏諸儒無論矣，以宋賢之明慧，其所箋傳義昭然爭日月之光矣，然學者猶或疑之。矧蒙陋如定者，乃欲集眾賢之義，成一家之書，不亦憂哉？！後之君子，肯匡小子之謬戾，而有以教之，是則定今日之志也夫〔註80〕！

◎姚鼐《惜抱軒文後集》卷五《吳殿麟傳》：暮年歸歙不復出，專力經學，希為詩文矣。歙中學者言經，自江慎修、戴東原輩，大抵主考證事物訓詁而已，而殿麟乃銳意深求義理。註《易》《中庸》各一編。

◎吳德旋《初月樓聞見錄》卷五：為諸生，屢應鄉試不獲舉，嘉慶初有司以孝廉方正舉之，桐城劉海峰之官于徽州也，殿麟從學為詩文。海峰歸桐城，又從之桐城。其論詩文，最嚴於法。晚歲乃專力治經，歙中學者言經，自江慎脩、戴東原輩，大抵主考證事物訓詁而已，而殿麟獨銳意深求義理。註《易》《中庸》各一編。

◎《重修安徽通志》卷二百二十五《人物》：與姚鼐交最善，論文最嚴於法。鼐每為文示定，定所不可，必盡言，嘗竄易數四，猶以為未協，必得當乃止。其所自著有《周易集注》十卷、《紫石泉山房文集》十二卷《詩集》六卷。

〔註80〕文末附王濱麓評：《周易》《大學》《中庸》三序，羽翼聖教，皆韓子所謂醇乎醇者也，然是南宋大儒之文。

集中所論冠婚喪祭諸作，鼐以為皆有益於風俗人心云。

◎道光《徽州府志》卷十五《藝文志‧歙》：吳定《周易集注》八卷。

◎民國《歙縣志‧儒林》卷七《人物志‧文苑》：中年畢志殫精於易，著有《周易注》七卷、《紫石泉山房文集》十二卷《詩鈔》三卷。

◎民國《歙縣志》卷十五《藝文志‧書目》：《周易集註》八卷、《紫石泉山房文集》十二卷《詩鈔》二卷、《四書集疑》（俱吳定）。

◎道光《徽州府志》卷十一之三《人物志‧儒林》：歙中學者言經，自江慎脩、戴東原輩，大抵所論主考證事物訓詁而已，而殿麟獨銳意深求義理。註《易》《中庸》各一編。

◎吳定，字殿麟，號澹泉。安徽歙縣巖鎮人。家本貧，至老貧甚，然廉正有守。屢鄉試不售，嘉慶元年（1796）舉孝廉方正，賜六品服。與桐城姚鼐、王灼同受古文法於劉大櫆。暮年歸歙不復出，專力經學，希為詩文。卒年六十六。又著有《紫石泉山房文集》十二卷《詩集》三卷。

吳惇寬 周易心宗 四卷 存

山東藏光緒十八年（1892）汪瑞庭刻本

◎自序：易者，精一執中危微之心學也。宓羲一畫，有象無辭。夏《連山》首艮，八萬言，本列山氏。商《歸藏》首坤，四千三百言，本軒轅氏。文周為《周易》，首乾，作上下經，本宓羲氏，文義著而象數隱。首艮首坤，一五、二五之旨也。周首乾，尊陽之義乎！以象繫辭補羲畫之未備。蓋先天一畫，象已該，而用未顯。時異世漓，故不得已而演為民用，然亦先天之生次為後天之流行耳。孔子曰：「大哉乾元，萬物資始」，又曰：「天尊地卑，乾坤定，貴賤位」，又曰：「垂衣裳而天下治」，蓋取諸乾坤，監夏監商允矣，從周之思也。不然，何以之宋而得乾坤矣？是《歸藏》之義猶存於宋。乃獨諄諄以十翼闡文周之旨耶？自十翼出，《周易》顯。雖大卜尚存三易，《連山》《歸藏》後竟邈焉無傳。而或謂《左傳》傳繇辭為夏商易，豈其然乎？周衰，經傳泯沒，道術決裂。韓宣子至周始聞《周易》，尚不得於象數，將亦象數之學當時已自難言，而《周易》之義或亦晦矣。孔子揭示大衍，傳之商瞿。商瞿之後，若軒臂子弓、矯子庸疵、周子家豎、孫虞、光子承羽、田子莊何、王同子仲、楊何輩，皆師相授受。自田何以上源出於一，田何以下流分為四。而施、孟、梁、京之學立矣。後復分為三氏，有田何易、焦贛易、費直易。何易商瞿分上下

經，以孔作為十傳而有章句。贛易專於察，為《易林》十六卷。直之易則主卦
筮，無章句，更以《彖》《象》《文言》等參入卦中以解經。至西晉。諸家皆
亡，即孟、京、焦，亦有書無師。而費易獨傳者，以鄭康成、王弼等為傳注
也。孔穎達、董仲舒、劉向輩紛紛聚訟。揚子雲為《太玄》，改象為測，進六
爻為七爻，雖于易體有合，然測終未詳。宋初陳希夷闡其學，遞至邵康節及
周、程、朱而易大顯。希夷以河洛理數發先天之秘，尚偏於一。周茂叔《通
書》微有所窺，《太極圖論》可以語義、文之概矣。但二天宗旨未明，十翼淵
微不曉，恐見亦渺茫。程伊川《易傳》本自王弼，乃費氏之學，取義抹象，理
障獨深。朱晦庵據呂伯恭古義為《本義》，與呂大防同，乃田何之遺。而又酌
之以邵氏先天之學，發王、程抹象之失，似得正宗。但言尚膚淺，莫究厥疑，
多存闕疑，差強人意。雖《本義》《啟蒙》入理言象，徒用苦心，虛泛無實，
固涉獵不精之過，然亦潔淨精微之學難以文字禪參也。邵子稱文得天地流行
之用，應天應地數語，卓有玄識，深得先天羲義之旨。但加倍法尚是易中之
一，豈貫大全？故自宋晉以前，人各以易自立。田何之後，支流既繁，派別亦
異，漢之十三家、唐之七十六家、宋之百四十家，皆周易也。我明獨崇程、朱
《傳》《義》，胡廣、楊榮輩皆章句之儒，故《大全》《性理》諸書不過本程、
朱之學，集諸儒之說，兼收並採，泛而無主。朱楓林號稱有本，旁注一書，猶
然疑似。梁山來瞿塘似啟未剖之疑，可刮先儒之目，無奈下手無據，猶之乎
毫釐千里也。他皆拾古人之唾餘以自文，非逐象而詭，則執理而迂，下之則
假明經以取青紫，卑卑何足比數？先師十翼之旨、羲爻二天之微，即謂三千
年心學失傳可也。先子以葩經名家，小子不敏，株守一經，即旁通于易，亦舉
子業，豈暇精披？後究經濟，乃知窮物理者莫神于易。一探索之，而終未得
其解也。先子力學，老而益勤，畫夜寒暑，一本于書，諸子百家，手自鈔寫，
政事之餘，著《四書吳說》《詩經吳說》《五經大意》，曰：「人者天地之心，六
經者人心之著也。以八卦定吉凶，能前民用，而使人畢天下之能事者，莫如
《易》。若《書》《禮》《春秋》皆聖人心學。爾小子何獨一經之外，遂胡越也？
今易失於宋，以理障也。欲窺易，其惟圖象乎？！聖人立象盡易，羲畫一布，
餘已無餘。子其究之！」友人朱白石曰：「古名臣大儒莫不知易，非易難與言
有本之學，學易當從象數。」示以《楓林易》。瞿慕川曰：「易從象數入，理乃
有據。」贈之《以俟錄》。張養默曰：「來瞿塘乃知易者，何以所畫之圈反？豈
傳者訛耶？！然確知宋儒之失。」程玄圃曰：「易者理數之源，若障於宋儒之

學而不究象數，其猶磨石為鏡，可得乎？」余小子承先子之學，奉友生之教，窮披廣博，終未有得。乃思索二十餘年至於今，患難之餘，恍然乃悟。合理與象數而融其說，先後二天而一其旨，求數於羲，求羲於文、周，集大成於孔子，創圖立言，將上下二經以乾坤二卦提前細解。自屯蒙以下，卦卦爻爻，俱從乾坤二用之意為之注疏，以孔子十翼為二經之注。玩辭根象，用數究理，明《雜卦》為《序卦》之次，不致後人改《雜卦》為反卦、誣《序卦》為漢詁。盡掃支蔓，直陳易簡。研幾積慮，似發三千年來心學之秘，謂之直承周、孔之脈亦不僭矣。敢因先子六經人心之著之義，合人元參天兩地之旨，名曰《周易心宗》。從周繼孔，歸理於二五中爻。蓋人於數為七，復為坎，濟為離，見為兌，上以參天而令天無窮九，下以兩地而令地無窮六，二五交修，六八成濟，主中持正，變現隨呈。將世運之紀、惠迪從逆之幾，與元十二會之祕、衡度曆律虛涵三極妙應不匱之微，總演於二五中爻，為人元心宗參贊之統。辭占象數，曉然現前，有直超漢晉唐宋之學一洗而空之者，安得起先子於九原而樂觀其成，揖養默、玄圃、慕川諸君子而大闡其祕？世有知己，當必哀此苦心，或不致覆瓿無傳，傳之當不似《太玄》等耳。雖然，尚有白石之學日富業日起，同心之人契悟相印，兩人自足當期細論於嵩華泰岱之間，將不使五嶽獨稱尊，又何有於傳不傳、知不知之人？！崇禎壬申冬十一月上浣日，漫園吳惇寬栗庵氏自序。

◎吳惇寬，字栗庵。湖北黃陂人。吳之皞子。崇禎貢生。

吳羔　易經易簡　佚

◎道光《廣東通志．藝文畧》一：《易經易簡》(國朝吳羔撰。未見)。

◎乾隆《潮州府志》二十九文苑傳：譔《四譽隅反》《易經易簡》《詩經頗談》《禮記捷義》、詩文集各若干。

◎吳羔，字曙朋（明），號櫟埜。廣東大埔人。屢試不遇，以著述自娛。

吳光　易箋　十卷　佚

◎一名《易粕十箋》、《五願齋易粕十箋》。

◎自序略曰〔註81〕：夫子贊易以《雜卦》終，光以《雜卦》始。終則有始，不始則無終也。宋濂洛諸儒，于《雜卦》一篇多置之不論不議。或有詮

〔註81〕錄自光緒《武陽志餘》卷七《經籍》。

釋，亦從字句推敲。逮後且有以主爻為說、錯綜為義者，俱從蔡氏改正。其於大易始終之故，終不得而問之。又曰：易必終之以《雜卦》者，蓋易為君子謀不為小人謀，此夫子萬不得已之苦心也。夫子不得已而終之，光故始之。然光雖始之，而所箋者皆粕也。若曰亦猶行此不得已之心，則光又何敢？

◎李顒《二曲集》卷二十《吳野翁傳》：所著有《弄丸吟》一卷、《大學格致辨》一卷、《五願齋文集》、《耕娛集》、《遂初集》《野翁日錄》共若干卷。而《易類十箋》象數易理兼詣其極，尤足指南來學於無窮云。

◎李顒《二曲集》卷十六《答吳野翁》：客夏承寄文集全部、《易箋》十卷。文酷似韓歐，易不讓《來注》。卒業之餘，吾無間然。惟今春所寄《明儒參訂》與楊雪老《明儒偶評》大同小異，中間不無可商。縱一二至當，歸一毫無可商。推之南海北海東海西海、千百世之上千百世之下而準，亦與切己大事有何干涉？區區蚤歲過不自揆，嘗欲上孔曾思孟下至漢隋唐宋元明諸儒，以及事功節義經術文藝，兼收并包，勒為《儒鑑》一書而細評之。俾儒冠儒服者有所攷鏡知所從事。念非切己急務，遂輟不復為。鄒南皋簡一友人云：「吾輩冉冉老矣，無論在外在家，各各收拾舊頭顱，求不愧天之所以與我者。自成自道，一真百真。口頭說得明，筆下寫得去，濟得甚事？」斯言深中吾人膏肓，僕常以之自警。今敢獻諸左右，覽畢不妨轉示雪老。

◎李顒《二曲集》卷二十一《吳野翁先生贊》：

先生吳之隱君子也，貌古心古學古，諸所撰摛，足以凌駕當世而媲美韓歐文古。予曩遊毘陵，承先生不鄙，忘年折節，日就予盤桓。高風遠韻，令人穆然有璞玉渾金之思。謹贊其槩以志傾企。

世有稱人之學若海也，予不謂然，而於先生信之。世有稱人之養若璞也，予所未覯，而於先生印之。著述之富，人弗及也。苟奮其才，尚或進之。大易之蘊，蓋昔賢所未能晰也，而先生之闡發，亶其盡之。孔子云：「先進於禮樂」，彼何人斯？維先生庶幾近之。千載而下，相傳有耄而好學、繼踵衛武者，匪先生其孰堪任之。

◎李顒《二曲集》卷二十四《義林記》引《襄城縣志・流寓》：著作種種，皆身心性命切衷之功，坐言起行，識者謂文清、新建燈傳在茲。凡古今典籍靡不洞究，有《十三經註疏糾謬》《廿一史糾謬》。

◎唐鑑《國朝學案小識》卷十武進吳先生（光）：著有《弄丸吟》一卷、《大學格致辨》一卷、《論孟合參》一卷、《中庸臆說》一卷、《讀書錄抄》二

卷、《五願齋文集》、《耕娛集》、《遂初集》、《野翁日錄》，共若干卷。而《易粕十箋》象數義理兼詣其極。

◎光緒《武陽志餘》卷七《經籍》：《五願齋易粕十箋》（無卷數），國朝處士吳光與嚴撰。與嚴，霞舟從子，嘗從講學東林。鼎革後棄舉業，結茅溵湖東，閉關玩易。生平多箸述。

◎《經籍錄》〔註 82〕：是書無卷數，前有目錄題，一刻甲集雜卦傳附互體圖說，二刻乙集《序卦傳》附蕭氏考原，三刻丙集《說卦傳》附三易質疑，四刻丁集《繫辭上傳》附卦數卦氣圖說，五刻戊集《繫辭下傳》附十三卦九卦圖說，六刻己集象卦異同辨附藏中圖象祕本，七刻庚集自乾至否十二卦，八刻辛集自同人至離十八卦，九刻壬集自咸至升十六卦，十刻癸集自困至未濟十六卦，凡十集。而薛氏所見本止甲乙二集，非完書矣。然甲乙集目錄下注「以下嗣出」四字，或所刻本無完帙歟？說《雜卦》云：「上經始乾坤，始以乾坤之不交者也；下經始咸恆，亦始乾坤也，始以乾坤之交者也。上終以井困，下終以需訟，皆終以坎也。終以坎，終以乾也，坎得乾之中氣者也。大過下另為局而終以夬，終以乾也，夬一決則剛長，乃終復於乾矣。」其大旨如此。其說《序卦》則惟依蕭氏《考原》說。蕭氏名漢中，元泰和人。至己集所稱藏中秘本，未見其書，不知為何本也。

◎吳光，字與嚴，號野翁。江蘇武進人。甲申取平日所擬時務及雜撰付火，自是絕意人事，結廬於東僻壤，日惟玩易自適。

吳光耀 河圖洛書大義 存

四川藏 1922 年成都昌福公司鉛印本

吳國琦 易占 佚

◎《江南通志》卷一百六十七：著《懷茲堂詩文集》《尚書音》《易占》《禮略》諸書。

◎道光《續修桐城縣志》卷二十一《藝文志》：《周占》（明吳國琦撰。見《江南通志》。未載卷數）。

◎《桐舊集》：著有《尚書音》、《易占禮略》等書。

◎吳國琦，字公良，號雪崖。崇禎辛未進士，官兵部主事。司理漳州，平

〔註 82〕錄自光緒《武陽志餘》卷七《經籍》。

反沉獄八百餘案。歸，蔬食布袍，文名愈重。子弘安，順治壬辰進士。

吳顥 周易纂注 二十卷 存

湖北藏嘉慶三年（1798）吳氏讀書樓刻本

◎吳振械：先大公退庵公，孝友剛毅，出於性成，行動過格，力斥二氏之說。屢上春官，不得志。得官廣文，尋亦棄去。家貧，衣食於奔走，入閩、入蜀、入楚、入齊魯、入黔滇，蹤跡半天下。性尤篤學，誨人無倦色。曉年築樓三楹，榜曰「讀書」，課諸孫其中，終日以研究尋討為業。所著《周易纂要》、《家語錄要》、《讀書錄要》、《杭郡詩輯》皆梓行。又著《書經／詩經輯注》、《文選補注》、《格物編》，《詅癡蕞殘》、《蟄夫碎錄》，皆未付梓。

◎吳顥，原名嗣程，字仰顥，號洛波，一號退庵。浙江錢塘（今杭州）人。乾隆乙卯舉人，官遂昌訓導。有《睫巢詩鈔》、《遊仙詩》。輯有《國朝杭州詩輯》三十二卷，其孫振械輯《國朝杭州詩續輯》四十六卷。

吳化參 周易易知 八卷 佚

◎民國《宿松縣志》卷四十二下《篤行》：母歿，哀傷憂鬱，遂兼涉醫卜命數之學，藉以解煩。久而悟徹易理，焚香默契，無微不盡。著有《周易易知》八卷、《天機或問》二卷、《日用不知》四卷。

◎吳化參，號悔齋。安徽宿松人。幼失怙，母常以古大儒言行相訓。既長，下帷苦攻，潛心大業，目營四海，心醉六經，屢躓名場，終以為憾。

吳繼仕 易辭述旨 二卷 佚

◎道光《徽州府志》卷十五《藝文志》：吳繼仕《周易像變述旨》二卷、《易辭述旨》二卷、《易占》一卷、《易數》三卷。

吳繼仕 易數 三卷 佚

◎道光《徽州府志》卷十五《藝文志》：吳繼仕《周易像變述旨》二卷、《易辭述旨》二卷、《易占》一卷、《易數》三卷。

吳繼仕 易占 一卷 佚

◎道光《徽州府志》卷十五《藝文志》：吳繼仕《周易像變述旨》二卷、《易辭述旨》二卷、《易占》一卷、《易數》三卷。

吳繼仕 周易像變述旨 二卷 佚

◎道光《徽州府志》卷十五《藝文志》：吳繼仕《周易像變述旨》二卷、
《易辭述旨》二卷、《易占》一卷、《易數》三卷。

吳嘉賓 求自得之室周易說 十四卷 存

復旦、上海藏同治元年（1862）吳氏刻本

臺中文聽閣圖書有限公司 2011 年晚清四部叢刊第六編影印同治元年
（1862）刻本

◎一名《周易說》。

◎光緒《江西通志》卷九十九《藝文略》一《國朝》：《周易說》十四卷，
吳嘉賓撰（《南豐縣志》）。

◎劉聲木《桐城文學撰述考》卷三「吳嘉賓撰述」：《易說》十四卷。

◎孫殿起《販書偶記》著錄咸豐刻本。

◎吳嘉賓（1803～1874），字子序。江西南豐人。道光十八年（1838）進
士，授翰林院編修。因言獲罪遣邊，後獲釋還鄉，與太平軍戰歿。又著有
《尚書說》四卷、《詩說》四卷、《儀禮說》二卷、《禮記說》二卷、《喪服會
通說》四卷、《四書說》六卷、《求自得之室讀書記》六卷、《求自得之室文
鈔》（《求自得之室文集》）十二卷、《尚絅廬詩存》二卷、《吳子序太史文鈔》
不分卷。

吳金鐸 周易索隱 一卷 存

國圖藏 1936 年油印本

吳金鑑 周易易簡錄 二卷 佚

◎光緒《武陽志餘》卷七《經籍》：《周易易簡錄》二卷，國朝舉人吳金鑑
宗明撰。宗明陽湖人。雍正四年舉於鄉，不樂仕進，以箸述為事，尤精於易。

◎吳金鑑，字宗明。江蘇陽湖（今武進）人。雍正四年舉人。

吳錦章 易經纂義 佚

◎民國《震澤縣志續》不分卷《圖書目》：《易經纂義》，吳錦章撰。

◎吳錦章，江蘇震澤（今蘇州）人。著有《易經纂義》。同時湖北夷陵（今
宜昌）興山亦有吳錦章，誥授資政大夫花翎按察使銜，遞加二品銜湖南即補

道，歷署衡永郴桂兵備道、贊理通省糧儲道事，著有《六書類纂》《字學尋源》《讀篆臆存雜說》。

吳康 周易大綱 四章 存

山東藏商務印書館 1938 年王雲五主編國學小叢書本排印本

山東藏 1947 年商務印書館鉛印本

臺灣文聽閣圖書有限公司 2009 年林慶彰主編民國時期經學叢書本

◎目錄：導言釋經。第一章易釋名及三易。第二章論作易傳易源流。第三章易詞釋例；第一節釋卦，第二節釋爻，第三節釋彖，第四節釋象，第五節釋辭。第四章易義總論。附錄——易類書目舉要：（一）關於訓詁（音韻附）及義理（間及見解象數）者，（二）關於象數（間及義解）及圖說（間及占筮）者，（附）以下各書，四庫以入子部儒家術數類、道家、今錄以供參考，（三）關於釋例者，（四）關於章句者，（五）關於辨正者，（六）關於考證者，（七）關於校勘者，（八）關於占筮者（附）以下各書、四庫以入子部儒家術數類、今錄以供參考，（九）關於編纂及通論者，（十）關於輯佚者，（十一）關於緯書者，（十二）關於石經者，（十三）關於三易者，（附注一）（附注二）。

◎序：《易》為中國最古之哲學書，始以卜筮傳，逮十翼諸辭先後間作，探賾索隱鉤深致遠，凡宇宙自然之理、人物事變之情，曼衍恢宏涵苞無外，遂使皇古卜筮之書，轉為幽思經緯之作。於象數之中窮義理之致，而《易》之為中土最古哲學經籍，乃與身毒之吷陀、猶太之泰木，同其不朽。洋洋乎宰制萬物，具存於斯文矣。民國十一年秋余來羊石，主講國立廣東高等師範學校，授經傳子史文課，為《經學大綱》一書，述《易》《書》《禮》《春秋》要略，羣經大義粗備於是。十三年夏改建國立廣東大學，余繼主講習，續有述作。十四年冬，橐筆北遊。次年春間，浮海西征，遂留法京。奄忽七載，究心殊學，未遑還理故業也。念一年秋，歸自歐洲，復主本校講習，檢理叢殘，或多散佚。所為古子哲學史傳札記已飄零殘壞，欲求全編，不可復得。獨《經學大綱》弄在篋笥。自禮以上篇簡猶存。今秋將復為諸生說義、文卦義，則割《周易》一部，稍加刪節，迻錄付刊，顏曰《周易大綱》，以為講本，資參證。夫理之至者不可以名言說義，德之尊者，不可以山嶽儗倫。說儗之弗可能矣，則唯有冥索而想象之，而寂寥恍惚，物象存焉。發其條理，以閱眾甫，是求至道之術。以此讀易，庶幾可乎？此宣尼所以發憤忘食、韋編三絕而不厭也。

董仲舒曰：善言天者必有徵於人，善言古者必有驗於今，是以博學明辨之士，欲求易道於毫釐之間，覽天人之際，窮性命之奧，則宜博考中西文說，校其利害得失，以求其變易交通日新而不已者，以為人世新社會進化之前導，是乃今日治古學者之通律，弗獨說易為然也。詩曰：不戢不難，受福不那，夫不勤求考覽，校覈異同，徒棲止空山，守一先生之言以自說，而能大其業、成其德者，蓋未之前聞。察於此焉，而罔羅眾說，以求動靜闔闢乾乾日進之義，其可矣。中華民國二十三年八月，吳康敬軒謹識於廣州國立中山大學文學院，時距第三年之九一八國難紀念，裁二旬餘日矣。

◎後敘：是書原稿為余十六年前所著《經學大綱》之首編，民國二十一年秋，予歸自歐洲，主中山大學文學院教務，逾二年取而復刊，備諸生講習之用。旋應巴黎大學中國學院文學講座之聘，再走歐洲，講學逾年，去春歸國，回中山大學任課。未四月而東夷在盧溝橋發難，中原板蕩。余於講課之外，復主文學院教務，人事煩擾，卒卒鮮暇，稍為諸生授《易學要旨》，庶使青年於抗戰烽火中，不忘極深研幾之意，儻亦非非常時期教育之一義乎？先哲憂思作易，今人則憂思讀易，探賾索隱，鉤深致遠，吉凶示象之義，極於與民同患。以知前聖作易，開物成務之意，固有所在，非徒退藏於密、獨善其身已也。今東夷構禍，海疆淪陷，獸蹄鳥迹，交於中國。民族憂患之深，蓋為前古所無。欲考文教之原，求復興之業，必當內取前聖制作之菁英，施以現代科學之研究，發其奧義，以為民族精神中心前導；然後外接歐美文明，講求科學工藝之精，探討其原理，恢彊其施用，以為護我民族精神永存之利器，抵禦外寇侵略，建立人道和平，此我先民哲學思想最高之境，而易之涵義恢宏，講求而昌大之此適其時會也。嗟乎！明於天之道，而察於民之故，易之職也。風雨如晦，雞鳴不已，軫神州陸沉之禍，談劫燼灰飛之年，將彰往而察來，從憂患而學易，開物成務，彌綸天地之道，繇旨遠辭文而得其大成焉。極數通變，與民同患，則易學大義，將浹於民族肌膚骨髓，而助其精神復興，民到於今受其賜，其斯之謂與？易始於乾坤而終於未濟，以明陰陽剛柔之道，參伍錯綜，示人道進化流行於無窮也。平遠吳康敬軒記於廣州國立中山大學文學院。時中華民國二十七年三月二十六日，首都南京淪陷後百日也。

◎吳康（1895～1976），字敬軒，自號錫園主人。廣東平遠縣東石鎮錫水村（一說洋背村）人。曾任職國立廣東大學、廣東高等師範學校、中山大學、臺灣大學、臺灣師範大學、臺灣政治大學。創中華文化學院國文專科學校。

吳麗生 讀易一斑 四卷 存

國圖、南京、天津、山東、湖北、中科院藏光緒二十二年（1896）丹徒吳氏家刻本

光緒丹徒陳克劬輯刻鎮江叢書七種本

◎卷首題：丹徒吳麗生淦泉學，同學陳克劬子勤參，及門諸子校刊，男士榮同校。

◎序：夫陰陽者天地之道也，萬物之綱紀，變化之父母，生殺之本始。約之則一陰一陽，放之則彌六合而皆是，求之往籍，能該此者，其惟易乎？易經四聖人之手而成，作易之初，開天一畫而已。一生二，二生三，三生萬物。萬之大，不可以數紀，故當於象是求。象者像也，有象而後有數，有數而後有理。文王繫卦詞，有占無象，以卦即象也。其後周公、孔子作《彖傳》《爻》《象》，皆從本象推衍其義，於是數與理盡該，寥寥數萬言中，天地民物上下古今日月寒暑之運行、人事推遷之得失，剛柔動靜變化隱見，靡不由象與理參錯交互而得之。甚矣，易道之大，又未嘗不與人以可窺也。乃言易者七百餘家，言人人殊，大率言理者遺數、言數者遺象。至數與象遺，理遂窒而不通，而易難言矣。吳子淦泉，邃於易者也。嘗出其《讀易一斑》見示，且曰：「近之人罕言此者。子其為我刪正之。」余觀其書，以《繫辭》為傳註，以河洛為源流，觀變於象而得數，合數與象而得理。而又參伍錯綜以此卦通彼卦之理、以上卦互下卦之義。其於占也，小人得吉則欲其慎處，君子得凶悔吝則必其无咎，此則聖人之心欲學易者觀其變玩其占而免過也。言易及此，於易之理數、作易之意亦云該備一斑云乎哉！余急欲出是書以惠來學，遂自忘其譾陋，復與上下其議論，參究其義理，舊說之可存者因之，新義之足錄者增之，於是易之義燦然明備。淺人觀之而易入，深者繹之而愈出，可不謂為大易之功臣、學易者之梯級也乎？乃是書創始於丁卯，更訂於甲戌，兩易其稿，又二十餘年終不肯出以問世，是則淦泉之謙也。今淦泉沒已經年，是書何可聽其湮沒？爰與其子桂軒（士榮）及門下士亟謀付梓以廣其傳，而序其大略如此。光緒丙申秋九月，友人陳克劬拜言。

◎自序：《易》之為書也，廣大悉備，有天道焉，有地道焉，有人道焉，其言曲而中，其事肆而隱，故有童而習之，頭白而茫然者。甚矣，讀易之難也。六經皆可明義理，獨《易》兼明象數，使徒執義理以求之，既無別于他經；徒泥象數以求之，又流為讖緯之學。是讀易更難於讀他經也。丙寅歲，余

客邗江，與介臣族兄晨夕晤談，間及易理。兄治易甚深，為余指示要旨，遂乃潛心誦習，並取伊古來治易諸家之書，參觀而互考之，每有所得，輒喜而筆之于書。非敢自信，懼其久而忘也。夫綜計言易者七百餘家，于聖人之旨引申而未有窮。則余所見，與管中一斑之豹何以異？因以為《讀易一斑》名其編。是編也，本由采擇羣言而成，非皆己出也。如或以是為余病，請以大畜多識前言之說應之。時在丁卯孟夏下澣，京江雲谿氏敘于珠溪之亦船舍。

◎卷首小字云：易言錯綜，難以類分。此集四卷，從其類之近者約略分別比次，不敢指名何類，窒礙閱者眼目。

◎民國《續丹徒縣志》卷十八《藝文》：吳麗生《讀易一斑》二卷（光緒□年刻本）、《左氏駢語經義質疑》（並《縣志摭餘》）。

◎尚秉和《尚氏易學存稿校理‧易說評議》：其說易不章解句釋，統論其大義及其全體關係，並經外規則。雖所稱述多因襲先儒成說，然皆雜以己意，故其說有善有不善。其善者謂歐公疑圖書，然《書‧顧命》曰「天球河圖在東序」、《論語》曰「河不出圖」、《易大傳》曰「河出圖洛出書」，夫三書之言不可誣也，但古無龜文龍馬之說，孔安國、揚雄輩始言之。今據《顧命》河圖與天球並設，疑亦玉也。可謂善疑，不附和舊說。惟又云：「若果馬毛旋文，何以由伏羲至成康傳千百年而不朽？」按河圖即使果由龍馬發現，當時照錄其文以為則，豈必並其馬毛旋文而藏之？則說大拘也。又論《周易》云：「謂之《周易》者，取交易、變易之義；周者，普遍也」，是也。惟又云：「周以前未有此名，而或以易字加於《連山》《歸藏》」，則非也。按《周禮‧春官》「太卜掌三易之灋，一曰《連山》，二曰《歸藏》，三曰《周易》」注：「易者，揲蓍變易之數可占者也」，夫既曰三易，是《連山》《歸藏》亦名易也。胡以皆名易？以三易皆揲蓍皆以九六七八為用，若《連山》《歸藏》古不名易，《周禮》能曰掌三易之灋乎？則持論太疏也。其卷三、卷四則多有獨得者，如云：「《大象》曰『君子以之』云云者，以，用也。顧其辭往往與卦義相反，如屯『勿用有攸往』而曰『以經綸』、『明入地中，明夷』而曰『用晦而明』，蓋卦有吉凶，君子用之則無吉凶」，按此義先儒未有言者。但吳氏所舉尚有未盡。蠱曰『振民育德』，振則不蠱也；同人曰『類族辨物』，辨物則審異也。他相反者甚多，此正所謂用也，而吳氏獨明其義。他若三陳九卦，九卦上下體皆無離，晦其明也，所以處憂患也。又《易》本為卜筮之書，聖人已明言之：蒙曰『初筮告』、比曰『原筮』、革九五曰『未占有孚』，世人徒為高論，以為舍理言數則視易也

淺，豈知易之用不盡卜筮，其本則卜筮也。又謂坤卦宜以先迷後得主為句；『隨王用亨于西山』、『升王用亨于歧山』與象辭言后、言先王同，不必指文王；既濟東鄰西鄰猶言彼此，不必指紂與文王。若是者皆不隨聲附和，確有心得，與流俗大異也。

◎吳麗生，字淦泉。江蘇丹徒人。又著有《輿地撮要》《卮言瑣記》《修月山房詩鈔》一卷。

吳隆元　讀易管窺　五卷　存

上海藏乾隆刻本

◎讀易管窺目次：卷第一考畧（易、卦、象、爻、彖、重卦、三易、古今易本、二篇、十翼）、河圖洛書（河圖旋毛如星點之圖、河圖象卦圖、河圖易四正為四隅圖、洛書坼甲如字畫之圖、洛書大衍易四隅為四正圖、洛書小衍圖、洪範圖），卷第二先天後天卦圖（伏羲八卦圓圖、圓圖八卦陰陽順逆二圖、伏羲八卦橫圖、橫圖八卦陰陽順逆二圖、伏羲六十四卦橫圖、伏羲六十四卦圓圖、圓圖六十四卦陰陽順逆二圖、伏羲六十四卦方圖、方圖六十四卦縱橫往來圖、文王八卦乾坤六子圖、文王八卦方位圖、文王改易先天為後天圖、文王十二月卦氣圖、三十六宮圖）。卷第三著數太極圖、卦象太極圖、性理太極圖卷第四參伍錯綜圖、納甲（附五行六位圖）、卦變。卷第五啟蒙三十二圖、占例私言。

◎吳玉樹《寶前兩溪志略》續十一：《讀易管窺》五卷，以河圖洛書可正可側，立四正四隅圖，實為前人所未發。言太極，參以《中庸》性理之理，以明象數。末卷專論占例。

◎四庫提要：是編卷一為考略，次列河圖、洛書諸圖。其《河圖旋毛》、《洛書坼甲》二圖，云得之朱升《易經旁註》。然升洪武時人，非伏羲時人，不知何自而見之案旋毛、坼甲二圖乃吳澄所傳，非始於朱升。卷二為先天後天卦圖，卷三為著數太極圖、卦象太極圖、性理太極圖，性理即周子之圖也，餘二圖隆元所造也。卷四為參伍錯綜圖，為納甲，為卦變。卷五為啟蒙三十二圖而附以《占例私言》。大抵力闡陳摶之學。其辨歸有光先天圖晚出一條，謂《舜典》首二十八字齊建武時始出，學者未嘗疑之，豈先天四圖不可出於太平興國時？是又未考《經典釋文》之語矣。

◎徐世昌《清儒學案》卷四十九《高安學案》：又《讀易管窺》五卷。

◎吳隆元，字炳儀，號易齋。浙江歸安（今湖州）人，一說浙江仁和

（今杭州）人。康熙三十三年（1694）三甲進士。選庶吉士，改山東齊河知
縣，有政聲。雍正元年（1723）授主事，遷大理寺少卿、太常寺少卿。性耿
直，不避權貴，人或以海瑞忠貞正直比擬之。兩校鄉會試，督學江南，稱得
士。著有《易宮》四十卷、《讀易管窺》五卷、《中庸管窺》、《孝經三本管窺》
三卷、《孝經註疏》、《參同契註解》三卷、《金剛經註》、《易齋詩稿》、《易齋時
文集》。

吳隆元 易宮 三十八卷 佚

◎四庫提要：其畫前後無序跋，末闕《雜卦傳》，其中亦多闕文闕卷，又
頗有塗乙，或注「未定本」字，或注「非先生手授本」字，則隆元草創未竟之
書，其門人追錄之也。大旨取來知德之說，以不反對之卦為錯，反對之卦為
綜。錯者一卦自為一宮，綜者兩卦合為一宮，上經三十卦，不反對者六，合之
為十八卦；下經三十四卦，不反對者二，合之亦十八卦。總二篇分配之數，
適符邵子三十六宮之義，故以名書。中多從吳澄《纂言》改易經文，頗傷於
輕信。

◎光緒《歸安縣志》卷第二十二《藝文略》三採四庫提要之說。

◎光緒《歸安縣志》卷第三十五《人物傳》三《儒林》：隆元篤志經學，
尤邃於易。輯先儒易解數百種，抉其奧義，而衷以己意。所著《易宮》，殫心
力十餘年，頗見先儒所未發。又有《中庸管窺》《孝經註疏》等書。

◎徐世昌《清儒學案》卷四十九《高安學案》：先生篤志經學，尤邃於易。
著《易宮》三十八卷，大旨取來知德之說，以不反對之卦為錯。反對之卦為
綜，錯者一卦自為一宮，綜者兩卦合為一宮。上經三十卦，不反對者六，合之
為十八卦；下經三十四卦，不反對者二，合之亦十八卦。總二篇分配之數，適
得邵子三十六宮之義，故以名書。

◎吳玉樹《寶前兩溪志略》續十一：《易宮》四十卷，吳隆元。取邵子詩
「三十六宮都是春」之義，上下經各十八宮，為三十六卷。《繫辭》《說卦》
《序卦》諸傳共四卷。

吳脈彊 八宮納甲占例 一卷 存

清初法若真刻本增輯易象圖說附本
國圖藏 1923 年山西洗心總社排印本
◎目錄：八宮世次、安放世應歌、安身訣、起月卦身訣、起六神訣、飛

伏神歌。

◎吳脈鬯（1603～1671），字灌先。山東蓬萊人。崇禎丙子（1636）、壬午（1642）兩中副榜。聞國變，航海抵南京，授參軍。尋題杭州推官，以親老不就，旋屏跡山居。經史靡不研究，尤精於易。嗜詩酒，喜藏收。又著有《四書拈笑》、《昱青堂詩集》（一名《昱青堂雜集》）。

吳脈鬯 易經卦變解 一卷 存

國圖、山東藏道光二十年（1840）吳葵柏柳堂刻本

北大藏 1923 年山西洗心總社排印蓬萊吳灌先著述三種本

◎書成於順治十六年（1659）。末卷有八卦納甲占例。

◎一名《周易卦變解八宮說》《易經卦變解八宮說》。

◎光緒《增修登州府志》卷六十一《藝文》：與《朱子本義》同。此本後附《詠易詩》三篇。

◎孫葆田《山東通志》卷百二十七《藝文志》第十：脈鬯六世孫吳葵序云：「《易象圖說》刻板於順治己亥年，而《卦變解八宮說》則藏稿於家，懼其湮沒不傳，故付梓以廣之。」此書《增修登州府志》作《周易卦變解》一卷，云：「與朱子《本義》同。此本後附詠易詩三篇。」

吳脈鬯 易象圖說 二卷 存

山東、山東博物館藏順治十六年（1659）法若真刻本（題增輯易象圖說）

山東博物館、清華大學藏道光二年（1822）柏柳堂刻蓬萊吳灌先遺著三種本

國圖、山東大學、天津藏 1923 年山西洗心總社排印蓬萊吳灌先遺著三種本

北師大藏清鈔本（不分卷）

四庫全書存目叢書影印順治十六年（1659）法若真刻本

◎目錄：古河圖說、和圖說、河圖總說、古洛書說、洛書說、洛書總說、洛書作範說畧、伏羲先天八卦次序說、伏羲先天八卦小圓圖說、伏羲六十四卦次序大橫圖說、伏羲六十四卦方位圓布象天說、羲圖方列象地說（依朱子移出在圓圖外）、羲圖豎象人說、心法說、邵子三十六宮圖說（附）、文王後天小圓圖說、文王乾坤生六子說、揲蓍求卦說、上下經不對反對分篇序卦圖說、

歲十二月卦運說（附）、易卦爻彖象字解、邵朱易吟（沈詩、自詩附）〔註83〕、
八宮納甲占例（附）。

◎序：諸子原本六經，六經尊尚大易，立天之道曰陰與陽，立地之道曰
剛與柔，立人之道曰仁與義。文周繫彖爻辭、孔子漆書三滅著為十翼，繼此
圖象遞出，歷漢唐宋名儒，代有著述。吳灌先氏，蓬萊理學世家也，潛心易理
者數十年，於諸圖檃括敘述，能發前賢所未發。如圓圖象天方圖象地，載在
舊策。至側立豎圖以象人，函三為一，三才具備，恨我不見古人，復恨古人不
見我覿面。折衷多屬創獲，允為四聖功臣。晰理極數，諸儒宗亦為首俯。疇云
絕學不傳也，予知吳子深見過二勞，與商窮理盡性至命之學，洞如觀火。叩
之儒而不拘，參諸禪而不寂，問之道而不幻。靡理弗貫，靡數弗該，若腹笥淹
博，浩如煙海，予殆未竟灌先之所藏矣。膠西喉舌氏常在道人張若麒題於止
足軒。

◎自序：予生五月而孤，母孺人何嫻經史，歲十八苦節保予襁褓中，口
授句讀。稍長，謂予曰：「汝高曾俱以《詩經》起家至臺省，祖父習而安焉。
汝父棄汝，無以傳。」母家世治易，見義理精微，命改從開乙舅氏學。舅氏
《羲易》名家也，篝燈侍讀，間以圖書問訊。童穉時多不能省。舅氏嘗語
母曰：「是兒知所用心，異日將有以得通也。」無何舅入官令無棣，遷雲間
司馬，恨未獲侍函席、盡蘊奧。一日詣伯祖廣文禹門公家，命子同兩叔晒
書，幸見先世藏書之富，請貸羲經諸書一覽。伯祖笑曰：「積此原待爾曹能
讀者。」緣得攜各家易說日夕從事。初視之如鼠窺甕，繼鑽之如蠅突窗，因遍
畫諸圖於書壁臥榻間，久之漸有會心，覺天地間無往非是也。予亦耽博涉，
初即易求易，旋從羣書悟易，更隨事物見易。時復展玩圖畫，取先儒註疏紬
繹之，非復舊境，且有觸類可通以臆說者。居平不自揣量，每景懷周濂溪、
邵康節兩先生，斯知順升沉於造化，委得失於吾心，甘貧處賤，澹如也。端
門沈君深於易理，每相見輒快談竟夕，久欲延予著說。歲己亥，得如約。先
是天石張君，數次來端門，拉予入二勞，共訂河洛之秘，研性命之理，因聯
轡入山。天石留予邀山月、聽海潮，松風澗水間相為嘯詠。予謝曰：「端門

〔註83〕錄邵雍《乾坤吟》、《觀物吟》、《復卦詩》、《恍惚吟》，朱熹《感興詩》（摘三
首）、《易二首》、《論啟蒙答袁機仲》，吳脈鬯《二少吟》、《圖書說成並增立豎
圖說呈張天石通政、沈端門孝廉兩年翁教》（二首）、《讀邵有會》，沈時升《贈
灌先易說成》諸詩。

註易之請適在前。」信宿告歸。時當春半，閱月卒事，因走价告報曰：「易之道大而旨深矣。」試約言其概要，當從無極推之太極之後，又當從卦爻歸諸無極之初，又當知龜龍卦畫爻象之無先無後、是二是一。何者？天地間一全部易書也。苞符現而易在龜龍，圖書則而易即在卦畫，卦名從六畫而定之者也。羲即天也，卦辭本卦名而繫之者也；文即羲也，太象象重卦、兩象爻辭象六爻各畫；周公即文羲也，宣聖恐後人異觀岐視，故傳乾象曰：「六爻發揮，旁通情也」，《繫辭》論爻義曰：「智者觀其象辭，則思過半矣。」則十翼之即三聖，愈可知矣。蓋聞有先後、道無優劣，故賢希聖而聖希天，則夫天者人境之至者也。故予於前賢註疏，或引用之，或暢發之，或未經闡露者增解之，其未確者出一二語折衷之，不復綴以某子，亦不敢別為己說，無心異同於其間也。即近棘園，以易為首，非不尊也，而易學愈晦，善夫張天如氏之言曰：「今廢圖書不講者弊有二：硬以《易經》作制義，率摘取題目，騖為文辭，一弊也。先儒詞多訓詁，後學趨時藻，不竟讀為理會書義，輒為之掩卷欲睡，二弊也。」予恐負母師教誨之意，後我者或未與聞。輯增為二卷，用是敬求訂削於張、沈兩君，冀披心教我，以廣勵所不逮，匪敢曰濫廁周邵之末席，倘得無揶揄於治易家之名宗宿範，推勘而益精焉，斯厚幸矣。時順治己亥季春清明後四日，蓬萊吳脈𡊋灌先甫剪燈書於昌陽神山之溪月樓。

　　◎跋：昔郝玉上氏夜與吳子談易至雞鳴，問：「雞鳴易乎？」曰：「丑半氣將生寅，寅，木也。巽亦木德，為雞。陽氣動腦，故鼓翼而發聲。」曰：「有據乎？」曰：「有。顓頊曆用甲寅，以雞鳴始三號驗之，非歟？曩同志論夜寢晝興，合諸日月之明晦，誠通乎晝夜之道而知也。其云寅交則目朗，即日出卯木生火也。火旺南方，故日中四照，人之睛光亦四射。日經西陸，火往克金泄氣，故日慘淡而人亦倦怠。入夜則火受水，故無光而人思就寢。一更戌為火庫，故睡未闌。入亥子則壬癸司令魄藏魂也，故睡熟。」說皆前所未發。余同學。又庚午與玉水同偶家習《易經》，父子兄弟叔侄間研究註詁，積有年矣。吳子惠然過我，焚香點易，不下樓者四十日，說成示予。見其諸圖臚列，詳為著述。其間洗發前賢者十之六，直抒心得者十之四，絕去理學蒙晦。至增豎圖象人一說，三才鼎立，得未曾有。直令羲圖大開生面，而與濂溪太極圖、希夷各圖、康節《皇極經世書》均不可少。學者覽圖說而明經義，至理了然在目矣。茲贅數言以為亂云。年家春社弟沈時升題。

◎吳脈鬯《說成並增立豎圖說呈張天石通政、沈端門孝廉兩年翁教》(二首)：

樓頭點易爇香芸，悟至無畫道始開。太極以前無可說，先人而後盡繁文。圖書不是龜龍負，奇偶皆由造化云。橫豎圓方都使得，特立人象質問群。

大道由來本自然，自然生處妙無邊。拈來入衷頭頭是，說向當中顆顆圓。好把一圜渾處窺，須從八索起初研。先天會得無今古，那記一十二萬年。

◎吳脈鬯《讀邵有感》：康節高吟甲《大全》，執詩幾得破韋編。如何體在天地後，而乃用起天地先。巨海明珠應有窟，名山良玉豈無田？當年若見先生問，應悔易簡妄設詮。

◎沈時升《贈灌先易說成》：東風染果樹，春動促鳩鳴。萬物皆消息，澹然一老更。天地空法象，造化吾默成。一六生二七，自然三八橫。四九因之布，五十主五行。總本太極出，一氣吐群英。橫方圓俱是，豎起未分明。天地舊八股，茲乃另開生。三才今始見，萬世啟蟄前。誰謂羲皇古，而我旦暮盟。文章不復老，即此是長生。生來不可死，那更問方平。罔象夫阿誰，昆侖亦借名。只為世莫悟，荒唐阻愚盲。世俗率糠秕，衲羽亦齷齪。遂令老與曇，舉世駭且驚。古來至神聖，闡道悉至誠。能於點畫外，伐毛取其精。得一萬事畢。

◎孫葆田《山東通志》卷百二十七《藝文志》第十：是書《四庫存目》作二卷。《府志》作一卷，別出《周易卦變解》一卷，而附以《八宮說》。考《存目提要》稱末附《八宮納甲占例》，《四庫》本蓋合《卦變解》與《圖說》為一，故云二卷也。《府志》云：《圖說》凡二十三篇，惟側立方圓以為豎圖，乃其所自悟者。以此為立人之道，與天圓、地方參而為三，理亦不涉傅會。

◎寧雲鵬《登州吳氏族譜序》：灌先先生《易象圖說》一書，更獨闡羲、文之秘，廁周、邵之席，卓然為理學宗。嗚呼，可謂盛矣！

◎《皇朝通志》卷一百十四：吳脈鬯櫽括諸圖，各為之說，間附以己作。

◎光緒《增修登州府志》卷四十一《選舉》：尤精於易，著有《增輯易象圖說》《周易醒詁》《周易卦變八宮說》《讀易法》《四書講義增刪》《五雅會要》《昱青堂詩集》。

◎光緒《增修登州府志》卷六十一《藝文》題《增輯易象圖說》一卷：《圖說》凡二十三篇，惟側立方圖以為豎圖，乃其所自悟者，以此為立人之道與天圓地方、參而為三，理亦不涉傅會。

◎四庫提要：是書概括諸圖各為之說。以圓圖象天方圖象地，因創為豎圖象人以配三才。復集邵子、朱子詠易諸詩，附以己作及沈時升詩。末附八宮納甲占例，則今以錢代卜者之所用也。

吳脈鬯 周易八宮納甲 一卷 存

南京藏山西洗心總社 1923 年排印昱青堂集三種本

◎吳承仕《吳檢齋遺書‧檢齋讀書提要》：是書鈔錄八宮世次，略加案語，無所發揮。卦以乾坎艮震巽離坤兌為次，而謂之文王後天；既不附注干支而題名納甲。是於考據義理皆無所長，蓋一時抄撮而成，非著述之盛業也。

吳脈鬯 周易醒詁 六冊 佚

◎光緒《增修登州府志》卷之四十一《選舉》：著有《增輯易象圖說》《周易醒詁》《周易卦變八宮說》《讀易法》《四書講義》《增刪五雅會要》《昱青堂詩集》。

◎光緒《增修登州府志》卷六十一《藝文》：上經自第十卦至十六卦、下經自第一卦至二十八卦，其《繫辭傳》祇上卷，餘皆亡。所詁皆依《本義》而申明之，兼引宋元人，下及來氏諸說，頗為明析。

◎孫葆田《山東通志》卷百二十七《藝文志》第十：《府志》云：上經自第十卦至十六卦，下經自第一卦至二十八卦，其《繫辭傳》祇上卷，餘皆亡。所詁皆依《本義》而申明之，兼引宋元人，下及來氏諸說，頗為明析。

吳謐 周易述朱 六卷 佚

◎道光《濟寧直隸州志》卷九之一：吳謐《周易述朱》六卷、《家訓》四卷。

◎孫葆田《山東通志》卷百二十七《藝文志》第十：是書見《州志》。

◎吳謐，字寧速，自號鈍也，學者稱鈍菴先生。山東濟寧人。乾隆甲申歲貢。

吳敏樹 周易注義補象 五卷 佚

◎吳敏樹《柈湖文集》卷首《吳先生傳》：少與同里方稼軒兵部同治經學，頗主其說。著有《論語 / 大學 / 中庸 / 考義別鈔》《春秋三傳義求》《孟子考義發》《詩國風原旨》及《柈湖詩話》《湖上客談年譜》諸書藏於家。

◎吳敏樹《柈湖文錄》卷三《周易注義補象序》〔註84〕：易者，伏犧始作，仰觀俯察，圖畫物象。其時畋漁甫興，書契未有，蓋以還萬物之害，可以禦其不若。若今之為符書者，寫天地水火風雷山澤之情狀，使無所避而物不敢犯，以全生人之命。既而重出其卦，因繫之辭，為筮以前民用，掌之官以決大疑，未及乎民間也。三代傳序，各有其書，而《周易》出於文王。孔子聞知文王之文，五十學易，期於寡過，而又贊焉。文王蒙難、孔子依人，其時同也。孔子知文王之辭示人至切，而世無傳者，決天之不喪我，顧不常以語門人，慮人之尚鬼神而好災祥也。秦火以卜官獲全書，漢世學者聞孔子之假年而效其業，僅通說卦之象。西晉王氏頗知談義，微涉老、莊。以至於宋，而河圖者出，邵氏名其學，朱子用之，為《啟蒙》，遂有先後之天、一二之畫、方圖之圖、卦變之說，而易道亂矣。夫朱子之為《本義》，是也；其圖書卦變，非也；知二體而不知互象，又非也。今略用王氏，朱子則存其義，象依說卦補之，庶幾初學之善本。若夫真知寡過，進於孔子之學，則如彖爻諸傳，絕不及象，可也。然亦無事於為之書矣。同治九年庚午三月既望，巴陵吳敏樹序。

◎吳敏樹《柈湖文錄》卷六《與曹鏡初書》：兄曾云欲治易，還其潔淨精微之體，未聞成書。弟向惟解互義，著之於書之眉，近始錄出，為書五卷，謂易道可曉者惟此。朱子圖書卦變、鄭氏之爻辰、虞氏之既濟定，皆非其本義也。《詩·國風》最為通博，直是新異。非新異也，人自亡其本事耳。及吾生，不可不與言者惟閣下。而近已藏之，兄又不來讀，可悲也夫！麟伯為敝縣第一人，亦恐不是當今第二人，兄熟之否？因方年兄之便附此，即候不一。

◎郭嵩燾《郭嵩燾全集·集部三·文集》卷十七《吳南屏墓表》〔註85〕：所著《周易注義補象》《國風原指》《論語考異》《孟子考義發》《孝經章句》《史記別錄》《柈湖文錄》《柈湖詩錄》通若干卷。湖南一百年文章之盛，推曾文正公及君。

◎吳敏樹《釣者風·撰周易注義補象成書書此》：楊花入硯何曾見，瓦雀行窗自不知。惟有浩然樓上雨，滴人春夢到醒時。

◎劉聲木《桐城文學撰述考》卷一「吳敏樹撰述」：《孟子別鈔》、《方望溪文別鈔》、《詩國風原旨》、《孟子考義發》、《周易注義補象》五卷、《春秋三

傳義求》、《春秋補注》、《論語大學中庸考異別鈔》八卷、《孝經章句》、《柈湖詩話》一卷、《湖上客談年譜》一卷、《巴陵縣志》三十卷、《筵邰倡和詩》一卷。

◎吳敏樹（1805～1873），派名道杠，字筆如，又字本琛（深），號南屏（坪），晚號樂生翁、柈湖漁叟。湖南巴陵人。道光十二年（1832）舉人，官瀏陽縣訓導，旋辭歸。曾國藩延請入幕、薦任兩廣鹽運使，皆辭不就。與張文虎交善。著有《史記別鈔》二卷、《柈湖文錄》十二卷首一卷、《柈湖詩錄》六卷首一卷、《釣者風》一卷、《柈湖詩話》一卷、《湖上客談年譜》一卷、《周易注義補象》、《春秋三傳義求》、《中庸考異別鈔》一卷、《大學考異別鈔》一卷、《國風原指》二卷、《孝經章句》一卷、《論語考義發》二十卷、《孟子考義發》七卷、《東遊草》一卷、《鶴茗詞鈔》一卷。又撰修同治《巴陵縣志》。

吳名鳳 讀易解 十二卷 存

鈔本

◎光緒《寧津縣志》卷十《藝文志》：《讀易解》十二卷、《禹貢解》四卷、《洪範解》四卷、《古本大學解》四卷、《論語解》二十卷、《此君園文集》三十卷、《此君園詩存》二卷、《竹庵詩鈔》四卷、《學詩臆說》一卷、《詠史百篇》二卷、《此君園文集續鈔》、《竹庵詩鈔續集》（饒州府同知吳名鳳字竹庵著）。

◎吳名鳳（1766～1854），字伯翔，號竹庵。河間府寧津縣（今屬山東）人。乾隆五十七年（1792）舉人。歷任外官，有「吳青天」之號。道光二十六年（1846），辭歸故里。同治十三年（1874）入鄉賢祠。生平工文章、篆隸，博覽群籍，喜考據之學。又著有《禹貢解》、《古本大學解》四卷、《論語解》二十四卷、《詠史百篇》二卷、《此君園文集續鈔》、《竹庵詩鈔續集》若干卷。

吳鼐 易象約言 二卷 佚

◎光緒《無錫金匱縣志》卷三十九《著述》：《易象約言》二卷（吳鼐）。

◎《皇朝通志》卷九十七：《易象約言》無卷數，吳鼐撰。

◎四庫提要（著錄無卷數）：是書詮釋文句頗為簡明。惟自序言考究先儒更定諸本而從其是者，然以《文言》分上下而《彖辭》、《象辭》反不分上下，又每卦《彖辭》以卦名割繫卦畫之下，每爻又於句中截斷，體例似皆未允。至於《參同契》稱「日月為易」，虞翻注雖亦引之，然核以《說文》，易字實不從

日月，今其末冊既以懸象著明，畫🈳為圖，而又以此字大書於卷首，據為宗旨，亦泥古太甚也。

◎楊鍾羲《雪橋詩話續集》卷第五：鼐亦通經，有《三正考》《易象約言》。

◎吳鼐（1696～1747），字岱岩（大年），號容齋。江蘇金匱（今無錫）人。幼而嗜學，穿穴宋元明儒之書，而沉酣六經，深於易禮。與同縣秦蕙田、蔡德晉、龔燦及仲弟鼎為秦氏味經窩五子談經會。雍正十三年乙卯，尚書楊名時以經學薦，未受官。乾隆元年（1736）進士，授工部虞衡司主事。聞父卦，歸，尋歿。著有《易象約言》二卷、《洪範集注》一卷、《儀禮集說》一卷、《春秋修注》四卷、《三正考》二卷、《朱門授受錄》十卷、《老子解》、《老子別錄》、《律呂源流》十二卷、《考工申略》一卷、《三江九河考》一卷、《醉古軒隨記》一卷等。

吳鼐 周易大衍辨 一卷 存

山東藏道光吳江沈廷鏞沈氏世楷堂刻 1919 年重修昭代叢書甲集本

◎跋：羣言淆亂，必衷諸聖。孔子之論大衍詳矣，謂自太極衍而至于八卦，其數五十，其用四十有九也。諸儒離卻大衍以求所謂五十、四十九，何怪其多所支梧哉。元儒石澗老人深明其義，而說有未暢。吳拙菴先生歷舉十三家之說，一一駁正之，折衷于夫子之言，著《周易大衍辨》以暢石澗老人之旨，至為精確。是非讀破萬卷，豈能到此境地耶！末附易說四篇。翠嶺沈棫惪。

◎計十三條，附錄《易數論》、《中爻論》、《九卦說》《匪其彭說》。

吳培元 周易錦囊初集 二卷 存

山東藏光緒五年（1879）三盛堂刻增補詩書周易錦囊巾箱本

◎吳培元，號善堂。山東穀城人。又撰輯《禮記春秋周禮錦囊》十四卷、《左傳春秋錦囊》初集四卷次集二卷、《增補葩經錦囊》初集二卷二集二卷三集四卷四集四卷、《新刻詩經錦囊》二卷，註《詳批註釋松秀山房試帖》四卷《次集》四卷。

吳佩孚 易箴 一卷 存

山東省博物館、浙江藏 1923 年黃氏石印本

◎吳佩孚（1874～1939），字子玉。山東蓬萊人，祖籍江蘇常州。北洋軍閥。擅長楷草。又著有《春秋正識證釋》、《大丈夫論》、《循分新書》等行世。

吳啟昆 索易臆說 二卷 存

南京藏康熙五十二年（1713）懷新閣刻本

四庫存目叢書影印康熙五十二年（1713）懷新閣刻本

◎索易臆說目次：卷一易經上下篇說、六十四卦命名說、先天說、後天說、原先天畫卦之意、圓圖說、方圖說、兩儀生四象圖、四象生八卦圖、八卦重為六十四卦圖、先天大圓圖、先天方圖、原後天序卦之意、上經序卦說、下經序卦說。卷二六十四卦不容增減說、四千九十六卦說、卦變說、分宮卦象次序說、參伍錯綜說、卦變參伍錯綜成文定象圖、中爻說、大衍說。

◎自敘：余自幼讀易而不得其解，所誦習者坊刻《本義》而已。其中字句且有刪省，至前所列九圖即筮儀、分宮等義絕不省覽，為舉子業者類然也。後乃得《朱子語類》而讀之，見其論易及與人辨難諸說，分肌劈理，詳密宣暢，乃知易道潔淨精微，一切蕪雜之論、膚末之見無所用之。循搜考漢晉以來諸家言易之書，無有如《本義》之簡質醇正者。蓋合義理象數而兼貫之，非若從前言數者遺理、言理者遺數也。惟是聖經流傳久遠，後人疑義滋多，雖朱子亦有論之而未定者，闕疑之道固然。然觀象玩辭，獨不可尋其枝葉、究其所窮乎？竊惟八卦古謂之八索，索，求也，言求其義也。又《大傳》云：「探賾索隱、鉤深致遠以定天下之吉凶、成天下之亹亹者，莫大乎蓍龜。」是理雖深，鉤之必出；義雖隱，索之必得。苟不安於溺聞襲故，則當索蓍龜之所由索。啟昆不自揆其淺陋，蓋嘗竊取朱子之意，妄欲有所發明。雖管窺蠡測未必有補於四聖人千萬年未竟之緒，而胸臆之所欲吐固不能自閟也。用敢著論若干卷，命之曰《索易臆說》。草創未定，門人輩亟欲余就正於四方有道，力請開雕，不得已聽之。然覆瓿不足慮，獨恐說理不明，未免有燭籠添骨之障，為識者所詆訶也已。康熙五十有二年癸巳立夏，江寧後學吳啟昆謹書。

◎四庫提要：其書惟總論易之大旨，不復為章解句釋，如上下經之分篇，諸卦之命名，以及先天後天、圓圖方圖等類，各為一篇，以闡其義。其《卦變》一篇謂：「《彖傳》所云剛來柔進之類必本卦貞、悔二體實有此象而云然，非本卦所無外卦所有，而必假之以得解也。在《本義》逐爻細推，以為此自某卦而來，不過兼此一說，欲使經無剩義，非真先有彼卦而後方有此卦也。後

人尊信《本義》，遂誤以餘意為正意。」又如《分宮卦象次序》一篇，謂：「天地之造化不離五行，八卦率領諸卦，分掌五行以用事，術家以父子才官兄弟論生克制化，而不知其所以然。然剛柔者，立本者也，綱領之八卦是也；變通者，趨時者也，所屬之諸卦是也。一節往來屈伸之理，無一不在此六十四卦變通之中。」其發明象數皆為有見，然所言皆宋以來之象數，非漢以來之象數，故不離乎圖書之說焉。

◎唐鑑《國朝學案小識》卷十三：著《索易臆說》二卷，總論易之大旨，不復章解句釋。如上下經之分篇，諸卦之命名，以及先天、後天、圓圖、方圖等類，各為一篇，以闡其義。其《卦變》一篇，謂《彖傳》所云「剛來柔進」之類，必本卦貞悔二體實有此象而雲然，非本卦所無、外卦所有，而必假之以得解也。在《本義》逐爻細推，以為此自某卦而來，不過兼此一說，欲使經無剩義，非真先有彼卦而後方有此卦也。後人專信《本義》，遂誤以餘意為正意。又如《分宮卦象次序》一篇，謂天地之造化不離五行，八卦率領諸卦，分掌五行以用事。術家以子父、才官、兄弟論生克制化，而不知其所以然。然剛柔者，立本者也，綱領之八卦是也；變通者，趨時者也，所屬之諸卦是也。一切往來屈伸之理，無一不在此六十四卦變通之中。其發明象數，皆為有見。

◎方苞《望溪先生文集》卷十二《吳宥函墓表》：所著《春秋／周易臆說》行於世。

◎嘉慶《重刊江寧府志》卷五十四《藝文》上：吳啟昆《索易臆說》二卷。

◎同治《上江兩縣志》卷十二中《考》：吳起昆《索易臆說》二卷。

◎《皇朝通志》卷九十七：《索易臆說》二卷（吳啟昆撰）。

◎《皇朝文獻通考》卷二百十二：《索易臆說》二卷，吳啟昆撰。

◎吳啟昆（1660～1733），字宥函。江南江寧（今江蘇南京）人。康熙六十年（1721）進士。官翰林院編修，改江西道監察御史。書法有名於時。

吳騫 子夏易傳鈎遺 二卷 存

浙江藏拜經樓叢鈔張宗祥鈔本

◎吳騫（1733～1813），幼字益郎，字槎客，號揆禮（葵里），別號愚谷、漫叟，又號兔牀（山人）、兔牀客、桃溪客、滄江縵叟、墨陽小隱、齊雲採藥

叟。浙江仁和（今杭州）人，祖籍浙江海寧新倉。貢生。幼多病，遂棄舉業。
工詩畫。喜藏書，築拜經樓以庋藏，又自題藏書室「百宋一廛」，有「臨安志
百卷人家」藏印。著有《愚谷文存》及《續編》、《詩譜補亡後訂》、《許氏詩譜
鈔》、《孫氏爾雅正義拾遺》、《國山碑考》、《小桐溪吳氏家乘》、《陽羨名陶錄》
並《續錄》、《桃溪客語》、《拜經樓詩話》、《拜經樓文集》、《拜經樓詩文集》、
《論印絕句》、《萬花漁唱》、《桐溪客話》《四朝經籍志補》諸書。

吳騫 子夏易傳釋存 二卷 存

> 北京大學藏稿本〔註86〕
> 北大藏乾隆五十八年（1793）前吳騫二次稿本
> 北大藏乾隆五十八年（1793）吳騫三次稿本
> 北大藏乾隆五十八年（1793）吳騫四次稿本
> 續四庫影印北大藏稿本
> ◎第二三四次稿本題《子夏易傳義疏》。
> ◎附周萅谷大令書：奉誦大著《子夏易傳義疏》，蒐采既備，詮釋甚精，
> 就中雋理名言，不一而足，豈元明以來諸儒淺說所能望見乎？弟校正數字，
> 垾求教益。
> ◎又讀《子夏易傳義疏》附志：歸妹六三「歸妹以須」，《易纂言》：「荀陸
> 作嬬，見《釋文》。孟、京作□，《釋文》所無。」豈草廬所見《釋文》與今本
> 異耶？□疑是娽字，當求元刻《纂言》校補之。
> ◎吳騫序〔註87〕：《子夏易傳》著于劉向《七略》，而班固《漢藝文志》
> 載傳易者十三家，獨不及《子夏傳》。至《隋書經籍志》云已殘闕。昔人疑為
> 韓嬰所作，或又以為丁寬、馯臂子弓。唐開元中，議以帖經，令學者習之，
> 不果〔註88〕。然李鼎祚作《集解》，序曰：「自卜商入室，親受微言，傳注百
> 家，綿歷千古。」則其崇仰至矣。朱漢上謂子夏以坎為小狐，乃秦漢以前之
> 說，孟喜、京房、荀爽、王肅皆祖述子夏語，若印圈鏍合，非後儒所得而損
> 益之。予更攷傳中如謙卦作嗛、頤六四「其欲逐逐」作「其欲攸攸」、鼎九四

〔註86〕稿本有「乙卯六月十二日杭東里人盧文弨細觀畢」、「甲寅十月五日嘉定錢大
　　　　昕讀畢」等讀記。
〔註87〕又見於嘉慶十二年刻吳騫撰《愚谷文存》卷一，題《子夏易傳釋存序》。
〔註88〕嘉慶十二年刻吳騫撰《愚谷文存》卷一《子夏易傳釋存序》「不果」作「訖以
　　　　不果」。

「其形渥」作「其形握」，皆與《漢書》合。睽六三「其牛契」，契一角仰也，與《說文》合。噬嗑九四「噬乾胏」作「噬乾脯」，與《太平御覽》所引王肅注合。泰六五帝乙歸妹謂湯之歸妹，皆古今不易之正解。自餘詁訓為漢魏諸儒所祖述者，更僕數之而不能殫也。唐一行嘗集孟、京諸家易傳，大抵皆從子夏而出。宋呂微仲、晁以道暨睢陽王氏、東萊呂氏、九江周氏、沙隨程氏、斗南吳氏並崇古易，而興化張舜元有《子夏易傳解》，丹陽洪慶善用一行所纂《子夏易傳》為正，而以諸家坿著其下為《古經攷異釋疑》，今多不可見。竊不自揆，閒從各經掇拾裒輯，雖單辭斷句，並所不遺，并稍通其意恉，仍依《隋志》釐二卷〔註89〕，曰《子夏易傳釋存〔註90〕》。非敢擬鉤沈于五經，庶幾尋古訓于百一，通經之儒更進而匡益之，則幸甚。〔註91〕乾隆癸丑孟陬月吉，吳騫〔註92〕識。

　　◎盧文弨《抱經堂文集》卷第三《吳槎客子夏易傳義疏序》(乙卯)：聖門之傳經多出於子夏，經十有三，而不由子夏氏之門所傳授者蓋僅二三而已，顧今自《儀禮喪服傳》之外無他焉。劉向《七略》載有《子夏易傳》，《漢志》不著錄，《隋志》載其書二卷，注云已殘闕。然隋唐之際作《釋文》及《正義》尚多引其說，則其書雖闕而未盡亾也。於後乃有張弧者作《王道小疏》而亦假《子夏傳》之名，裒然成十一卷。案之唐初人所引，無一相合者。世雖疑而不信，而於二卷之殘闕者，片言斷句，亦都不復留意，此世之所以知此書者鮮也。子夏為人篤信，謹守其教，門人小子必以洒掃應對進退入，故其於易也，一切陰陽變化、性命道德之旨每不輕言，其所訓釋止於名物字義之間。蓋易非難知，其言明白顯著，故可以通天下之志、定天下之業、斷天下之疑；愚夫婦皆可領解，故不煩說也。後人之於易，往往窮高極深，怳忽不可為象。而其流極，且墮於元虛。彼其視子夏之言淡乎其無味也，固亾不知此正其篤信聖人，而猶是教人不躐等之意也。其所訓釋頗與《爾雅》相近，唐之一行、宋人張舜、元洪慶善俱嘗為之解，而今失傳。海昌吳君槎客〔註93〕乃復起而

〔註89〕稿本此下有「昔子夏傳喪服，後儒復為經傳義疏，故今此書亦」圈去。
〔註90〕稿本「釋存」二字為「義疏」二字塗改而來。
〔註91〕嘉慶十二年刻吳騫撰《愚谷文存》卷一《子夏易傳釋存序》「非敢擬鉤沈于五經，庶幾尋古訓于百一，通經之儒更進而匡益之，則幸甚」作「非敢擬鉤沈于五經，庶幾尋古訓于百一云」。
〔註92〕嘉慶十二年刻吳騫撰《愚谷文存》卷一《子夏易傳釋存序》無「吳騫」二字。
〔註93〕北大藏《子夏易傳釋存》稿本附此序籤條，無「槎客」二字。

緝綜之，為之疏通證明。以薛虞記遵暢傳意者也，亦取而繫焉。書成二卷，名曰《義疏》。其見於唐人《釋文》《正義》《集解》及《初學記》《太平御覽》等〔註94〕書所引者，此皆灼然可信〔註95〕，采擇無或遺。至宋元而來諸家，亦或援引及之。若吳艸廬與明之二楊（時喬、慎），未必皆由臆造，當得之唐以前書中，然皆不著所本，學者究疑而未盡信也。槎客〔註96〕不以篇幅稍狹之故而汎濫及之，其見卓矣。槎客〔註97〕謹飭人，與子夏之學極相近，宜其於此有深契焉。是將於易闢荊榛而堙鴻水，又不僅為西河氏之功臣已〔註98〕。

◎秦瀛《拜經樓詩集序》：槎客善治經，故以「拜經」顏其樓，並以名集。海內老宿如盧學士抱經、王光祿西莊、錢宮詹竹汀諸先生，槎客皆嘗與之游，其可傳當不獨詩。

◎錢大昕《拜經樓詩集序》：海寧吳君槎客，博文贍學，著述等身，早歲即以詩名湖海間。既而聚書數萬卷，寢饋其間，顏所居之樓曰拜經，蓋取東莞臧氏之例。樓所儲書，百氏具焉，獨言經者，統於尊也。頃歲錄生平古今體詩，手自編定，為卷一十有二，名之曰《拜經樓集》。寓書求序於予，且告曰：「僕編稿時客有舉滄浪語以相難者，謂：『詩有別才，不關於學。春華秋實，理不得兼。賈、孔無韻語，溫、李非經師。今子從事於詩而兼好經術，吾懼其兩失之也。』僕未有以應，乞予一言以解兩家之結。」予听然笑曰：詩固與經異趣耶？未有經，先有詩。《詩三百篇》皆賢士大夫詠歌性情之作，自古有賢士大夫而不說學者乎？即其間有羈人思婦之詞，而聖人取而列之以為經，則皆不詭於經者也。經有六而《詩》居其一，舍經即無以為學，詩與學果有二道乎哉？先正朱檢討之言曰：「詩篇雖小技，其源本經史。別才非關學，嚴叟不曉事。」斯可謂先得我心者矣。古人詩即為經，自唐以後乃以小技名之。非技之小也，詩人自小之耳。風雲月露之狀，日出而不窮；賢士大夫之才，日用而不竭。今之性情由古之性情也，何有大小之區分乎？槎客之詩，根柢厚而性情正，詞必己出而不入於俚俗，言必擇雅而不流於姚冶，固將蘄至於學人之詩而不詭於經者也。彼哉滄浪子以一孔之智輒議論古人長短，援引禪語熒惑

〔註94〕北大藏《子夏易傳釋存》稿本附此序籤條，「等」字由「諸」字塗乙而來。
〔註95〕北大藏《子夏易傳釋存》稿本附此序籤條，信下多一「也」字。
〔註96〕北大藏《子夏易傳釋存》稿本附此序籤條，「槎客」二字以「△△」代之。
〔註97〕北大藏《子夏易傳釋存》稿本附此序籤條，「槎客」二字以「△△」代之。
〔註98〕北大藏《子夏易傳釋存》稿本附此序籤條，此下有「乾隆六十年六月之望杭東里人盧序」等字。

聽者，祗見其未嘗學問而已。既以復於槎客，復次其語為之序云。嘉慶壬戌十月望日，竹汀錢大昕書。

吳仁 易經註解 佚

◎同治《永新縣志》卷二十一《藝文志》：《易經註解》，吳仁撰。

◎吳仁，江西永新人。著有《易經註解》。

吳日躋 易用 佚

◎道光《續修桐城縣志》卷之十五《人物志 · 儒林》：著有《易用》《詩意》《四子講義》等書。

◎道光《續修桐城縣志》卷二十一《藝文志》：《四書祖述》《四書匯譯》《易用》《詩意》《易學管窺》《近州集》（吳日躋撰）。

◎吳日躋，字乳星。安徽桐城人。府學生。與留都三十子為文會，名噪大江南北。卒年九十一。

吳日騙 讀易輯要 十二卷 佚

◎道光《歙縣志》卷九之一《藝文志》：《讀易輯要》（吳日騙）。

◎道光《徽州府志》卷十五《藝文志 · 歙》：吳日騙《讀易輯要》十二卷（輯曰慎書）。

◎民國《歙縣志》卷十五《藝文志 · 書目》：《讀易輯要》十二卷（吳日騙）。

◎吳日騙，安徽歙縣人。著有《讀易輯要》十二卷。

吳汝弼 周易挨方 二卷 佚

◎孫葆田《山東通志》卷百二十七《藝文志》第十：是書見《縣志》。

◎吳汝弼，字心逸。山東霑化人。諸生。

吳汝綸 易說 二卷 存

山東藏光緒三十年（1904）王恩綏等刻桐城吳先生全書本

臺北藝文印書館 1964 年清末名家自著叢書影印桐城吳先生全書第一種本

黃山書社 2002 年吳汝綸全集點校本

◎易說目次：經名、乾彖、附論十翼、乾象、乾小象、乾文旨、坤、屯、附論太玄、蒙、需、釋孚、訟、師、比、小畜、履、泰否二卦、同人、大有、

謙、豫、附論卦變、隨、蠱、臨、觀、噬壇、賁、剝、復、无妄、大畜、頤、大過、坎、离（以上第一冊）、咸、恆、遯、大壯、晉、明夷、家人、揆、蹇、解、損益二卦、夬、姤、萃、升、困、井、革、鼎、震、艮、漸、歸妹、豐、旅、巽、兌、渙、節、中孚、小過、既濟、未濟、繫詞、說卦、序卦、雜卦（以上第二冊）。光緒甲辰冬十二月門人王恩綬、恩績等集貲刊行。男闓生謹編次。

◎摘錄《經名》：《周易》之名，說者以交易、不易、變易釋之，皆未審也。《戴記‧祭義篇》云：「昔者聖人建陰陽天地之情，立以為易。易抱龜南面，天子卷冕北面，是易者占卜之名，因以名其官。」《周禮》大卜主三兆三易三夢之占，易與兆、夢同類，其不以交易、變易為義，決也。鄭君《周禮》注云：「易者，揲蓍變易之數可占者也。」蓋亦釋易為占。《史記‧大宛傳》云：「天子發書易，云：神馬當從西北來。」武帝輪臺詔云：「易之，卦得大過」。發書易者，猶云發書卜也。易之者，卜之也。易為占卜之名，故占卜之書謂之《易》。至《參同契》謂日月為易，皆曲說也。

◎馬其昶《抱潤軒文集》卷七《吳先生墓誌銘》（癸卯）：所著書有《易說》《書說》若干卷、《深州風土記》二十卷、《詩文集》若干卷、《日記》若干卷、《東遊叢錄》四卷。

◎賀濤《賀先生文集》卷三《書說易說序》：以書契易言語，命萬事萬理而通其意於人，使之行遠而垂久，其構體離辭必有法焉，所謂文也。文之用至廣，經者羣聖人所作，其至焉者也，神志所措注、旨趣所流溢，既一寄之於文，即文以求之，如親與羣聖人相接對、瞻容色、聽聲氣而唯諾於其前焉，更何有揣測之勞、扞格之患？古之學者用力少而成功多，豈不以此也與？！羣經散亡，師傳中絕，訓詁、義理兩家迭起而爭勝，訓詁討故，義理發幽，二者固說經者所有事，然不能切究乎法而心知其意，徒曰釋詞闡理而已。是析薪者不杝而稱物者手制其權衡也。雖有得焉，所不合固已多矣。是故欲窮經者必求通其意，而欲通其意必先知其文，文從而後辭獲所安，俯仰無所戾，義與事比，出入不離宗，求肖乎經而止。經之意之寄於文者，其法蓋如是也。濤久從桐城吳先生游，先生所為文嘗得受而讀之，其言古今箸述往往論及其文，亦嘗數聞其語矣。而所著《書說》《易說》則固未之見焉。既得目病，遂以終不獲讀為恨。先生有子曰闓生，游學日本，將於日本印行其書。以書抵濤，屬為序。其言曰：「《書》說宗太史公、《易說》宗揚子雲，二書子或未見，

當以意求之。太史公、揚子雲固非孤抱遺經如後世所稱經生者也。而《太史公書》繼《春秋》而作，其取《尚書》以敘虞夏商周之事，能以意增損其文。揚子雲覃思大道，其箸《太玄》，乃上擬《周易》二子之文，既庶幾乎聖者之作，其於經必有默契於微而獨得其真者。」先生文法二子，即二子所得於經者進而求之，知必非二家所能及。濤讜陋不足與於茲事，而闓生之稱先生之書，與素所聞於先生者有合，故敢臆決其說如此。闓生又述先生之言曰：「吾於古今眾說無所不采，亦無所不掃」，然則先生於二子，雖尊尚之，固未嘗拘拘焉固守其藩籬而不敢馳乎域外也。儻更有陵駕乎二子之上者，則益非濤之所敢知矣！

◎賀濤《賀先生文集》卷三《吳先生行狀》：所著書有《書說》三卷、《易說》二卷、《寫定尚書》一卷、《詩文集》五卷、《深州風土記》二十卷、《日記》十二卷、《東遊叢錄》四卷。

◎賀濤《賀先生文集》卷三《吳先生墓表》：著有《易說》二卷、《尚書故》四卷、《書說》三卷、《寫定尚書》一卷、《詩文集》五卷、《深州風土記》二十卷、《日記》十二卷、《東遊叢錄》四卷。

◎劉聲木《桐城文學撰述考》卷四「吳汝綸撰述」：《易說》二卷。

◎吳汝綸（1840～1903），字摯甫（摯父、至父）。安徽桐城人。同治四年（1865）進士，授內閣中書。先後入曾國藩、李鴻章幕，任深州、冀州知州。主講蓮池書院，以五品卿銜充京師大學堂總教習。創辦桐城學堂。又著有《吳氏寫本尚書》一卷、《尚書故》四卷、《夏小正私箋》一卷、《吳摯甫文集》四卷、《詩集》一卷、《吳摯甫尺牘》七卷、《深州風土記》二十二卷、《東遊叢錄》四卷，點校《國語》、《國策》、《史記》、《漢書》、《三國志》、《新五代史》、《資治通鑒》諸史，歿後一年，其子闓生合刊為《桐城吳先生全書》，續有《桐城吳先生日記》、《尺牘續編》、《吳摯甫先生函稿》、《李文忠公事略》、《桐城吳先生遺書》多種行世。今人有整理本《吳汝綸全集》。

吳汝綸　周易大義　二卷　存

國圖、上海、南京、山東、遼寧、湖北、天津藏文學社 1923 年刻吳闓生輯錄本

臺灣文聽閣圖書有限公司 2009 年林慶彰主編民國時期經學叢書本

黃山書社 2002 年吳汝綸全集點校本

◎例言四則：

一、《周易》一書，為中國古聖之哲學，伏羲畫卦在未有文字以前，天人陰陽之奧不可語言著者，皆於卦畫明之。故其義宏深，不獨卜筮之用而已。茲謹依先公《易說》列為注釋，以便讀者，庶淺學之士不至望洋興嘆耳。

一、易雖可為卜筮之用，而為伏羲、文王之著作，前哲化民型俗之精意具在於是。孔子講易，專取人事，不務玄妙，聖人之旨可見矣。後儒侈談象數，則滛巫之小術，非宏旨也。先公《易說》，專闡明先聖教人之本意，與治道相維，易之廣大精微固在於此。

一、先公《易說》為精心結撰之作，生平嘗自負以為可傳不朽。是編斷取訓詁，專務簡明，取便初學，於原書奧博宏深之旨未盡萬一。有志學易者，當取原書究之。

一、古人傳注，雖意在釋經，大率自成片段，如十翼是已。降及宋代，歐公《易童子問》猶不津津於章句。先公《易說》亦本斯旨，故原書自成一體，不與經文並存。今為便讀之故，取原文條列為注，乃聊且徇俗之為，非著作之本意也，特附記於此以明之。民國十二年十月，闓生謹記。

◎周易大義序：六經皆言人事，而《易》獨明天道；其辭皆推見至隱，而《易》獨本隱以之顯，故易者，聖人達天之學也。雖然，天道不可見，要當於人事平求之，然則易之義與諸經一而已。先大夫之說易也，自漢魏以來諸子百家之論著，單辭只義有涉於易者，無不甄採。久之乃融液會通，以定一是。揚子雲《太玄》擬《易》而作，於易義每相比附，故所取於《太玄》者尤多。大義既明，而後世諸儒之訓釋，其蔽於一偏一曲而未達乎全體者，亦皆可衍而通之矣。屬者同人議刻羣經，乃尊錄先公《易說》，條列為注，冠之諸經之首，俾讀易者得以窺討焉。嗚呼，觀於易而後知聖人之道之大與聖人之道之全也。善言易者，其諸聖人之徒與！癸亥十月闓生謹記。

◎劉聲木《桐城文學撰述考》卷四「吳闓生撰述」著錄為吳闓生撰（摘錄）：《周易大義》二卷、《詩經大義》、《左傳微》十二卷。

吳汝綸 周易點勘 不分卷 存

山東藏宣統元年（1909）蓮池書社鉛印吳闓生輯桐城吳先生羣書點勘本

吳汝惺 易說 一卷 佚

◎一名《吳氏易說》。

◎易說原序〔註99〕：孔子十翼解易最明，而方外諸家易說紛起者，始自禮經，盛於康節。嘗試論之，孔子謂周郁郁乎文，文字之盛，昉自周也。唐虞夏商，伏生授書七篇，皆國有大事，始剖竹截板，故其書最少。《戡黎》《微子》，周人所刊也；《商頌》，周封微子於宋所賜也。夫自唐虞迄周得文七篇，亦可知周之前不尚文矣。周初，辭尚體要，方策所載，《今文尚書》十七篇、《詩‧二南／豳／風／雅／頌》數篇、《易彖／爻》而已。《文侯之命》《秦誓》，幽厲以後文也。周末文盛，著作始繁，孔子據魯史作《春秋》，而前此無年譜亦可知，東遷以前文字，僅撮大綱矣。孔子問禮老聃，子貢曰：「賢者識大，不賢者識小。」蓋刊刻方策，非同後世紙筆之便，故大綱載於文，而文所未及，胥賴乎獻。周公制禮，本自無多，況諸侯去籍，祖龍焚書。而漢時三禮並出，河間獻王所上大戴所存，共計數百餘篇。其不可盡信久矣。《周禮》云《連山》《歸藏》、《禮運》云吾得乾坤焉，漢儒因謂羲農夏殷皆有易讖緯，諸家聚訟紛紜。延及有宋，陳搏、種放、穆修輩造為先天諸圖，以為易之名、八卦六十四卦之名皆始自伏羲。康節力揚其波，詭稱先天圖傳自孔子，而《周易》一編竟與丹書道書相亂。夫伏羲畫八卦，載在《大傳》，伏羲作易演六十四卦，不見經傳。《大傳》云上古結繩而治，後世聖人易之以書契，使伏羲時已有易卦名義，則必黃帝之前已有書契而後可。愚按天地萬物無一息不交易、不變易，總之，乾以易知，周子曰：「動靜互根，交易也；陽變陰合，變易也。二氣交感，交易也；變化無窮，變易也。」張子曰：「陰常散渙，受交於陽」，又曰：「陰性凝聚，陽性發散，陽變陰也」。交易者夫婦也，變易者夫子也。變易起於交易，而陰又受交於陽，故易首乾次坤。《大傳》云：「乾坤毀則無以見易」，《連山》首艮，艮，止也，是不交不變也；《歸藏》首坤，坤，陰也，是陰為陽主也。不交不變則天地息，陰為陽主則三綱斁，謂非異端而何哉？蓋伏羲只有八卦一圖，其餘一切名義皆起自周，故孔子不言夏殷之易，而《虞／夏／商書》不言易、不言卦、不言乾坎艮震巽離坤兌之名。予因先王父著《易學露機圖說》原本無存，康熙己丑余檢家藏，曾見辨正邵子、辨正禮經二條。邇年來搜集諸家，大抵方外傳述，與孔子《大傳》多所牴牾，而與吾家舊說相發明者，亦十僅二三。竊欲折衷考訂，一宗《大傳》，勒為成編，名曰《吳氏易說》。然坊本多訛，考證匪易，是所望於天假之年云爾。

〔註99〕錄自乾隆《重修德縣志》卷十五《藝文志》。

◎易說序〔註100〕：昔先四兄欲因先人舊說，折衷古書，編為《吳氏易說》，未成而歿。余與九弟莊齊欲繼其事，然逐句求解，又苦其難。如臨之九二，象曰：「未順命也」，內為本，外為末，二居內，以陽剛臨外四陰，故曰未順命。坊本訛末為未。坎之六四云：「樽酒簋，貳用享，」酒盛於樽簋止於貳，言其薄也。坊本訛以樽酒簋三字為句。此類不可枚舉，一一辯正訂為成書，非余輩所能任也。故余與九弟遲之十年而未決。夫前人僅開其始，後人不能要其終，情可原也。前人已啟其緒，而後人全沒其文，情不可原也。余今年六十有一，九弟今年亦五十有六，互參聚議，迄無成功。倘一旦不測，相繼而歿，使吾四兄半生精勤著述已略備者，盡歸散佚，余兩人之責，其真無辭矣。謹錄遺文十八篇，於《車輪圖說》補其缺略，共訂為十九篇，付之梓人，以藏於家。至於按卦尋義，逐爻求理，則不妨有俟焉爾。

◎四庫提要：所論十五事皆闡發宋儒舊說。自序謂漢儒所傳《三禮》不可盡信，故不主漢易。書中致疑邵子之說，亦不盡主先天諸圖，然未能竟廢圖學也。

◎孫葆田《山東通志》卷百二十七《藝文志》第十：《德州志》載其自序全文，稱其祖廷蓋有《易學露機圖說》，原本無存。《志》又載其弟汝惠序，稱「謹錄遺文十八篇，於《車輪圖說》補其缺略，共訂為十九篇」云云。蓋汝惺述其家學，草創未就，而汝惠踵成之者也。

◎道光《濟南府志》卷五十六：廷蓋著有《易學露機圖說》，汝惺逐爻體驗，隨位所居，以求寡過。搜集眾說四十餘家，批註闡發，名《吳氏易說》。

◎吳汝惺，字匪席。山東德州人。又著有《照心鏡》、《居家雜儀》。

吳山簡 經傳彙貫 四卷 佚

◎同治《常寧志》卷九《藝文·經類·國朝》：吳山簡《經傳彙貫》四卷（《嘉慶續志》）。

◎吳山簡，字青岡。湖南常寧人。著有《經傳彙貫》四卷。

吳善述 易經 一卷 存

上海藏光緒稿本

〔註100〕錄自乾隆《重修德縣志》卷十五《藝文志》。

朝鮮秘書館新鐫尊賢閣校正刻三經四書正文本

◎此書為吳氏所注易，其分章、論說一本朱子《本義》。

◎吳善述，浙江鎮海人。道光二十九年（1849）舉人。研小學，精文字。又著有《說文解字補說》、《六書約言》，又校訂王夫之《說文廣義》。

吳尚默 周易闡要 四卷 存

浙江、山東、湖北、湖南藏嘉慶八年（1803）吳氏橋東書塾刻本

◎孫殿起《販書偶記》：約康熙間刻本。

◎嘉慶《涇縣志》卷十七《名臣》：著有《周易闡要》及《獲言》等集。

◎嘉慶《涇縣志》卷二十六《藝文》：吳尚默《周易闡要》四卷（《採訪冊》。浙西錢士升有序）。按尚默是書曾刻於武昌官署，後板失而遺書尚存，間有蟲蝕，近裔孫繪取舊藏尚默手訂原本校補，倣遺書重梓。

◎吳尚默（1562～1640），字以時，號元垣。安徽涇縣人。萬曆二十二年（1594）鄉薦第二，任無錫教諭。曾與東林諸學者講學。四十四年中進士。初任浙江義烏知縣，有惠政。天啟元年（1621）為浙江同考官。二年任山東道監察御史。後巡按粵東。官至湖廣左布政使。又著有《獲言集》《西臺摘疏》《一麾吟》《秋水居遺稿》等。

吳紹美 周易直解引端 佚

◎同治《如皋縣續志》卷九《列傳》二：著《周易直解引端》。

◎吳紹美，字雲湄。食廩貢成均，需次教職。道光丙午建周濟所。年七十八卒。

吳士赫 周易講說 佚

◎嘉慶《涇縣志》卷二十六《藝文》：吳士赫《周易講說》《四書晰疑》五十六卷（《採訪冊》。士赫自撰序）。

◎嘉慶《涇縣志》卷十八《文苑》：著有《四書晰疑》《周易講說》藏於家（《採訪冊》）。

◎吳士赫，字喧伯。安徽涇縣人。維駿孫。方嚴敦樸，詩文世其家學。久困名場，因鍵戶著述，博通經史，尤潛心四子書及易理。進士長台嘗稱其識解超卓。每講論經義，聽者忘倦。年八十餘猶手不釋卷。

吳士俊 讀易雜錄 二卷 存

國圖藏稿本

◎吳士俊，字傅巖。天津人。

吳士俊 易說彙解 二卷 存

國圖藏稿本

吳士俊 易義泝源 二十卷 卷首二卷 卷末二卷 存

國圖藏稿本

◎陳挹爽等參訂，李菘生、李春澤等註釋。

◎卷首《易說匯解》二卷、卷末《讀易雜錄》二卷。

◎民國《天津縣新志》卷二十三之一《藝文》一著錄藁本二十四卷存：是書前列《易說匯解》，末有《讀易雜錄》各二卷，餘俱正經也。大旨蓋以河圖洛書聖人則之，作易者從象數出，注易者自當從象數入。自晉王氏易行而馬、鄭、荀、陸諸家俱廢，漢學失傳者千餘年，所幸唐李鼎祚網羅漢儒易說三十餘家，近世毛奇齡、惠棟、張惠言亦各有祖述，微言大義猶有存者。士俊薈萃納甲、納音、爻辰、卦氣以及焦氏世應、虞氏消息諸說，從象數推勘理氣，引彼證此，以經注經，俾人知治易當於理氣象數參互闡發，辯通四辟，斯為正宗也。

吳士品 周易義傳大全 佚

◎嘉慶《寧國府志》卷二十《藝文志·書目》：《周易義傳大全》《禮記經傳通解續編集註》《性理正蒙集註》，並吳士品著（宣城）。

◎光緒《宣城縣志》卷三十五《載籍》：《四書集註大全增正》《周易義傳大全》《禮記經傳通解續編集註》《性理正蒙集註》（並吳士品著）。

◎吳士品，安徽宣城人。著有《四書集註大全增正》《周易義傳大全》《禮記經傳通解續編集註》《性理正蒙集註》。

吳世尚 易經注解 佚

◎光緒《貴池縣志》卷四十一《藝文志》：吳世尚《易經注解》（見《舊志續編》）、《老子宗旨》（見《通志》）、《春秋義疏》四十卷（見本集）、《莊子解》、《楚辭疏》（均見《舊志續編》）。

◎劉世珩《吳世尚莊子解跋》：《莊子解》十二卷，吾鄉吳六書先生撰。先生所著尚有《易經注解》、《禮記章句》、《老子宗旨》、《楚辭疏》，皆不傳。

◎吳世尚，字六書。安徽貴池人。肆力於六經子史，手自鈔覽至腕脫，以左手作字，名其居曰易老莊山房。食餼郡庠，未貢而卒。又著有《楚辭疏》八卷。

吳世尚 周易本義啟蒙通刊 十六卷 首一卷 附周易經二卷 存

天津藏雍正十二年（1734）光德堂刻本

山西藏嘉慶七年（1802）敦化堂刻本（十四卷首一卷）

吳世尚 周易本義啟蒙 八卷 存

天津藏雍正十二年（1734）光德堂刻本

吳世尚 周易經 二卷 存

山西藏嘉慶七年（1802）敦化堂刻本

吳世尚重訂 朱子周易本義啟蒙 四卷 首一卷 存

金陵藏雍正十二年（1734）光德堂刻本（題吳六書）

吳舒鳧 易大象說錄 二卷 首一卷 存

國圖藏順治五年（1648）刻本

◎首一卷為附錄《周易大象集解粹言序》、《序易象辭論》、《河渚二隱君傳》。

◎鐵嶺高其佩且園撰《易大象說錄序》：吳山舒鳧先生卜居河渚，河渚多隱君子，先生獨隱于游。壬戌秋，余獲定交符離，詢諸耆舊，尤稱施石農、徐狷菴二君著書而不近名，余心慕之。吳山一言一動深體易道，未嘗好異，自不徇于俗。講學主言顧行行顧言為存心之驗，謂吉凶悔吝因乎心者也，心操則存觀法于損益二卦象，思過半矣。余近涖浙中，詢所詣之耆舊，皆已沒世。吳山示余《易大象說錄》並贊石農之頌、傳焉。其書專取本象，責實乎人道，不墮虛言，辨乾泰坎經文之誤，詮釋小畜大畜觀解諸音義能信今而不疑古，未有也。先生足跡不入城市，丁亥八月貽札以扇索《指畫》。余聞吳山教二十六年矣，曾未進修德業，由點染家變易從事，其何足取于先生者？或以扇而

有石農寄懷「經春作別，河渚早歸」之句，俾余識其遐心耶？然孔子不嘗贊同人之離乎？曰：「同心之言，其臭如蘭。」君子出處語默，心同道不必同也。凡交于吳山者，不見而思，見而不能舍，誰不如石農？遂寫蘭以報。先生許余可與學易，今聊述以序之。易道廣大，余愧未能學也。

◎易大象說錄首卷（附序論傳）：

唐孔氏穎達疏云：「十翼之辭，孔子所作。《上象》三，《下象》四。」又云：「『《象》曰：天行健』至『自彊不息』總象一卦，謂之《大象》。『潛龍勿用』以下至『盈不可久』釋六爻之象辭，謂之《小象》。」愚按大小象之稱乃先儒注釋，非孔子所分，故元俞琰作說止稱《象辭》。今既以此象自成一書，仍從孔疏稱大象，以別於爻象焉。

孔疏又云：「言君子者，謂君臨上位，子愛下民，通天子諸侯兼公卿大夫有地者。凡言君子，義皆然也。若卦體之義惟施於天子，不兼包在下者，則言先王。稱后兼諸侯也。」伊川程子云：「稱后者，後王之所為君子，則上下之通稱；大人者王公之通稱。」橫渠張子亦云：「凡言后者，謂繼體守成之主也。」愚按復象稱先王以至日閉關，商旅不行，又稱后不省方；觀象稱先王以省方觀民設教。同一省方也，或稱后或稱先王，則后、王初無二義，似不必區分。其稱君子，非有位者則有德者，當之耳。

孔疏又云：「六十四卦說象不同，或總包六爻，不顯上體下體，乾坤是也；或直舉上下二體者，屯泰否噬嗑恆解益豐震巽坎離艮兌也；或直舉兩體上下相對者，訟履同人睽也；若需小畜大有豫觀剝大過大壯晉家人夬萃渙既濟未濟皆先舉上象而連于下象，義取上象以立卦名也；比臨咸旅井鼎漸歸妹蹇節中孚小過皆先舉下象以出上象，亦義取上象，共下象而成卦也；或先舉上象而出下象，義取下象以成卦者，蒙師蠱賁無妄頤遯損姤謙隨升革也；若復大畜明夷困，是先舉下象而稱在上象之下，亦義取下象以立卦也。」愚按六十四卦皆兼取上下兩象，或順舉或倒舉，總無偏取上象偏取下象以立義者。乾言行、坤言勢，即是重卦之義，與坎之習、離之兩、震之洊、艮之兼、巽之隨、兌之麗同。考亭朱子云：「卦有兩乾，是兩天也。昨日行一天也，今日行又一天也。」林屋俞氏云：「重坤一上一下，象地勢高下之相因。」是先儒釋乾坤皆取重義，非乾坤獨不顯上下二體也。餘凡卦象顯然、人所共見者，直言在上在下，其地下、澤下及天在山下，人不可見則皆言中，需夬萃三卦象上字皆虛用音上聲，自下而上也；訟泰否同人豫剝大過家人解困豐十

一卦不言上下，各取一二字義以貫兩象上下自見；屯噬嗑恆益四卦止舉兩象，不加一字，蓋下有雷上必有雲有電，故言雲雷電，雷上下象義已顯；若震坎成卦，雨因雷作，異于雨而不雷者，必言雷雨作解；震離成卦，則雷在上電在下，雷之先有電，電之後又有雷，言雷電皆至，然後見豐之象也；至于風在下雷在上，如春風至而雷發聲，秋風至而雷收聲，雷風相應，終古不易，所以為恆；風多撓散萬物，惟雷在下風在上則為春夏之風，資乎雷之鼓動以成長育之功，所以為益。皆不言上下，亦不必貫以字義，因其象昭然，其義已足也。

孔疏又云：「象辭或有實象或有假象。實象者，若地上有水，比也；地中生木，升也。假象者，若天在山中，風自火出，凡此之類，實無此象也。」愚按漢上朱氏云：「天在山中，以人所見為象，猶言水中觀天也。聖人論天地日月皆以人所見言之」，伊川程子云：「風自火出，火熾則風生」，考亭朱子云：「如一爐火，必有氣衝上去便是風自火出，先儒所論皆非假象」，平甫項氏有云：「《大象》皆實」，又論謙象云：「以天下地勢觀之，地之最下而負海者，其中最多大山」，非地中有山而何？此正實象也。朱子論井象云：「木之津潤上行至木之杪，便是井水上行之象」，林屋俞氏論乾象云：「天虛空無形，無以見其行，二十八宿之行即天之行也」，又論需象云：「雲之上于天也，必待其族而雨；君子之飲食也，必待其類之聚而宴樂」，即此諸儒所解，可以類推矣。

孔疏又云：「凡大象，君子所取之義，或取二卦之象而法之者，若『地中有水，師，君子以容民畜眾』，取卦象包容之義；『上天下澤，履，君子以辯上下』，取上下尊卑之義。或直取卦名，因其卦義所有，君子法之，須合卦義行事者。若訟卦云『君子以作事謀始』，防其所訟之源，不取『天與水違行』之象；小畜『君子以懿文德』，不取『風行天上』之象。餘皆倣此。」愚按復齋趙氏云：「風行天上散乎外，畜于內者小，懿文德行諸外也。」兼山虞氏〔註101〕云：「天一生水，始于一氣，而終則天淵，君子知其相違不在天淵之後而在一氣之初，故作事謀始，酌之于違與未違之先也。」是先儒解「懿文德」取風行天上之象、「作事謀始」取天與水違行之象，最為精切。蓋聖人觀象繫辭，無有下句不與上句相發明者也。

宋漢上朱氏震云：「夫子之《大象》別以八卦取義，錯綜而成之。有取兩體者，有取互體者，有取卦變者。」愚按《大象》專取乾為天坤為地艮為山兌

〔註101〕虞鈖字晙民，號兼山，又號白庵，明末諸生。見《湖墅小志》卷二。

為澤震為雷巽為風為木坎為泉為雲為雨離為火為電為明之象，不兼卦體卦德卦變之義。若互體，尤屬支離穿鑿。雙湖胡氏云：「夫子六十四卦《大象》自釋伏羲一卦兩體之象，皆夫子所自取，文王、周公所未嘗有，故于卦爻之辭絕不相關」，可謂精于論《大象》矣。

元林屋山人俞氏琰《周易象辭說》云：「象者伏羲所畫八卦天地水火雷風山澤之象，其辭則孔子為之也。彖辭爻辭亦皆有象，乃獨以『天行健君子以自彊不息』之類為象辭，何也？曰：彖辭爻辭固皆有象，然又有占辭又有象占相渾之辭，象辭則止乎象而已，並無吉凶悔吝之占辭，故特謂之象辭。其象則乾坤為天地、艮兌為山澤、震為雷，更不必別取他物。巽坎離則不然：巽為風，遇天遇雷在上在下皆為風，在地澤水火之上亦為風，遇山則在下為風在上為木，在地澤水火之中亦為木；坎為水，遇地風火澤之上下皆為水，在山上亦為水，在山下則為泉，在天下亦為水，在天上則為雲，遇雷而在上亦為雲，在下則為雨；離為火，純離之象不言火而言明，遇地亦皆言明，遇天山水澤風木則皆為火，遇雷則為電。凡此取象，皆以人所共見者言之也。其辭則與彖爻之辭不同。彖辭爻辭有善有惡，或善惡相半，象辭則無有不善也。且如剝如明夷皆凶卦也，而剝曰『上以厚下安宅』，明夷曰『君子以蒞眾，用晦而明』，必於凶中取吉以為之辭。卦雖凶，君子於此觀象玩辭而善用之，則亦轉凶而為吉。蓋不待乎占也。是以每象皆著一『以』字。以者，用也，用而見之于事也。稱上稱大人者一，剝與離是也；稱先王者七，比豫觀噬嗑復無妄渙是也；稱后者三，泰復姤是也；稱君子則五十三。易蓋為君子謀不為小人謀也。」愚按此說極為明切，故備述之。

◎乾隆《杭州府志》卷五十七《藝文》一：《周易大象說錄》（國朝監生錢塘吳儀一舒鳧撰）。

◎《販書偶記續編》卷一：《易大象說錄》二卷首一卷，清吳人舒鳧撰，無刻書年月，約順治戊子刊。

◎王紹曾先生《清史稿・藝文志》：原書目無版本，可以從其他書目增補的，以《總目》《重修清藝》《續經義考》為最多。如《善目》收舒鳧《易大象說錄》二卷，據《販書偶記》補順治五年刻本。

◎四庫提要：是書惟釋《大象》，蓋因杭人施相《周易大象頌》而作，每條附以讚語。其中改「天行健」為「天行乾」、「天地交」為「地天交」之類，其子向榮跋語述其父言，稱「不闕疑而改經文，獲罪千古」，蓋已自知之矣。

前有施相傳，謂崇禎乙卯相年十七。明崇禎無乙卯，當是己卯之訛也。

◎吳舒鳧，一名逸，字吳山。江蘇吳縣人。

吳肅公 易問 一卷 佚

◎嘉慶《寧國府志》卷二十《藝文志·書目》：《明誠錄》、《讀禮問》一卷、《易問》、《詩問》一卷、《廣祀典議》一卷、《明語林》十四卷，並吳肅公著（宣城）。

◎自撰《墓誌銘》：所著詩文集《明誠錄》《正王》《大學述》《五行問》《易問》《讀禮問》《讀書論世》《葬惑辨》各若干，輯《通識》百有二卷、《明語林》十六卷、《闡義》十二卷。

◎光緒《宣城縣志》卷三十五《載籍》：《街南文集詩集》《明誠錄》《正王錄》《大學述》《五行問》《易問》《讀禮問》（見《四庫全書目錄》）《讀書論世》《葬惑辨》、《明語林》（見《四庫全書目錄》，並吳肅公著）。

◎嘉慶《寧國府志》卷二十《藝文志·書目》：《明誠錄》、《讀禮問》一卷、《易問》、《詩問》一卷、《廣祀典議》一卷、《明語林》十四卷，並吳肅公著。

◎吳肅公（1626～1699），字雨若，號晴巖，一號逸鴻，別號街南，自署瓠道人。安徽宣城人。諸生。少從叔父垌學，又從沈壽民遊。著有《街南文集》二十卷、《街南續集》七卷、《闡義》二十五卷、《皇明通識》一百零二卷、《明語林》十四卷、《讀書論世》十六卷、《姑山事錄》八卷、《明誠錄》一卷、《正王》一卷、《正王或問》一卷、《讀禮問》一卷、《大學述》一卷、《詩問》一卷、《廣祀典議》一卷、《葬惑辨》三卷、《天官考異》一卷、《改元考同》一卷。

吳廷薑 易學露機圖說 佚

◎吳汝惺《易說》原序：先王父曾著《易學露機圖說》，原本無傳。

◎孫葆田《山東通志》卷百二十七《藝文志》第十：是書見《濟南府志》卷五十六吳汝惺傳。

◎吳廷薑，山東德州人。吳汝惺祖。廩生。

吳偉業 易經聽月 六卷 圖說 一卷 未見

◎雷夢水《販書偶記續編》卷一：清婁東吳偉業撰，無刻書年月，約順

治間天繪閣刊。

◎吳偉業（1609～1672），字駿公，號梅村，別署鹿樵生、灌隱主人、大雲道人。江蘇太倉人。崇禎四年（1631）進士，任翰林院編修、左庶子等職。崇禎十年嘗從黃道周學易。順治十一年（1654）授秘書院侍講，後升國子監祭酒。順治十三年（1656）底乞假南歸，遂不復仕。與錢謙益、龔鼎孳並稱江左三大家。著有《春秋地理志》、《綏寇紀略》、《梅村家藏稿》五十八卷、《梅村詩餘》、《秣陵春》、《通天臺》、《臨春閣》諸書。

吳蔚光 易以 二卷 佚

◎法式善《存素堂文集》卷四《例授奉直大夫禮部主事吳君墓表》：君所著有《易以》二卷、《洪範音諧》二卷、《毛詩意見》四卷、《春秋去例》四卷、《讀禮知意》四卷、《求闕錄》十卷、《方言考據》二卷、《閒居詩話》四卷、《駢體源流》一卷、《杜詩義法》八卷、《唐律六長》四卷、《詩餘辨偽》二卷、《姜張詞得》二卷、《素修堂文集》二十卷、《古金石齊詩》前集四十五卷後集十五卷、《小湖田樂府》前集十卷續集四卷、《寓物偶為》二卷。

◎道光《休寧縣志》卷十二《人物志・文苑》：著有《易以》二卷、《洪範音諧》一卷、《毛詩臆見》四卷、《春秋去例》四卷、《讀禮知意》四卷、《求闕錄》十卷、《方言攷據》二卷、《閒居詩話》四卷、《駢體源流》一卷、《杜詩義法》八卷、《唐律六長》四卷、《詩餘辨偽》二卷、《姜張詞得》二卷、《素修堂文集》二十卷、《古金石齊詩》前後集共六十卷、《小湖田樂府》十四卷、《寓物偶留》四卷。

◎道光《徽州府志》卷十一之四《人物志・文苑》：著有《易以》二卷、《洪範音諧》一卷、《毛詩臆見》四卷、《春秋去例》四卷、《讀禮知意》四卷、《求闕錄》十卷、《方言攷據》二卷、《閒居詩話》四卷、《駢體源流》一卷、《杜詩義法》八卷、《唐律六長》四卷、《詩餘辨偽》二卷、《姜張詞得》二卷、《素修堂文集》二十卷、《古金石齊詩》前集後集共六十卷、《小湖田樂府》十四卷、《寓物偶留》四卷。

◎《重修安徽通志》卷二百二十五《人物志・文苑》：有《易以》二卷、《洪範音諧》一卷、《毛詩臆見》四卷、《春秋去例》四卷、《讀禮知意》四卷、《求闕錄》十卷、《方言考據》二卷、《閒居詩話》四卷、《杜詩義法》八卷、《唐律六長》四卷、《駢體源流》一卷、《詩餘辨偽》二卷、《素修堂文集》二

十卷、《古金石齊詩》前集後集共六十卷、《小湖田樂府》十四卷、《寓物偶留》四卷（《休寧縣志》）。

◎吳蔚光（1743～1803），字悊（浙）甫，一字執虛，號竹橋，又自號湖田外史。世居安徽休寧大斐，四歲隨父居昭文（今江蘇常熟）之迎春橋巷，始為昭文著姓。年十八以錢塘商籍補博士弟子員，乾隆丁酉舉順天鄉試，改昭文籍。乾隆四十五年（1780）進士，選翰林院庶吉士，纂修武英，分校四庫，散館改禮部主事。是冬以病假歸侍父，以著述為務。好藏書畫，構梅花一卷樓、擁（雍）書樓庋藏書數萬卷。又撰有《唐詩六長》四卷。

吳文光 周易會通 佚

◎道光《徽州府志》卷十五《藝文志・婺源》：吳文光《周易會通》。

◎吳文光，安徽婺源（今屬江西）人。著有《周易會通》。

吳文愚 易理鑰 一卷 存

浙江、山東、天津藏 1933 年科學研究社鉛印本（上海中西書局印刷）

◎弁言：《易經》是難解的書籍，普通的人，能解釋《易經》的很少。從前所出的註解《易經》的書籍，多是不容易明白的，因為從前普通的《易經》書籍，大概全是預備給賣卜人或是儒學家看的，所以普通的人對於這種古籍，便難於明白了。

預備給賣卜人看的《易經》書籍，多是講究占卜的方法，以及關於賣卜人職業的事情；關於《易經》的理論，卻是很少的。預備給儒學家看的《易經》書籍，卻又注重訓詁註釋之學，每一個字的講義，和一句話的解釋，往往要長篇累牘，有幾十頁之多；對於《易經》的本體，卻是沒有說明。

因為從前的儒學家和賣卜人，多是不明白西洋派研究學問的方法，所以不能用科學方法，研究《易經》。因為這個緣故，所以現代知識階級的人，對於從前的《易經》書籍，往往不喜歡看，並且看了也不懂。

著者因為要使初學的人研究《易經》，容易明白，所以著作本書，用科學的研究方法，淺顯易明的文字，解釋《易經》，以期普通的人，全能看了本書的講義，知道《易經》的精微妙理；看了本書的占法，可以隨時應用，達到先知先覺的目的。

本書用科學的方法，研究《易經》的道理，所以可作為文學家的新□□；詳述依據《易經》的占筮方法，所以可作為賣卜人的指南針。講解淺顯，文字

簡明，隨意不論是什麼人，看了本書，全能明白。

本書用現代科學「方法論」，在理論的和系統的方面，解釋《易經》；在世上解釋《易經》的書籍裏邊，確是獨一無二的新書。

著者誌。

◎目錄：

研究易經之準備知識：易經與占卜。生活方面發生疑問須觀易經。古時之占卜。易經與占卜之區別。

研究易經之準備：依據易經之占法及需要之工具。算木。筮竹。易經。

簡單之易經占卜法：得占之方法。占筮之目的。

占筮前之準備：精神之統一。現代之易經占卜。易經占卜七種形態。

用筮竹與算木之占筮法：五十筮說。本筮法（十八變三十六變法）。中筮法（六變法）。略筮法（三變法）。

不用筮竹之占筮法：擲錢法。圖著筮法。數年月日時而建立占卜之法。用算盤立卦之法（算盤定數法）。用手立占之法（梅花心易指掌法）。用尺占筮之法。數物占筮之法。數音占之法。數文字筆劃之占筮法。閉目指字之占筮法。觀路上行人之占筮法。辨別音色之占筮法。觀察天象之占筮法。

易經占筮之判斷材料：八卦象義。

易經判斷之範圍：範圍圖說（附範圍圖）。

易經之理論的解釋方法：易經為究理之書。字義解釋。論理解釋。折衷解釋。全體解釋。分解解釋。裏面解釋。變化解釋。反對解釋。對照解釋。推論之範圍及其價值。

易經之社會科學方面之價值：易經之學問方面之關係。易經為辯證法的唯物論。中國之易經學家。易經之趣味。易經在最近時代不發達之原因。占筮之科學的意義。易經占筮不能在自己身上應用之理由。

社會科學方面之易學：易學為東方之社會科學。易經為東方論理哲學之書。易經為辯證法的唯物論。

引用易經之別種占法：五行易說與易經之理不同。五行易說之起原。五行相生。五行相剋。以五行相剋之說應用於男女之事。以九星十干十二支分配五行之事。五親。與吾同性者為兄弟。生吾者為父母。吾所生者為子孫。剋吾者為官鬼。吾所剋者為妻財。父母之用。兄弟之用。子孫之用。官鬼之用。妻財之用。

　　實際問題方面之應用解釋：關於實際問題解釋之注意。占卜事情決定中心之法爻之法。決定過去現在未來之法。用八卦而知月之法。用八卦決定方位之法。用八卦決定時刻之法。用八卦決定數目之法。用八卦決定顏色之法。用八卦決定人姓名之法。知各爻之月之法。判斷流年逐氣之法。判斷事物吉凶之法。知他人心情之法。運氣及身體之判斷法。男女兩性之關係及結婚吉凶之判斷法。判斷男女兩性的關係。女美醜之判斷法。姙娠之判斷法。住宅吉凶之判斷法。可否遷居新宅之判斷法。財產得失之判斷法。可否希望之判斷法。旅行吉凶之判斷法。待人之判斷法。能否會見他人之斷法。訴訟勝敗之斷法。行人吉凶之判斷法。盜賊及盜賊所居方位之判斷法。失物能否尋得之判法。入學試驗是否及格之判斷法。決定職業之法。知貨物市價高低之法。

　　研究易學之參考書。

　　易經之獨自占卜法：求卦之方法。略筮法。取本卦法。取變卦。擲錢占卜法。

　　六十四卦一覽表。

　　六十四卦之判斷：全卦之解。各爻之解。占卜。變卦。

　　◎吳文愚，浙江虞山（今常熟）人。

吳向辰　周易註　佚

　　◎道光《續修桐城縣志》卷之十五《人物志・儒林》：著有《周易註》《蘭雪齋詩集》。

　　◎吳向辰，安徽桐城人。吳詢子。縣學生。

吳獬　易注　未見

　　◎曾廣鈞《吳鳳孫先生傳》著錄〔註 102〕。

　　◎吳獬（1841～1918），字鳳孫（笙／蓀），號子長，榜名獬。湖南臨湘市桃林三合人。光緒二年（1876）舉人。十三年（1887），任岳州金鶚書院山長。人稱岳州一怪。光緒十五年（1889）進士，以即用知縣簽分廣西。十六年，補廣西來賓縣知縣，充鄉試閱卷官。光緒十八年（1892）任廣西荔浦知縣，創正誼書院。著作甚夥，惜今存僅《不易心堂集》《一法通》。今人何培金合編為

〔註 102〕吳獬《吳獬集》附錄《吳獬的生平事略》收錄。

《吳獬集》出版，選入《湖湘文庫》。

吳熊 周易圖解 佚

◎光緒《黃州府志》卷三十二《藝文志》：《周易圖解》，廣濟吳熊撰（《縣志》）。

◎吳熊，湖北廣濟（今武穴）人。著有《周易圖解》。

吳詢 矩軒周易 五卷 佚

◎馬其昶《桐城耆舊傳》卷十：凡著《四書講義》十卷、《矩軒周易》五卷、《易象》三卷、《畫溪逸語》七卷、《雜記》七卷。

◎道光《續修桐城縣志》卷之十五《人物志‧儒林》：以《易》為五經之源，研窮圖象，依朱子之說而推衍之。其說有六對四分、諸爻各變，發漢唐諸儒所未發。

◎道光《桐城續修縣志》卷第二十一《藝文志》：《矩軒周易》五卷、《易象》三卷（吳詢撰）。

◎吳詢，字重約，一字湘麓，號畫溪、矩軒。安徽桐城人。嘉慶諸生。精性命之學。與同里汪志伊、張裕焜、吳貽詠、吳鏐、張野人、顧詢、左炎、張元泰、張鈞相切磋。又著有《畫溪詩集》十六卷《論詩》一卷《選詩》四卷。

吳詢 易象 三卷 佚

◎道光《桐城續修縣志》卷第二十一《藝文志》：《矩軒周易》五卷、《易象》三卷（吳詢撰）。

◎馬其昶《桐城耆舊傳》卷十著錄。

吳循 周易圖解 佚

◎道光《續修桐城縣志》卷之十五《人物志‧儒林》：著有《周易圖解》《忍齋詩文集》。

◎道光《續修桐城縣志》卷二十一《藝文志》：《周易圖解》《忍齋詩文集》（吳循撰）。

◎吳循，字炎牧。安徽桐城人。工部道新長子。年十七補縣學生員。博學多才，隨父宦遊往來吳越間，一時名宿如顧修遠、張爾公、吳園次、汪苕文輩爭推重之。

吳言褒 易經集註 五卷 佚

◎光緒《江西通志》卷九十九《藝文略》一《國朝》：《易經集註》五卷，吳言褒撰。

◎吳言褒，字宣榮。江西都昌人。著有《易經集註》五卷。

吳儀 周易管窺集解 十二卷 存

山東藏清鈔本

◎封面題：吳灌先《周易訓詁》。

吳翊寅 易漢學考 二卷 存

國圖、山東藏光緒十九年（1893）廣雅書局刻本

續四庫影印湖北藏光緒十九年（1893）廣雅書局刻本

◎目錄：敘目上易漢學考一：西漢師承考、東漢師承考、孟氏卦氣京氏六日七分考、京氏積算考、鄭氏爻辰考、荀氏乾坤升降考、虞氏納甲考、易緯考上、易緯考下。敘目下易漢學考二：重卦考、三易考、易名義考、易消息考、易之變考、易元亨利貞考、易七八九六考。

◎敘目上：國朝乾嘉以來漢學昌明，《易》為大經，份份復古，元和惠氏實為之倡。先是惠學士成《易說》六卷，徵引極博，皆主漢儒；又嘗欲別撰漢經師說易之源流而未暇也（見《易漢學敘》）。徵士松崖先生復撰《易漢學》七卷，自敘稱孟良卿以下五家之易異流而同原，其說略備。蓋惠氏治漢易已四世矣。武進張先生惠言述虞氏義，顓門名家，然與孟、京、鄭、荀或多違異。攷鄭、荀之學皆本京氏，《藝文志》稱京傳孟易，孟有章句之學有占候之學。元帝時，京與施、孟、梁邱並立學官，是京雖主占候，亦有章句。中興後，京易盛行，三家寖微。自漢至隋，孟易章句殘缺，今罕有存者。唯《易緯·乾鑿度》文多與孟氏說合。七十子之微言，田何楊叔丁將軍之所傳，於是乎在。且虞最晚出，未可據一家言而廢孟、京、鄭、荀也。翊寅不揣樗昧，竊取惠氏緒論，研而究之，以為欲求東漢易學之原流，當先攷西漢易學之派別。輒補兩漢師承敘錄二篇。其西漢易學派別凡四：曰訓故舉大義，周、服、王、丁、楊、蔡、韓七家易傳是也。曰陰陽候災變，孟喜、京房、五鹿充宗、段嘉四家易傳是也（京房受焦贛易。焦氏無章句，故《漢志》不箸錄）。曰章句守師說，楊、何、施、孟、梁邱、京五家博士所立以教授者是也。曰象象解經意，費直、高相二家民間所用以傳受者是也。其東漢易學派別凡

四：曰馬融、劉表、宋衷、王肅、董遇皆為費氏易作章句者也（費易無章句，諸家各為立注）；曰鄭玄、荀爽本治京氏易而參以費氏者也（鄭玄從第五元先通京氏易，荀爽從陳寔受樊英章句，亦京氏學）；曰虞翻本治孟氏易，而改以《參同契》納甲為主者也；曰陸績專治京氏易者也。鄭、荀、陸三家皆主京氏，京氏出於孟，可謂同原異流。獨虞謂五世傳孟氏易，後據師說以《參同契》立注，其上奏稱：「前人通講多玩《章句》（即班《志》之《孟氏章句》），雖有秘說，於經疏闊。又俗所覽諸家解，不離流俗，義有不當，實輒悉改定以就其正」，是則自言改家法章句矣；所云秘說，蓋指《易緯》，即孟氏之學。虞以六十四卦成既濟為陰陽位正，故改家法以就之。又稱道士言易道在天，三爻已足，即翻所據之師說也。惠氏過信翻言，謂傳孟學，故以虞次孟，在京、鄭、荀之前，失其敘矣。孟、京雖同主卦氣，然有疏密之殊。凡依氣定日，主一爻及六日七分術，蓋皆京房所傳，較孟為密。惠氏言之不詳。其述京易則據見存之《京氏易傳》，專主卜筮。又言積算無起例，可推攷靃景汪《讀書記疑》積算為隋唐志之錯卦傳固屬臆解。惠氏以近世所傳《火珠林》占法當之，亦非其實。至論鄭氏爻辰則據《乾鑿度》「陽左行陰右行、聞時而治六辰」之說，謂與《律呂相生圖》合，遂致後人聚訟紛如。又論荀氏乾坤升降唯主坎離成既濟，言以為六爻得位，利貞之道仲翔注易亦與荀同。其實荀本《乾鑿度》、虞本《參同契》，派別各殊，不容強合。蓋於兩漢經師說易之原流欲詳攷之，而仍未暇也。今依惠氏五家辨覈疏析，先孟氏，次京氏，次鄭氏，次荀氏，次虞氏，以時代先後為斷。又附《易緯攷》二篇，推諸家之說所自出，使兩漢易學派別原流明白可睹，亦拾遺補闕之義云。易自王弼注行，訓故之學漸衰。李氏《集解》網羅散佚、陸氏《經典釋文》掇拾叢殘，漢學不絕如線。其後宋儒鄙章句，探象數，先天太極之圖出而羲、文、周、孔之易變為陳、邵之易。雖程朱大儒專主義理，亦未能屏而棄之。惠氏當漢學盲晦之際，撮其墜緒，輯其遺聞，所箸《周易述》二十三卷，博采旁徵舊說略備，其有功於易甚大。而《易漢學》一書，首發其凡。昔鄭君作《六藝論》畢而後注經，先生此編殆昉鄭意。即開有漏略以待來學之證明。譬猶門徑既啟，而竅奧始可闚也。《易漢學》無他，訓故舉大誼而已，《章句》守師說而已。盈虛消息升降往來，即漢學之大誼也。《說卦》龜象即漢學之師說也。《章句》定，訓故明，而易之象數在其中，即易之義理在其中。彼薄章句訓故而妄測象數、空談義理，夫豈知易者哉？！質之先生，並質當世之治易漢學者。光緒癸巳長至日，後

學吳翊寅。

　　◎敘目下：元和惠先生撰《易漢學》八卷，復撰《易例》二卷，其上卷辨易名義及伏羲作易畫卦之法，論元亨利貞大義，論虞氏之卦大義，又論《左傳》之卦（原缺）占法，又說易陰陽中和，又說當位不當位；其下卷說消息，說升降，說乾坤諸卦成既濟，說乾坤用九用六及七八九六為天地之數，說諸卦變例，皆易中大義也。唯篇目次第或失其敘。至世應、飛伏諸例多與《易漢學》種複。又列目而缺其說者甚眾。蓋非先生手定之本。倘得耆學之士排比補正，使成完書，亦易漢學家所不廢也。翊寅依惠氏書，攷孟、京、鄭、荀、虞五家之易，原流派別，箸之於篇。復據惠氏《易例》作攷一卷，曰《重卦攷》，辨其非自伏羲也；曰《三易攷》，辨其為夏殷周通三統也；曰《易名義攷》，辨易為佼易，非簡易（音異）也；曰《易消息攷》，辨消息止十二卦，雜卦不得名消息也；曰《易之變攷》，辨爻位升降及爻變也；曰《元亨利貞攷》，辨虞氏乾坤諸卦成既濟非易義也；曰《七八九六攷》，辨乾坤用九用六由七八而變，六朝唐人陰陽老少之說與漢儒異也。凡七篇。惠氏言緯書所論，多周秦舊法，不可盡廢。惜其說已佚（原缺），恉難具詳。今所攷徵，皆據《乾鑿度》為主，蓋本惠意。唯虞仲翔說多與《易緯》不合。惠依虞義，遂至踳駁。今輒隨文糾虞之舛，然於惠《例》多所發明。又惠氏因《易漢學》所述義例未備，別撰《易例》以補其闕。茲循惠例，合孟、京、鄭、荀、虞諸家之言，辨其異同，證其得失，則固《易漢學》大義也。故仍前名為楬櫫云。癸巳涂月，吳翊寅又記。

　　◎吳翊寅（1852～1910），字孟棐，號揭聾、悔庵。江蘇陽湖（今武進）人。年十七，假館武昌崇文書局。光緒十七年（1891）舉人。官廣東知縣。生平邃於易學。又著有《曼陀羅花室集》八卷、《遯庵言事集》二卷、《清溪惆悵集》二卷，與屠寄同輯《常州駢體文錄》。

吳翊寅　易漢學師承表　一卷　存

　　國圖、山東藏光緒十九年（1893）廣雅書局刻本

　　續四庫影印湖北藏光緒十九年（1893）廣雅書局刻本

吳翊寅　易繫傳大義述　一卷　存

　　光緒二十一年（1895）廣雅書局刻遯庵所著書本

吳翊寅 易象傳大義述 二卷 存

光緒二十一年（1895）廣雅書局刻遂庵所著書本

吳翊寅 易爻例 一卷 存

光緒廣雅書局刻本

吳翊寅 周易上下經訓詁述 六卷 存

南京大學藏光緒二十一年（1895）廣雅書局刻本

◎一名《易訓故述》。

吳翊寅 周易象傳消息升降大義述 二卷 存

國圖、北大、上海、南京、山東、湖北、浙江、北師大藏光緒二十一年（1895）廣雅書局刻本

◎一名《易象傳大義述》《象傳大義述》。

吳翊寅 周易消息升降爻例 一卷 存

國圖、北大、上海、南京、山東、湖北、浙江、北師大藏光緒十九年（1893）廣雅書局刻本

續四庫影印湖北藏光緒十九年（1893）廣雅書局刻本

◎條目：周易消息升降爻例、周易消息升降爻例敘目〔註103〕、周易消息升降卦本圖一、周易旁通反對卦變圖二。

◎摘錄首《周易消息升降爻例》：乾坤為眾卦之祖，十二消息卦皆乾坤所生，五十雜卦皆消息卦所生。復姤臨遯所生卦，爻例主升，象其氣之息也；剝夬觀大壯所生卦，爻例主降，象其氣之消也。泰否中孚小過，乾坤所交，升降互見，辨陰陽之升降，而消息寓乎其間矣。文王演易推爻，演即演其消息，推即推其升降。西漢師說相承無異，魏晉而後，易學寢微，然蜀才盧氏侯果皆知消息升降之義。唐以王輔嗣注頒立學官，孔沖遠疏不采眾家，卦本既舛，爻例遂晦。國朝惠氏棟始據李鼎祚集解修明漢學，墜緒復振。張氏惠言專宗虞義，主消息，不主升降，與孟、京家法輒或參差。今依彖象二傳正卦本定爻例，敘其篇目，理而董之。使治易者明消息升降之恉焉。

〔註103〕以《易經》上下篇之卦序標以消息升降爻例，又分別統計上下篇自消息卦所生雜卦之數目。

◎卷末云：又案《先天六十四卦直圖》僅就爻畫以次推演，義例舛譌，蓋淺人所僞撰。圖中稱陽生天根、陰生月窟，皆竊陳摶緒論，為道家鍊丹汞之言。以乾坤為鼎器，以坎離為藥物，覈與易義，毫不相涉。且於卦辭彖傳曾未寓目，故不知大易消息升降之例。如以謙為復初升三、豫為剝上降四、履為遯初升三、小畜為夬上降四，皆與爻例不合。又隨、噬嗑、益三卦虞氏、蜀才、侯果皆言自否來，蠱井恆三卦荀、虞、九家、蜀才皆言自泰來，此圖否泰互錯，卦本紛淆，凡治易者咸曉其誤。至臨、遯、大壯、觀所生卦，不能辨升降之例，黑白任臆，更無論矣。胡氏渭《易圖明辨》俙其能續陳、邵聞知之統，使呼吸上下往來之象一望瞭然，蓋亦以為道家者流，與邵氏構圖圓圖方圖均屬一轍，非大易消息升降之義。唯又俙其諸卦皆生於乾坤，無遯復小父母之疵，而四陰二陽與坎竝列，四陽二陰與離竝列，無重出之病（黃氏宗羲推虞仲翔《卦變圖》重出者八卦、李挺之《變卦反對圖》重出者四卦），勝李氏二圖遠甚。則已為其所欺，且恐寡識相沿，不知別擇，貽誤後世，莫此為甚。附識簡末，以闢其妄。承學之士，庶毋惑焉（《先天直圖》載胡氏渭《易圖明辨》中，不贅列）。

吳蔭培 易象圖說 存

◎吳蔭培，字少渠。安徽歙縣豐南（今徽州區西溪南）人。載勳次子。同治十二年（1873）舉人。歷官刑部、資政三品銜分省道員、內務部郎中。入民國，任民國政事堂存記、農商部顧問，以才敏善練著。工書畫，潛心學術，著述頗富。著有《易象圖說》《史記引經徵》《新安吳氏詩文存》《辭徵》《文徵》《新安吳氏藝文志略》《文章軌範集評》《人鑑》《經史鈔》《蜀抱軒文鈔》《紫雲山房稿》諸書。

吳穎芳 周易類經 二卷 存

南京藏清何元錫鈔本（清丁丙跋）

◎乾隆《杭州府志》卷五十七《藝文》一：《周易類經》（國朝仁和吳穎芳西林撰）。

◎是書不全載經文，惟就有所解說者箸之，大致闡明人事，不穿鑿爻象，亦不拘執訓詁，雖未必盡合經義，而尚不失聖人作易之本旨。

◎吳穎芳，釋名樹虛，字西林，自號臨江鄉人。浙江仁和（今杭州）人。嘗一赴童子試，為隸所訶，遂不復應試。又著有《說文理董》《吹豳錄》。

吳穎思 易卦集說 四卷 佚

◎光緒《昌邑縣續志》卷六《人物》：著《易卦集說》四卷、《知非子存稿》二卷、《燕子詩》百二十首。

◎孫葆田《山東通志》卷百二十七《藝文志》第十：是書見《採訪冊》。

◎吳穎思，山東昌邑人。吳克思弟。廩貢。

吳映 周易會輯 三卷 佚

◎道光《晉江縣志》卷七十《典籍志》：吳映《周易會輯》三卷。

◎四庫提要（著錄無卷數）：其書大旨皆宗朱子《本義》而折衷於《蒙引》、《存疑》諸書，持論亦頗平實。然取材太寡，用意太拘，尚未能深研精奧也。

◎吳映，字沐日。福建晉江人。

吳應期 周易觀象 一卷 存

廣東省中山圖書館藏咸豐六年（1856）西南啟文堂刻本

◎民國《東莞縣志》卷八十三《藝文畧》一：《周易觀象》一卷（國朝吳應期撰。戴《府志》）。

◎自序〔註104〕畧曰：《易》之為書微矣，某何人斯，敢妄為解說，反見誚於疏狂哉？豈知三十餘年之嗜僻多在斯經，誠見過可以寡，語非我欺，故日復一日、年復一年，疑義多蓄於心，羣書徧經於目，圖象數理漸近微通，念慮之間，恍如神告。雖不敢自謂皆精，聊亦僅申一見；雖不敢自謂皆當，要亦畧備一知。大旨以寡過為歸，要則以洗心為務。傳家無寶，豈敢云貽子一經；閑道有心，惟慕韋編三絕云爾。咸豐六年端五月。

◎跋〔註105〕：此書止著六十四卦大象，工拙弗計，尚有纂輯全經各家之精當者，約字一十萬有奇。特艱於鳩工，俟續刻呈教。

◎吳應期，字奮熙，一字肖石。廣東東莞沙腰人。道光初諸生。

吳應瑞 易學宗翼 二十九卷 首一卷 存

國圖、山東、中科院藏光緒四年（1878）會有堂刻浮園印本

〔註104〕錄自民國《東莞縣志》卷八十三《藝文畧》一。
〔註105〕錄自民國《東莞縣志》卷八十三《藝文畧》一。

上海藏稿本（存卷十一至二十三）

山東藏清鈔本

◎或題《易經宗翼》。

◎《山東省圖書館館藏易學書目》《中國古籍總目》著錄作應端。

◎吳應瑞，號默希老圃。湖北天門人。

吳用先　周易筏語　佚

◎道光《續修桐城縣志》卷二十一《藝文志》：《周易筏語》（吳用先撰）。

◎吳用先，安徽桐城人。

吳毓珍　易理圖說　佚

◎孫葆田《山東通志》卷百二十七《藝文志》第十：《府志》載是書云：毓珍初學易，錄程朱說於壁間，坐臥不釋。久之忽有開悟，徧閱諸卦，渙然以解。趙國麟見其所論著，自以為弗逮也。

◎民國《萊蕪縣志・藝文》：邑人所稱《吳氏易》者是也。

◎吳毓珍，字子重，號逸庵。山東萊蕪人。歲貢。

吳元俊　河洛圖解　佚

◎同治《江夏縣志》卷六《人物志》：著有《喪禮確遵錄》《參訂四禮翼》《北涇語錄》《學庸邇言》《周易貫通解》《自訟錄》《河洛圖解》《香浮堂集》《相規堂集》《鹿泉集》《相港別業》《楓香堂手稿》。

◎吳元俊，字千人，號鹿泉。湖北武昌人。總角遊庠，中丁酉副車。任辰溪教諭，年八十八卒於官。邃於掌故，通志邑志，多所輯纂。又著有《自訟錄》諸書。

吳元俊　周易貫通　佚

◎同治《江夏縣志》卷八《藝文志》：著有《喪禮確遵錄》《參訂四禮翼》《北涇語錄》《學庸邇言》《周易貫通解》《自訟錄》《河洛圖解》《香浮堂集》《相規堂集》《鹿泉集》《相港別業》《楓香堂手稿》。

吳元默　易經遵朱　五卷　存

湖南藏咸豐五年（1855）鈔本

國圖藏清鈔本

南京藏民國初鈔本

◎康有為 1923 年《與吳幼和書》〔註106〕：承惠書，並發來《易經遵朱》遺文五冊，按覽循讀，起感起敬。尊祖閉戶著書，研耽經學，探賾索隱，中正無邪。執事發揚先德，傳述家學，雖在軍旅之中，不忘儒術之事，敬佩不任。僕生平寡為人作文，今特為尊祖序之。序稿附原書五冊，並交托撫帥轉以奉還，望察存至幸。復請勳安。

◎康有為 1923 年《易經遵朱序》〔註107〕：易畫於伏羲，卦於文王，《彖》《爻》《象》《文言》《繫辭》作於孔子。道通天人，兼義理、象數而為之。自《史記》、《法言》、《論衡》，皆以易作於三聖，而周公不預焉。其稱為《周易》，以為周公作者，皆劉歆偽古文之說也。孔子之傳易也，自商瞿、田何至施、孟、梁丘、京、焦，漢時立於學官，多推卦氣，此孔子之正傳也。其《說卦》得於宣帝時河內女子，《序卦》《雜卦》則發現於偽古文家之費氏易，此皆劉歆之偽撰也。王輔嗣傳費氏之學，刪除象數，空言義理，既立於學官，而唐、宋尊之。朱子生於劉歆之後，未能祛其豐部也。至於河圖洛書，則陳摶、種放、李之才、邵雍之傳，則出於道家《參同契》。而朱子從之，亦誤也。然朱子之言義理，其中正粹然過於輔嗣也，雖非孔子之全，其切於人事亦足為後世法矣。吳幼和先生，履遁居貞，修學好古，研精易學，尊從朱子，朝乾夕惕，專明人事，豈不切於人道之用矣哉？故序而發之。

◎張謇序〔註108〕：著天道之盈虛、審人事之消息、賅物象之變化者，莫備於易。兩漢治易之儒，若丁、若孟、若京、若田、若荀、若劉、若馬、若鄭、夥矣。吳之虞、魏之王弼、晉之韓康伯、唐之孔穎達，各承師說，咸有專書。漢注久佚，出於近代綴輯者，康成、仲翔二家之說，稍稍具焉，未備也。其立於學官傳於今者，王注、韓注、孔疏而外，則有宋朱子《本義》。朱子之學本於《程傳》。《程傳》曰〔註109〕言理，切於人事。《本義》嘗云《程傳》備矣，即不復引申疏解，而其疏解者，蓋補苴所未逮也。當時言易者眾，能參天道明人事而切於日用行習者，孰右朱子？夫易惟微惟奧，詁訓者多鑿而拘，解說者多虛而誕，其尤甚者，寖流於讖緯術數，小哉小哉！弼攻極敝，自標新

〔註106〕錄自《萬木草堂遺稿外編》。
〔註107〕錄自《萬木草堂遺稿》卷二。
〔註108〕錄自《大公報》1924 年 9 月 9 日版。
〔註109〕「曰」字疑衍，然原文如此，未敢遽改。

學，其注獨冠古今。晉之顧夷已有難義，要未足為疵病也。而朱子《本義》歷四代無有能詰難者，蓋學必有體有用，力求為己，非僅箋注傳說為也。遜清真定吳先生，當康熙承平世，兀兀窮經以為樂，讀所著《易經遵朱》，僂僂洞洞，知其自得者深，而其以「終日乾乾，夕惕若厲」二語蔽全經之言，尤有合於作易憂患與聖人知進退存亡得喪而不失正之訓，可謂深切而著明。書成，未嘗流播於世，世遂鮮知者。咸豐間，先生玄孫欲謀剞劂不果。頃者，先生之裔榘馨將軍將付印，而請敘於謇。夫成事之近遠，若隱有以待時者，況學之傳否耶？殆亦有命也。孔子五十學易，五十而知天命，故以知學易可以知命，不知命者無以學易，蓋命即進退存亡得喪無定之故，雖聖人莫能外也。吳先生於易之學，殆能明辨乎此而切於為己，存其說於章句，非倖名而繫於此者比也。謇徇榘馨之請，略述治易者之源流，並闡吳先生為學之旨及其所得者如是，又寧治易當如是耶？謇於敘吳先生之書，且為後進學子勸。聞其風者，其亦知所助乎？書以發之。

◎吳元默，河北真定人。

吳曰慎 揲之以四解 一卷 佚

◎道光《徽州府志》卷十五《藝文志·歙》：吳曰慎《周易本義翼》二卷（一作十二卷圖一冊）、《周易愚按》二卷、《周易集粹》二卷、《周易爻徵》二卷、《揲之以四解》一卷。

◎民國《歙縣志》卷十五《藝文志·書目》：《周易本義翼》二卷（一作十二卷圖一冊）、《周易愚按》二卷、《周易集粹》二卷、《周易爻徵》二卷、《揲之以四解》一卷、《大學章句翼》二卷、《中庸章句翼》四卷、《異學辨》一卷、《朱子感興詩翼》一卷（俱吳曰慎）。

◎吳曰慎，一作吳慎，字徽仲，自號敬（靜）庵。安徽歙縣篁南人。諸生。少時讀書，即以身體力行為務，一切天人性命之理，無不究極精微。年三十餘，錫山高彙旃欽其德品，延為西賓。後遇汪之蛟於吳門，一見定交。蛟即命二子過、遜從學。越數年至紫堤里，蛟侄起為埽室作設絳所，村人競遣子弟執贄。嘗講學東林、紫陽、還古諸書院。晚歸里。論學主敬，盡心五子書。生平闢佛老，闡正學。卒後崇祀錫山道南祠。又著有《敬庵存稿》等。

吳曰慎 周易本義爻徵 二卷 存

山東藏道光二十六年（1846）李錫齡刻惜陰軒叢書本

　　山東藏上海商務印書館 1936 年據惜陰軒叢書鉛印本

　　山東藏臺北成文出版社 1976 年無求備齋易經集成影印道光二十六年
（1846）刻惜陰軒叢書本

　　◎各卷首題：歙吳曰慎徵仲著，三原李錫齡孟熙校刊。

　　◎目錄：卷上上經。卷下下經。高叔祖徵仲先生所著《周易爻徵》及《就
正齋語錄》未梓，身後遺槀散失，徧索不得。辛巳秋，曾淳自咸陽歸歙，過巖
市鎮，遊書肆，于故紙堆中得其鈔本。入秦，呈家大人。家大人喜曰：「吾求
之四五十年，乃今得之，天幸也。」即命付梓。曾淳謹跋。

　　◎路德《周易本義爻徵序》：講學家喜談易而競辯者好論史，茲二者皆有
弊。以空言釋易，初學聽而茫然不知其為何事也。事莫備于史，讀史者又往
往持三寸之管騁其巧言偏辭以臧否古人。其究也，將游于遙蕩恣睢而靡所止，
此博辯之徒，非性命之正也。甲午春，德僑寓青門，謁同門張玉谿山長，出吳
徵仲先生《周易本義爻徵》以示。先生為吳蔗鄉師高叔祖，嘗講易石林，著有
《易義集粹》及《周易本義翼》，海內學者仰如山斗。又輯為《爻徵》二卷，
取上下數千年事，合之三百八十四爻，約而精，微而顯，信而有徵，俾學者觸
類引伸，凡得之漁獵者一一可會之于易。德受而讀之，竊歎曰：先輩務學一
至此乎！此非獨邃于易，蓋精于史也，今而後知讀史之法不越乎讀易矣。不
特此也，史書所傳者，古人之言行耳，吉凶悔吝生乎動，動而善則為吉，動而
不善則為凶、為悔、為吝。我觀之古，古人一言一行，動而入于吉凶悔吝者，
史也，即易也；我觀之今，今人一言一行，動而入于吉凶悔吝者，即史也，亦
即易也；我觀之我，凡我之一言一行，動而入于吉凶悔吝者，亦無非史也，無
非易也。是書雖止二卷，而易道明、史事通，行身應物之方亦于是乎該且徧，
不必乞靈蓍蔡而是非得失瞭焉如指諸掌。是書之牖我後學也，豈霙淺哉！德
齒已長矣，久嬰痼疾，屏處窮閻，于人世榮利一無所營，吉固不敢趨，凶亦不
敢蹈，所不能免者，悔吝耳。願受一編，置之座右。佩服在躬，永永無斁。道
光甲午春二月既望，後學鷔屋路德謹序。

　　德既作弁言，師以書授曾淳，將付梓，曾淳病歿。明年，師卒於興安郡
署。德徧求是書不得，使福先索之不得，後以語及門汪子。汪子指篋曰：「藏
此中久矣。」開局鋟而出之。蓋曾淳病革時以書投汪子曰：「吾子幼，恐不免
散失。子為我貯之以待知者。」德獲是書，示孟熙中翰，中翰方刊《惜陰軒叢
書》，喜曰：「吾書中正須此種。」急鳩工刻之。計是書之作，經百數十年未有

刊本，今始壽之棗梨以公海內，顯晦信有時與？然非曾淳善託、汪子慎守，則是書亦廣陵散矣。師諱鳴捷，嘉慶辛酉進士，知即力，攝興安守。長子曾淳，字亞農，著有《畫苑集成》十二卷，今亦存汪子處。福先，曾淳子。汪子名焜，字朵雲，師表姪，休寧人，今家長安。庚子冬十二月路德識。

◎吳曰慎序：嘗聞道之不可須臾離也，為其無物不有，無時不然，大極於無外，細入於無閒也。是以聖哲迭興，作為禮樂政刑詩書六藝，不過欲使天下後世講明遵守以不失此道焉爾。然在六經，能彌綸兼至者莫如《易》。以言乎遠則不禦，以言乎邇則靜而正，以言乎天地之間則備矣。故聖人窮理盡性、極深研幾，以至開物成務、通志斷疑，恆必用之。蓋卦爻既設而天下之道冒焉，微通夫性命鬼神，顯該夫綱常日用。故自天子至於庶人、聖賢至於愚不肖，莫不在處可施，隨用各足。是以讀者又不可拘方執體。本絜靜精微之理，為廣大變通之用，斯則深於易者乎？粵觀程子《易傳》，既明且實矣，朱子復作《本義》，乃以象包眾理、占應庶務，而不泥於一人一事者，以為易之道本如是也。說在予之《本義翼》矣。若乃《爻徵》之輯，則以程二爻、予姪諮臣也，二爻、諮臣有用世之志，嘗欲因經會史。癸亥之夏，從予石林講易，以是為請，予未之應也。甲子春，又亟言之。既而思曰：夫易固不可以一端盡，然時有消長之不齊、位有當否之或異，聖人觀會通以行典禮，而道之變動著於六爻。若徵之往蹟，則尤顯而易見，殆亦窮經致用之方也。於是擬識象辭，參考載籍，取其事理相符者，輯為此書。凡先儒已言者十之三，今所採錄者十之七，踰月告成。於是不待窮深極微，而善可為法、惡可為戒者已昭然於心目矣，豈非學易寡過之一助乎？若夫引伸觸類，神明默成，則存乎其人，固非《爻徵》之所能盡也。因書首簡以告觀者。康熙甲子三月，新安吳曰慎序。

◎吳昌序：吾伯徽仲先生寢食《周易》五十餘年所，有《易義集粹》已梓行海內，當世大儒君子咸欽重之。惟所著《周易本義翼》，畢生精力萃焉，因卷帙繁多，未及刊行，《周易折衷》內已採列數十條。至於《爻徵》一書，乃與程兄二爻、長兄諮臣曩年講易石林所輯也。吾伯嘗曰：「論事不綜於理則流為刑名法術之學，論理不徵諸事則入於空虛寂滅之談。兩者交譏，故既默會性命精微之蘊，復上下古今得失以證吉凶悔吝、消長存亡之道，俾讀經者知以經會史，而讀史者亦知以史證經，庶幾體用一原，顯微無閒。一生學識，略達於此。」因與吾弟煒訂而存之，益知聖人謨訓，明徵定保，而窮經可致用

也。學者用舍窮達，一動一言知以是為法戒，則此書可與朱子、伊川並傳不朽，引伸觸類而用之無窮矣。姪昌謹識。

◎馬國翰《玉函山房藏書簿錄》卷二：《周易爻徵》二卷（惜陰軒本），國朝歙縣吳曰慎徽仲撰。每爻下各以史事證之。

吳曰慎　易經本義翼　十二卷　佚

◎《皇朝通志》卷九十七：《易經本義翼》十二卷（舊題吳敬菴撰，不著其名）。

◎《皇朝文獻通考》卷二百十二：《易經本義翼》十二卷，不著撰人名氏，卷首題籤曰：「蘇州府學附生曹澐手輯吳敬庵《羲經本義》二十本」，敬菴亦未詳其人。

◎四庫提要：《易經本義翼》十二卷（編修勵守謙家藏本），不標撰人名氏，惟卷首題簽云：「蘇州府學附生曹澐手輯吳敬庵《羲經本義》二十本，上大宗師鑒定，今呈到十九本，其一本係圖說，因繪畫不及，俟於原本錄出補送呈」云云，蓋江南諸生錄送提學之本，不知吳敬庵者為何人也。其書圖說分六編：一曰河洛圖說，二曰卦畫圖說上，三曰卦畫圖說下，四曰明筮圖說，五曰序卦圖說，六曰合纂圖說，而附以《易說綱領》，皆不入卷數。其解釋經文共十二卷，亦分為八編：上經乾至履為一編，泰至觀為二編，噬嗑至離為三編，下經咸至解為一編，損至艮為二編，漸至未濟為三編，附以上下經分六編說，別以《彖傳》上下、《象傳》上下、《繫辭傳》上下、《文言傳》分七卷共為一編。《說卦》、《序卦》、《雜卦》三傳分三卷共為一編。體例頗為冗碎，大抵以河洛之說輾轉推衍。其解經則惟以《本義》為宗，間有出入，不過百分之一，故名曰《本義翼》云。

◎道光《徽州府志》卷十六之二《雜記·拾遺》：歙吳曰慎號敬菴，為國初理學名儒，而著述等身，終老韋布，傳於世者絕少。儀封張公伯行刊其文十六卷，行亦不廣。朱竹垞《經義考》易類吳氏曰慎《本義翼》無卷數，注曰未見，列在萬曆、天啟間，引惲日初、高世泰之言，稱其壺隱。

◎周按：據《周易本義爻徵》吳昌序稱：「吾伯徽仲先生寢食《周易》五十餘年，所有《易義集粹》已梓行海內，當世大儒君子咸欽重之。惟所著《周易本義翼》，畢生精力萃焉，因卷帙繁多，未及刊行，《周易折衷》內已採列數十條。」又考《周易折中》引用姓氏有「吳氏曰慎徽仲敬齋」，則可知

此《易經本義翼》作者當為吳曰慎。《周易折中》明明如此，未知四庫館臣緣何失考？

吳曰慎 周易萃言 佚

◎阮元《儒林傳稿》卷一：讀書盡心於孔曾思孟、宋五子。著書三十餘種，其行世者有《周易粹言》《大學中庸章句翼》。論學以敬為主，故號敬庵。初遊無錫，時東林書院尚守攀龍家法，慎與其鄉人歙汪璲、休寧施璜、無錫張夏講紫陽、還古兩書院，興起者眾。

◎彭紹升《二林居集》卷十九《儒行述》：於書無所不讀，而尤盡心於孔曾思孟、宋五子。著書三十餘種，其行世者有《周易粹言》《大學中庸章句翼》。論學以敬為主，故號敬庵。

◎李元度《國朝先正事略》卷二十八：於書無所不讀，而尤盡心於宋五子書。著書三十餘種，其行世者，有《周易粹言》、《大學中庸章句翼》。論學以敬為主，自號曰敬庵。初遊梁谿時，東林書院尚守忠憲家法。徽仲與其州人施虹玉、無錫張秋紹等同受業高匯旃先生。春秋釋奠畢，升堂開講，威儀秩然，見者莫不斂容傾聽也。已而歸歙，會講紫陽、還古兩書院，興起者眾。

吳曰慎 周易翼義集粹 三卷 存

安徽圖書館、山東藏康熙三十年（1691）紫陽書院刻本

◎一名《周易集粹》。

吳曰慎 周易愚案 佚

◎道光《徽州府志》卷十一之三《人物志・儒林》：自年十五迄八十，深潛易學，無須臾不在爻畫間。於是有《周易本義翼》《周易愚案》《周易集粹》《爻徵》各如干卷。爻徵者，取史以證象，尤曉於貞勝之旨。安溪李文貞公見其《周易愚案》，采數十則入御纂《周易折衷》中附明儒後。儀封張伯行撫吳，嘗衪曰慎主於東林書院。吳日騵，歙縣諸生，嘗從曰慎學易，曰慎撰《本義翼》，日騵本其大旨，別加採摭，為《讀易輯要》十二卷，未刊而卒。○按曰慎《示子文》內所著又有《參倚錄》《大學中庸章句翼》《太極圖說翼》《中庸答》《中庸問辨》《周易指掌》《爻義指掌》《圖書贊註》《筮儀辨》《玪原聲律測》《觀省錄》《春秋約義》《深衣制翼》《詩類觀要》《詩叶定音》《四子詩編》

《通書類編》《感興詩翼》《性理吟編釋》《鬼神說敓》《聖學約旨敓》《下學要語》《異學辨》《就正錄》《膚言問答》《講義》《贅言》等書。

◎民國《歙縣志》卷七《人物志・儒林》：自年十五迄八十，深潛易學，無須臾不在爻畫間。著有《周易本義翼》《周易愚按》《周易集粹》《爻徵》各如干卷。爻徵者，取史以證象，尤曉然於貞勝之旨。相國李文貞公見其《周易愚按》，採數十則入御纂《周易折衷》中附明儒後。

吳曰慎 周易指掌 佚

◎沈葵《紫堤村志》卷七《流寓著述》：《周易指掌》《孝經刊誤註釋》《古文集》，吳曰慎著。

◎沈葵《紫堤村志》卷七《流寓著述》：著作甚多，《周易指掌》及《孝經刊誤註釋》並古文集若干篇，則寓江村時所撰也。

吳嶽 易說旁通 十卷 存

國圖、北大、南京、遼寧、廣東省中山圖書館藏同治十年（1871）佑啟堂刻本

上海藏南海孔氏嶽雪樓鈔本（四卷）

◎是書以《本義》為宗，引史證之。

◎吳嶽，字正方。廣東鶴山人。道光五年（1825）歲貢。

吳雲山 易義纂訓 佚

◎同治《祁門縣志》卷二十六《人物志・文苑》：著有《易義纂訓》《春秋屬辭述指》《西漢文類選》《東溪古文》《擬策》《古罍詩賦》《制藝》。

◎光緒《重修安徽通志》卷二百二十五《人物志・文苑四》：著有《易義纂訓》《春秋屬辭述指》《東溪古文》《擬策》《古罍詩賦》諸集。

◎吳雲山，字蒼柏。安徽祁門渚口人。吳書升子。乾隆選貢，座主朱珪。承家學，篤志經史，善詩古文辭。邑令聘為東山書院主講不就。又著有《春秋屬辭述指》、《九經集釋》、《西漢文類論》、《東溪古文》、《陰騭文輯注》十二卷、《擬策》、《古罍詩賦》、《制藝》。

吳昭良 易學理數纂要 三卷 存

上海藏光緒八年（1882）賴灼華刻本

臺灣文聽閣圖書有限公司 2010 年起林慶彰主編晚清四部叢刊第十編本

◎或著錄作吳良昭。

◎卷目：卷一作易本原。卷二物內篇。卷三河圖洛書。

◎葉大焯序〔註110〕：一畫未開以前，混混沌沌，即有大易藏其間以待苞符之洩，而理數蘊焉。宓犧氏王天下，龍馬出河，遂則其文以畫八卦，彌六合，包萬有，造化規模，節序於是始立。文王演之，作後天方位，而先天之旨益明，先天之體，後天易之用，一而二、二而一者也。自漢以來，詁易者無慮數十百家，而發明先天意蘊，則有宋邵氏《經世》一書，至精至博，後儒注解，靡衷一是，羣言淆亂，學者眩焉。吳善菴學博潛心研索，劃分方圓二圖，義各不紊。凡卦氣卦數、剛柔變化、往來消長之理，既絜其綱領而又旁採諸家錯綜、互卦、納甲之說足相附麗者而為之緯。其言簡、其理賅，蓋其精究天根月窟之奧歷有年所矣。是書也，固為邵氏功臣，所以津逮後學靡錢，區區焉以便占卜目之，可乎哉？！

◎此書一名《易學先天理數纂要》，中山大學中國古文獻研究所編《粵詩人匯傳》：「君生平寢饋性理諸書，著有《周易端倪》及《易學》《先天理數纂要》等書。」著錄為二書，誤。

◎吳昭良，字憲德，號善菴。廣東順德大良人。道光丁酉舉人。嘗主英德會英書院講席。光緒九年（1883）選海豐教諭，兼主捷勝、敦仁書院講席。署惠州府教授，加國子監學政銜。又著有《月巖詩鈔》二卷續刻一卷。

吳昭良　周易端倪　佚

◎民國《順德縣志》卷二十三《列傳》七：與《周易端倪》《易學先天理數纂要》《月巖詩鈔》並梓行於世。

吳兆封　學易心契　佚

◎道光《徽州府志》卷十一之四《人物志・文苑》：著有《日知錄》《學易心契》二書。

◎吳兆封，字仲侯，號牛山。安徽婺源（今屬江西）坑中雲人。郡庠生。為心性之學，自誌功過，稍有差錯必加黑點。嘗與修邑志。

〔註110〕又見於民國《順德縣志》卷十四《藝文略》，題四卷。

吳之英 寡過錄 不分卷 存

四川藏光緒吳氏稿本

◎周易寡過錄敘：《易》以卜筮書，不毀秦火，而七十子遺說遂湮。今所傳《易傳》，非卜氏書也。漢興，田何三傳而有楊何，史遷以言易者本楊何，謂何傳盛耳。班固以為本田何，誤字也。田生四傳費直，高相不在列，而東漢多傳費氏，馬、鄭其最著也。晉王弼亦治費氏，乃託辭忘象。聖人設卦觀象，安得云忘？易以天道示人事，持論高，則道詳而事略。又辟互體，直談六爻，易義全晦。唐時學者喜誦王學，漢學用微。今唯王注全存，不可盡信。竊《易》經四聖人論著，理、氣、象、數畢具，深及天人之際，顯見事物吉凶，非可以一體窺、一兆考。自受書輒能誦，未嘗專治之。今行年五十矣，追思先師學易之義，時有冥會。著錄於篇，作一體一兆觀，以為瘉於夜行云耳。

◎吳之英（1857～1918），字伯趨（揭），號西蒙愚者、老愚（漁）。四川名山人。與綿竹楊銳、井研廖平、富順宋育仁稱「尊經四傑」。師王闓運。嘗主講蜀學會，主筆《蜀學報》。光緒十年（1884）主藝風書院。光緒十三年（1887）主簡州通材書院，光緒十六年（1890）任成都尊經書院、錦江書院襄校。光緒十八年（1892）任灌縣訓導，又任四川國學院首任院正。博通群經，尤精《三禮》。所著《儀禮奭固》十七卷、《儀禮器圖》十七卷、《儀禮事圖》十七卷，《周政三圖》三卷，《漢師傳經表》一卷，《天文圖考》四卷，《經脈分圖》四卷，《文集》一卷、《詩集》一卷，《卮言和天》八卷已刊為《壽櫟廬叢書》。又著有《周易寡過錄》、《詩以意錄》、《尚書信取錄》、《公羊釋例》、《小學》、《中國通史》、《諸子遞倅》、《蒙山詩鈔》、《北征記概》等，未刊多散佚。今人輯有《吳之英詩文集》。

吳中林 周易象證 佚

◎或著錄為《周易象澄》，誤。

◎民國《寧化縣志》卷十三：吳中林《周易象證》《塞虎饞編》《宋肱餘錄》《耽耽草》《焚餘草》。

◎吳中林，字二芳。福建寧化人。又著有《塞虎饞編》、《宋肱餘錄》、《耽耽草》、《焚餘草》。

吳鍾巒 十願齋易說 一卷 存

康熙刻十願齋全集本

四庫全書存目叢書影印康熙刻十願齋全集本

◎一名《易說》。

◎自述《易箋引》〔註111〕：易以道陰陽，一陰一陽之謂道，道不可須臾離，蓋謂此也。人身此身不能須臾離數，此心即不可須臾離理，理外無數，數外無理，善學易者盡理以乘數焉耳。繇此言之，《中庸》「居易以俟命」，易字可作易簡之易觀，亦可作變易之易觀。壬午（崇禎十五年）秋自燕還，舟行凡五十日，觀玩偶得，輒箋註簡端，攜歸。蔣子屺望見而錄之成一帙，尚未見易，亦未成書，姑題曰《霞舟易箋》。是年閏冬月識于越州之龍首山房。

◎四庫提要：是編每卦摘箋數語，止有上經三十卦而無下經，似非足本。朱彝尊《經義考》惟載鍾巒《周易卦說》，不著卷數，注曰未見，而無此書名，《江南通志・儒林傳》所載亦同，殆輾轉傳聞相沿而誤歟？此本前有小引，題曰《霞舟易箋》，又題曰《十願齋全集》，以《易說》為卷一、《易箋》為卷二，蓋編入文集之中，如李石《方舟集》例，今僅存此兩卷耳！

◎《欽定續通志》卷一百五十六：《十願齋易說》一卷、《霞舟易箋》一卷（明吳鍾巒撰）。臣等謹按：朱彝尊《經義考》惟載鍾巒《周易卦說》，不著卷數，註曰未見，而無此書名，《江南通志・儒林傳》所載亦同，殆輾轉傳聞，相沿致誤也。

◎《欽定續文獻通考》卷一百四十五：吳鍾巒《十願齋易說》一卷、《霞舟易箋》一卷。

◎光緒《武陽志餘》卷七《經籍》：《十願齋易說》一卷、《霞舟易箋》一卷（見《四庫書存目》），明禮部尚書吳忠烈鍾巒霞舟撰。

◎《浙江采集遺書錄》〔註112〕：《易說》統論卦德，《易箋》摘論爻義。

◎《經籍錄》〔註113〕：是書今存三卷，《易說》無序，《易箋》前有小引，其題名編次與《四庫書目》同，惟《箋》多一卷，下經三十四卦俱全，蓋足本也。《易說》每卦一篇，《易箋》則每卦數條或數十條，惟乾卦則二十二條，大旨言學引而歸之人事，不雜入象數，亦不空言心性。又考魏氏禧撰墓表，稱忠烈著《周易卦說》、《大學衍義》、《霞舟攜卷》、語錄、雜著、詩凡數十卷，《經義考》《江南通志》俱作《易卦說》。

〔註111〕錄自光緒《武陽志餘》卷七《經籍》。

〔註112〕錄自光緒《武陽志餘》卷七《經籍》。

〔註113〕錄自光緒《武陽志餘》卷七《經籍》。

◎吳鐘巒（？～1651），字巒稚（雉），又字峻伯，號霞舟、方外稚山，學者稱霞翁、霞舟先生。江蘇武進人。幼以文行著，受業顧憲成，從高攀龍悟治心養性之要。崇禎甲戌進士，官桂林府推官。魯王監國，以為禮部尚書，後自焚死。乾隆乙未賜諡忠烈。又著有《文史》、《梁園佳話》、《稚山叢談》、《歲寒集》、《十願齋遺集》、《稚山先生殘集》、《十願齋全集》等。

吳鍾巒 霞舟易箋 二卷 存

康熙刻十願齋全集本

◎四庫提要著錄，見吳鍾巒《十願齋易說》條。

吳鍾巒 周易卦說 佚

◎康熙《江南通志》卷四十四《人物·吳鐘巒》：著有《周易卦說》、《大學衍義》、《霞舟語錄》、《十願齋文集》數十卷。

◎光緒《武陽志餘》卷七《經籍》：李《志》，《周易卦說》《十願齋易說》兩收之，誤。

吳焯 繡谷亭薰習錄經部 一卷 存

山東藏吳氏雙照樓1918年刻松鄰叢書本

◎吳慶坻《蕉廊脞錄》卷五：吳尺鳧《繡谷亭薰習錄》，稿本舊藏瞿氏清吟閣，庚辛劫後丁松生得集部稿本二冊，起《楚辭》，終《明人別集》，凡二百一十餘種，惟闕總集。《清吟閣書目》亦為丁氏所得。據《書目》，《繡谷亭薰習錄》八冊，此當是原書第六七冊。近歲丁氏書散出，湘潭袁伯夔得之，仁和家印臣昌綬又得經部易類一冊，乃與集部並為校刊。易類凡一百五種，原冊內有坿記一紙備載子目，《易》一百二十九、《書》三十、《詩》三十一、《春秋》五十九、《周禮》十三、《儀禮》十、《禮記》二十三、《三禮》六、《樂》八，是易類尚闕二十餘種，似為未成之稿。同里先正遺書放紛，斷壁殘珪，彌可珍惜。印臣好古勤學，尤有足多。

◎葉德輝《書林清話》卷一：吳焯有《繡谷亭薰習錄》（殘稿本存經部易一卷、集部三卷，近仁和吳昌綬校刻）。

◎吳焯（1676～1733），字尺鳧，號繡谷。浙江錢塘（今杭州）人，一說安徽歙縣人。著有《薰習錄》《繡谷雜鈔》《瓶花齋書目》《藥園詩稿》《陸渚飛鴻集》《玲瓏簾詞》《經山遊草》等，又與厲鶚、趙昱合撰《南宋雜事詩》。

吳自惺 周易本義觸 佚

◎光緒《嘉定縣志》卷二十四《藝文志》一：《周易本義觸》（國朝吳自惺著）。

◎吳自惺，字元愍，一字孟植。嘉定（今屬上海）人。崇禎壬午副榜。乙酉後與太倉陳瑚以節義相結。著有《周易本義觸》。

吳鷟 讀易管見 八卷 佚

◎雍正《昭文縣志》卷八《列傳》：吳鷟（邑諸生。著《讀易管見》八卷）。

◎同治《蘇州府志》卷第一百三十八：吳鷟《讀易管見》四卷（錢陸燦序）。

◎《江南通志》卷一百九十《藝文志》：《讀易管見》八卷（常熟吳鷟）。

◎光緒《常昭合志稿》卷第三十《人物志》九《文學》：著《讀易管見》，博引羣書，證明易理。

◎吳鷟，字鳳族。江蘇昭文（今常熟）人。諸生。

伍榮軔 大易心義 六卷 存

廣東藏道光十二年（1832）刻本

◎潘雨廷《讀易提要》卷九（節錄）：首有陳鴻墀、葉履二序，分別作於道光十一年冬及十二年春。故是書之成，可以道光十一年辛卯（1831）論。全書以取象為主，用錯綜變互之法：凡卦辭及《彖》《大象》，用綜互而不用錯變；爻辭及《小象》，則四法俱用。大體猶《來注》，變即一爻變也。凡例中有曰：「凡讀易須先讀《說卦》十一章八卦之為字，而後《易經》可得其門而入」，誠得「易者，象也」之義。伍氏之於易，有其象焉；奈其法未正而流於小道，尚未合說經之體，充其極仍囿於尚占耳。

◎伍榮軔，字鋆軒。廣東開平幕村人。

伍尹遇 周易從善 十卷 存

乾隆五十五年（1790）刻本

◎咸豐《順德縣志》卷十七《藝文畧》一：《周易從善錄》（國朝伍尹遇輯。採訪冊）。

◎或題武尹遇，誤。

武春芳 易說求源 六卷 存

國圖、上海、天津、山東、遼寧、湖北、北師大藏 1918 年北京財政部印刷局鉛印本

山東藏臺北成文出版社 1976 年無求備齋易經集成影印 1918 年北京財政部印刷局鉛印本

臺灣文聽閣圖書有限公司 2009 年林慶彰主編民國時期經學叢書本

◎或著錄無卷數。

◎卷目：卷一讀易芻言、圖說、總論、自述。卷二至五上下經。卷六繫辭傳、說卦傳、序卦傳、雜卦傳。

◎自序略謂：易之大義在於陰陽，陰陽之符見於君臣、父子、夫婦之三綱，而要其歸於正心誠意、修齊治平，為自古帝王之心法、萬世相傳之道統。而先天後天、河洛圖書乃作易之源，又為道德綱常、心法道經所自出，則尤致意焉。

◎葛毓芝序：《易》之為書也，書不盡言言不盡意。子曰：「聖人立象以盡意，設卦以盡情偽，繫辭焉以盡其言，變而通之以盡利，鼓之舞之以盡神。」又曰：「百物不廢，懼以終始，其要无咎。」无咎者，善補過也。嗚呼！易之蘊盡於是矣。自橋庇軒臂數傳而後，流派漸別，支離破碎，矯其失者又往往鬯易簡之旨，一歸象數，淪入元虛。即《程傳》之平正詳實，朱子稱其得之已多，乃又云不合全說作義理。朱子《本義》直溯淵源，獨有千古，乃晚年自病其簡略，《語類》中多附見者。而卦變諸圖「易只為卜筮作」一語，後儒有遺議焉。管輅謂善易者不言易，邵子謂知易者不必用講解亦知言矣哉，然而索隱鈎深，縱心孤往，是欲不逕而蹐喬嶽、舍舟而游溟海也。其為弊可勝道哉！吾鄉武運隆先生，勵學敦品，粹然儒者，平生尤邃於易。所著《易說求源》稿本曩嘗盥誦一週，蓋二十餘年矣，塵夢迷離，署存髣髴，其陳義多採《折中》而擇之也。審其探本，直窮羲畫而析之也。精至於微顯闡幽，自抒心得，率皆前賢所未發，殆所謂好學深思、心知其意者，與近世寰海交通、文明進化、瑰奇才傑之士縱橫闓闥，其發抒志氣，直將笞風雷而旋乾坤。惟於吾身悔吝之虞、失得之報，富有日新之故，轉若游煙墜露，漠然無所動於中。雲詭波流而人心或幾乎息矣。果使是書風行，讀者能說諸心、研諸慮，植基於補過，以默參夫盈虛消息之機，則知形上形下，放之彌綸乎六合，約之即在吾一身一心，而吉凶同患，外內知懼，與夫樂天知命、安土敦仁之指，固有並行而不相悖

者。由是，得象可以忘言，得意可以忘象，微獨先生說易為入山之逕、浮海之舟。即卦爻十翼，亦不過兔蹄魚筌，皆其寄焉者而已。質之先生，先生以為何如也？！戊午孟秋，同里後學葛毓芝拜譔。

◎述緣起：《易》之為書，業資四聖，世歷三古，包羅萬象，非僅為卜筮設也。秦漢以後，傳授不絕，惟京、焦入於襪祥，馬、鄭參以讖緯，王弼黜象數而專說老、莊，陳、邵究圖書而偏譚玄渺，此鼓浪於平流、導人以歧路者也。程朱闡明儒理，惜言象未甚明瞭。來氏效法江南，精言象變，準理又多刺謬。易解日繁，易理乃益晦矣。家祖鑒於羣言之淆亂也，於是折衷聖人，根據河洛，推究卦體、卦象、卦德、承乘比應，針孔相符，方定一說，且其義皆切於倫常日用，明白易解，而見淺見深，則存乎其人。蓋潛心四十餘年始成帙，不敢自信，爰命家叔慶榮攜之異鄉，就有道而正焉。經碩學通儒討論者數十家，謬蒙贊賞。茲付梓人，述其緣起如此。中華民國八年二月，孫男學易謹識。

◎熊希齡題照：斯文天肯喪，吾道賴公持。爻象幡胸突，鬚眉入畫奇。耆年尊碻礴，高枕想軒羲。一卷名山業，何須詠紫芝（養田先生以其老友武君運隆先生小照囑題，勉率賦此，聊表佩忱）。熊希齡敬題。

◎吳承仕《吳檢齋遺書‧檢齋讀書提要》謂要亦宋易朱學之末流，以視惠棟、張惠言所樂道，若孟、京、荀、虞之學，則概乎未之有聞者也。

◎武春芳，字運隆。河北樂亭人。

武仁傑 易解易知 佚

◎光緒《嘉定縣志》卷二十四《藝文志》一：《易解易知》（武仁傑著）。

◎武仁傑，字春山。嘉定（今屬上海）東北鄉人。著有《易解易知》。

武億 易讀考異 一卷 存

臺灣無求備齋藏乾隆二十五年（1760）刻經讀考異本

山東藏臺北成文出版社 1976 年無求備齋易經集成影印乾隆二十五年（1760）刻經讀考異本

◎武億（1745～1799），字虛谷，一字小石，舊字老統，自號半石山人。河南偃師老城人。武紹周子。乾隆三十五年（1770）舉人、四十五年（1780）進士，五十六年授山東博山知縣。罷官後主講東昌啟文、偃師二程、清源、鄧州春風諸書院。著有《羣經義證》八卷、《經讀考異》八卷補一卷、《三禮義

證》十二卷、《四書考異》一卷、《句讀敘述》二卷、《金石續跋》十四卷、《金石三跋》十卷、《偃師堂石遺文錄》、《偃師縣志·金石錄》、《錢譜》、《讀史金石集目》、《授堂劄記》、《授堂文鈔》十卷、《授堂詩鈔》八卷等。又主編《魯山縣志》、《寶豐縣志》和《陝縣志》。

武鈺 五峰山房易學 十卷 首一卷 存

江西藏清自刻本

臺灣新文豐公司 1919 年影印 1919 年鄂垣□華林工業□習廠鉛印本

◎自序：六經惟《易》為難學，其道幽遠故也。然天下之物無一不具易象，無一不含易理，反之於吾身，一言有易，一動有易，合乎道則吉，背之則凶，悔吝隨之，是在學之而已。夫《易》之為書，以傳道也，非專為卜筮也。其學之也，亦不在書，視乎時之治亂，審乎位之貴賤，量乎才之小大，中正持乎己，萬感應乎物，不可離易，亦不可泥易，所謂唯變所適是也。是故極學之能事，必至與天地參然後止。而其當前所自快足者，祇在无咎，吉凶悔吝並不論焉。予少時頗愛讀易，然泛取古易注涉獵而已，未知有所折中也。後歷二十餘年之久，乃一以宋儒說理之易為宗。知朱子《本義》最善，惟卷首圖說多未安者，成《本義圖說辨》一卷。又因乾坤迄既、未濟，皆以反對兩兩相次，成《二卦並看義》一卷，遂輟之矣。又後十年，值清之末造，外夷陵逼，政教舛錯，四維不張，日趨於亡，予年且老，窮蹙無所復之，乃復踵前役為之，成《上下兩經篇義》一卷、《卦變圖》一卷、《讀六十四卦大象》一卷、《文言引伸》一卷、《繫辭傳衍義》一卷、《說卦傳衍義》一卷、《序卦直解》一卷、《雜卦明義再明》一卷、《朱子本義附註》一卷、《周易叶音隨筆》一卷，已乃合編之，其次第如目錄焉。自知於河洛之蘊茫焉無所得，惟時流連於屯、否、剝、遯、明夷、蹇、渙諸卦，女子貞不字、明夷于飛垂其翼、渙其血、去逖出各爻可與他經相闡發者，如《詩》有《黍離》、《書》有《五子之歌》之類，微覺有會，蓋時之衰、遇之窮、齒之暮為之也，後之覽者自知之。草既成，不敢輕問序於海內大人先生，爰自述所學如此。歲己未閏七月初九日，沔陽武鈺序。

◎武鈺，字式如。湖北沔陽（今仙桃）人。同光諸生。著有《五峰山房易學》十卷、《朱子本義附注》一卷、《周易協音隨筆》一卷。

武鈺 周易協音隨筆 一卷 佚

◎武鈺《周易協音隨筆序》：古無韻書，自泠綸造律，截竹為十二管，陽

六為律，黃鐘、太蔟、姑洗、蕤賓、夷則、無射是也；陰六為呂，林鐘、南呂、應鐘、大呂、夾鐘、中呂是也。間而吹之，得宮、商、角、徵、羽五聲，又二聲為變宮、變徵，此即韻譜矣。間嘗上取康衢之歌，下迄孔子贊易與夫《國風》《雅》《頌》、散見於虞夏商周有韻之文，比其類而合之，復辨其類而析之，得古韻七部，與十二管所出之聲之數同，其為正為變亦莫不同。蓋古之作者皆深明律、呂，雖方音各殊，要莫非本天地自然之元氣流露於歌詠之間，故不謀而合也。試就今韻（現行一百七部之韻）明之，宮為四聲之紀，故韻以東為首，冬通東，江轉東，宮也，為一部。宮生徵，合支、微、齊佳、灰，截尤之半轉而通紙，徵也，為一部。徵生商，再合東、冬、江與庚、青、蒸轉而通陽，商也，為一部。商生羽，合魚、虞、蕭、肴、豪、歌、麻、尤轉而通語，羽也，為一部。羽生角，合文、元、寒、刪、先，截庚之半轉而通真，不宮不商，非徵非羽，角也，為一部。角以下生變宮、變徵，再合東、冬、覃、鹽、咸轉而通侵，變宮也，為一部。再截支、微、齊、佳、灰之半，轉而通魚、虞，通真、文，通歌、麻，變徵也，為一部。平、上、去、入，各以類從，入少於平，上、去亦自有可分可合之道存焉，故所得古韻凡七部而止。四聲、等韻、協音三種，起於後代者也，然亦與泠綸之律相表裏焉。所謂四聲者，以一字言之，即以本字居中為宮，平為角，上為徵，去為商，入為羽，此以方定也；合一韻言之，如平為宮，則上、去、入皆宮，上為宮，則去、入、平皆宮，去為宮，則入、平、上皆宮，入為宮，則平、上、去皆宮，推之商、角、徵、羽亦然，此以律準也。等韻者，立三十六母，分之為牙、舌、脣、齒、喉及半舌、半齒之七音。此七音者，宮有之，商有之，角、徵、羽皆有之，蓋宮、商、角、徵、羽五聲為經，牙、舌、脣、齒、喉及半舌、半齒之七音為緯也。然而求之一韻之中，皆不能全此七音，於是乎列一韻為四等，開口、合口一正、一副猶不足，而更以他韻通之。通韻者，合律也；協音者，看本字麗何母，轉協他韻，仍歸一母是也。如此則字字可轉而協之矣，而又不然。按之律呂，唯宮、微有變聲，故宮、徵二部之韻轉協他韻，商、角、羽三部之韻從不轉協他韻。然角與商、羽亦微有異：五聲以角起，而角必隨乎宮，故江協東、冬為一部，東、冬宮而江角也；五聲以角收，而宮同盡於角，故覃、鹽、咸協侵為一部，侵變宮，而覃、鹽、咸角也。再如平為主體，而與上、去、入合韻，則上、去、入皆轉協平，宮、商二部是已。上為主體，而與去、入、平合韻，則去、入平皆轉協上，微、羽二部是已。入為主體，而與平、上、去合韻，則平、

上、去皆轉協入，角一部是已。此以知協音亦非苟而已也，故曰四聲、等韻、協音，皆與冷綸之律相為表裏也。蓋非律呂無以識古韻，非四聲、等韻、協音又無以識古韻之果有合於律呂也。《周易》一書，其中韻語多出自孔子，夫以孔子聞韶晤舜、彈琴遇文，其於律呂一道何如也？其正樂也，師擊諸人胥受命焉，其贊易也，豈有不能正方音而貽譏後人者乎？是故孔子而後，屈原作《離騷》，不過祖其意而加廣焉耳。秦人之碑刻、漢魏人之樂府，則又加廣焉。至周顒、沈約諸晉宋人，別音別類至二百六部之多，遂流之為今韻，然猶賴其書之傳可以求古韻之分合焉。昌黎韓氏為有唐一代作者，其用獨韻也，則守晉宋人之用矩矱也；其用通韻也，則由漢魏上溯邃古，與夫六經所載為孔子所手訂者，發之為《此日足可惜》等篇，信乎其為好古不妄矣。迄乎有宋吳才老之協音出，其東、江合韻，江從東，如降協胡工切之類是；其東、蒸合韻，則東從蒸，如雄協于陵切之類是。蓋有一定之律存焉，彼豈不明古音而出自臆造哉？故紫陽取之以協葩經，蓋漢魏以上無韻書，晉宋以下有韻書，其間作者，類皆按律定音，準今酌古，無可訾譏也。異哉崑山顧氏之談韻也，謂孔子不能正方音，韓昌黎不能識古韻，其刻論屈子以後諸賢無論矣。推其故，蓋拘字形之偏旁以為韻之脈絡，而定之為界限也，故分古韻為十部。夫此十部中，按其字形之同偏旁者不僅十種也，如東、冬、江之中有工字偏旁，亦有龍字偏旁，有恩字偏旁，亦有夅字偏旁，此何以合也？又謂古無協音，天本讀汀、下本讀虎，試問天、下二字不在韻腳者亦讀汀、虎乎？又謂平、仄合韻者不宜用協音，然不協何以諧律也？如「乃棄爾輔，將伯助予」，予必協演汝切，然後與羽聲為一律；如「帝命不時，在帝左右」，時必叶上紙切，右必叶羽已切，然後與徵聲為一律。又安得謂平仄合韻遂可不用協音乎？江氏永甚服顧說，然猶謂其不知等韻而分部未嚴也，廣之為十三部，此則求之愈深而失之愈遠矣。夫顧氏不知等韻，乃其不知律呂也。江氏知等韻且知律呂（江氏著有《律呂闡微》行世），而又未知以律呂合古韻也，不知律呂與不知以律呂合古韻，則並四聲協音亦宜其茫乎不知也。此其所以但知今韻不知古韻，一分之為十部，一分之為十三部，不能適合乎宮、商、角、徵、羽及變宮、變徵之七聲也。嗟呼，冷綸不作，古音淪亡，即鈺亦非能操十二管而吹之者，未必不干濫竽之誚矣。按古韻之為分為合者證之律呂，則又適乎如黃鐘下生林鐘為徵、林鐘上生太蔟為商、太蔟下生南呂為羽、南呂上生姑洗為角、姑洗下生應鐘為變宮、應鐘上生蕤賓為變徵，其餘各以類從之道也。於

是分古韻為七部，而據此以為《周易協音》。其有更欲分辨處，則詳之於各協音之下，以求教於當時之知律呂者。歲戊午八月初一日，沔陽武鈺志於戴市楊氏別墅。

武鈺 朱子本義附注 一卷 佚

◎武鈺《朱子本義附注序》：善易者不言易，先儒稱孟子未嘗一言及易，而最為善易。蓋考其生平行事，無一不合乎易之道，此其所以為善易也。至於日手易一編以語人曰：「某象數吾能明之，某義理吾能闡之」，此章句之學也，吾不敢知其果善易。若夫宋之程、朱，固善易而又喜言易者也。迄今讀《傳》《義》二書，轉而考其生平行事，亦無一不合乎易之道，故其所發而為言者，莫非本之躬行心得之餘。此而欲矯之以善易不言易又不可也，況自有《傳》《義》，易之正傳始見。其餘古今易註甚繁，而言象數者失之穿鑿，言義理者失之支離，更不必深究其人之生平行事克合乎易道與否也，然朱子《本義》之作實本之《程傳》，在《程傳》既以往復詳盡於前，故《本義》祇以簡當了晰繼乎其後。雖不無異同，要以俟後人之參觀而自得。學者平日讀易，一以《本義》為主，兼閱《程傳》以補《本義》之所略，久而自知易之正傳在是，不假他求矣。鈺不佞，竊因《本義》之所啟發，自得卦義、爻義、彖義、象義共若干條，附諸《本義》之末，極知於易學無所窺見，然鈺之所兢兢自惕者，在不善易也，尚不在言易也。歲在己未五月之十九日，沔陽武鈺式如氏敘。

兀煥勳 易象援古歌 佚

◎民國《陝縣志》卷二十《藝文》：《易象援古歌》，兀煥勳著。

◎《中州先哲傳》：其學以格致、窮理、戒懼、慎獨為要，不平切實，不希捷獲，艱苦卓絕，數十年若一日。

◎兀煥勳（1815～1896），字子炳（丙）。陝州閿鄉（今河南靈寶）人。歲貢。與寧元善同從薛于瑛學。光緒元年（1875）舉孝廉方正，辭不赴。光緒十年（1884）學使廖壽恒以教職薦，授密縣訓導。學使邵松年以「篤守程朱，老而不倦」薦，詔加內閣中書銜。又著有《備質錄》八卷、《感遇錄》及詩文集。